밥꽃
마중

사람을 살리는 곡식꽃 채소꽃
밥꽃 마중
ⓒ장영란·김광화 2017

초판 1쇄 발행일 2017년 2월 27일

지 은 이 장영란·김광화

출판책임 박성규
편집진행 현미나
편   집 유예림·구소연
디 자 인 김지연·김원중
사   진 김광화
일러스트 김소현
마 케 팅 나다연·이광호
경영지원 김은주·박소희
제   작 송세언
관   리 구법모·엄철용

펴 낸 곳 도서출판 들녘
펴 낸 이 이정원
등록일자 1987년 12월 12일
등록번호 10-156
주   소 경기도 파주시 회동길 198
전   화 마케팅 031-955-7374 편집 031-955-7381
팩시밀리 031-955-7393
홈페이지 www.ddd21.co.kr

ISBN 979-11-5925-237-2(13520)
값은 뒤표지에 있습니다. 잘못된 책은 구입하신 곳에서 바꿔드립니다.

이 도서의 국립중앙도서관 출판예정도서목록(CIP)은 서지정보유통지원시스템 홈페이지(http://seoji.nl.go.kr)와 국가자료공동목록시스템(http://www.nl.go.kr/kolisnet)에서 이용하실 수 있습니다.(CIP제어번호: CIP2017003842)

밥꽃 마중

사람을 살리는 곡식꽃 채소꽃

장영란 · 김광화 지음

들녘

일러두기

- 이 책은 표준국어대사전을 기본으로 하되 방언, 입말을 충분히 살려서 썼다. 또한 식물학 용어는 국립수목원에서 나온 『알기 쉽게 정리한 식물 용어』를 기준으로, 누구나 읽을 수 있도록 입말로 풀어서 썼다. 이를 테면 식물학에서 꽃부리, 꽃덮이, 꽃잎은 모두 다른 걸 의미하지만, 여기서는 '꽃잎'으로 썼다.
- 이 책에 나오는 식물은 APGⅢ(속씨식물분류계통그룹)에 따라 분류하였다.
- 꽃이 피는 시기는 지역이나 품종, 심는 시기에 따라 조금씩 다를 수 있다.
- 단행본은 『 』, 시는 「 」, 신문과 잡지는 《 》으로 표시하였다.

머리글

꽃 한 다발이 밥 한 그릇

우리네 피가 되고, 살이 되는 꽃

'꽃'은 생각만 해도 얼굴이 환해지고 가슴속이 야들야들해진다. 꽃이 왜 좋을까? 꽃이 피는 순간은 생명의 절정기. 암수가 만나, 새로운 생명을 창조하는 순간이다. 꽃 둘레로 환한 생명 에너지가 퍼져간다. 창조주가 지구별에 준 선물이리라. 그래서인지 꽃에 얽힌 이야기도 많고, 기쁨이나 아픔을 나눌 때면 꽃을 주곤 한다.

그런데 그저 보고 그치는 게 아니라 우리를 먹여 살린다면, 우리 어머니 같은 꽃이리라. 벼나 콩의 꽃인 곡식꽃, 고추나 배추의 꽃인 채소꽃이 그러하다. 그 이야기를 쓰면서 계속 생각했다. 우리를 먹여 살리는 이 꽃들을 뭐라 불러야 잘 어울릴까? '농작물꽃' 하면 재미없다. '곡식꽃 · 채소꽃' 하면 너무 길다. 옛이야기 '바리공주'에 나오듯 우리를 숨 쉬게 하니 숨살이꽃, 살이 되게 하니 살살이꽃, 피가 돌게 하니 피살이꽃처럼 멋진 이름이 없을까?

그런 고민 끝에 이름 하나가 우리 부부에게 다가왔다. 밥상에 올라, 사람을 먹여서 살리니 '밥꽃'이라고. 가만히 그 이름을 불러본다. '밥꽃'.

여러분은 누군가를 마중해본 적이 있는가? 소중한 사람임에도 그동안 거의 못 만난 이라면……. 그런 마음으로 이제 밥꽃을 마중하고자 한다.

우리 사회는 한동안 들꽃(야생화)에 대한 관심이 높았다. 관련 책도 많다. 왜 그럴까? 여러 가지 이유가 있겠지만, 들꽃에 관심을 기울이던 때가 이 나라에 민주주의가 뿌리내리던 시기와 얼추 맞물린다. 인류 역사를 돌아보면 왕조시대를 살던 백성들한테 꽃은 사치였다. 그 당시 장미나 난초는 지배층을 상징한다. 여기 견주어 들에서 저절로 피는 애기똥풀이나 엉겅퀴 같은 들꽃은 보통 사람을 상징한다. 민주주의가 자리를 잡으면서 들꽃에 대한 관심과 대접도 달라진 셈이다.

그런데도 정작 우리를 먹여 살리는 밥꽃에 대한 관심은 드물었다. '등잔 밑이 어둡다'고 너무 흔해서일까? 사실 밥꽃은 식구나 다름없다. 아니, 그 이상이라고 해야겠다. 우리 사람한테 저희가 가진 모든 걸 나누어준다.

이 지구상에는 많고 많은 꽃이 있다. 육상식물이 총 30만여 종이 있으며, 이 가운데 26만여 종이 꽃을 피운다. 이 가운데 우리 밥상에 올라오는 건 얼마나 될까? 이걸 연구한 사람이 있더라. 윌리엄 C. 버거는 그의 책,『꽃은 어떻게 세상을 바꾸었을까?』에서 25종만이 우리가 채식으로 얻는 에너지의 90%를 제공하고 있다고 설명했다. 겨우 25종이.

그렇다면 기꺼이 이런 식물의 꽃을 알고, 사랑할 만하지 않겠나? 들꽃이 '민주주의'라면 밥꽃은 '생명주의'라고 불러도 좋으리라. 이제는 민주주의 못지않게, 생명주의도 함께 보듬어가면 좋겠다.

사랑으로 태어나, 날마다 사랑을 먹는다면

꽃은 서로 다른 암수가 만나 사랑을 해서 대를 이어간다. 그걸 보고 우리 부부는 농사 틈틈이 밥꽃에 대한 글과 사진을 모으기 시작했다. 그러기를 꼬박 아홉 해. 그사이 얼마나 지지고 볶았을까? 그 에너지가 모여 혼자서는 못할 일을 해낼 수 있었고, 서로를 더 깊이 이해할 수 있게 되었다.

밥꽃의 사랑 역시 아름답기만 한 건 아니다. 이들 나름의 드라마를 가지고 있다. 벼꽃은 있는 듯 없는 듯하다. 하지만 그 작은 벼꽃 한 송이가 제대로 피어 꽃가루를 암술머리에 떨어뜨려야 쌀 한 톨이 나온다. 날씨가 나쁘거나, 영양상태가 안 좋거나, 벌레가 못살게 굴면 허탕이다. 그러니까 우리가 먹는 쌀 한 톨에는 벼꽃 한 송이의 드라마가 담겨 있다. 밥 한 그릇은 꽃 한 다발의 사랑이다.

그렇다. 우리가 먹는다는 건 단순히 배고픔을 해결하는 것만은 아니다. 밥꽃이 서로 사랑한 결실을 먹는다. 하여 벼꽃을 알고 밥을 먹는다면 밥이 달라지고, 배추꽃을 알고 김치를 먹는다면 김치가 더 맛있다. 밥꽃을 알면 우리네 밥상이 더 따뜻해지리라. 쌀 한 톨의 생명, 배추 한 포기의 사랑. 그걸 먹고 사는 '나'는 또 얼마나 사랑스러운 존재인가.

이쯤에서 한 번 더 생각해보자. '사랑'이란 사람만이 가지는 가치일까? 살아 있는 모든 생명의 공통된 가치라고 해도 틀린 말은 아닐 것이다. 짐승도, 식물도 다 부모 사랑으로 태어나고 또 자기 형편껏 사랑한다. 이 책이 부족하나마 사랑을 근원에서 돌아보고 되새김질할 수 있는 '마중물'이 된다면 기쁘겠다.

책 전체를 4부로 나누었다. 1부는 곡식꽃, 2부와 3부는 채소꽃. 4부는 나무와 들풀 가운데 한 글자로 된 우리말 이를테면 감, 밤, 배, 잣, 쑥, 취꽃을 다루었다. 그리고 부록으로 밥꽃을 이해하는 데 도움이 되는 식물학 공부거리들을 모아놓았다. 글과 사진으로 설명이 어려운 곳은 부족하나마 그림으로 이해를 돕고자 했다.

우리 부부는 식물학을 전공하지 않았다. 농사 틈틈이 꽃구경하는 재미에 이 글을 쓰기 시작했다. 그러다가 가끔 벽에 부딪히면 머리를 싸매고 끙끙대며 공부를 해야 했다. 하여 전문성은 좀 떨어지더라도, 꽃을 사랑하는 이라면 누구나 읽기 편한 글이 되었으리라 믿는다. 전문가 감수를 두루 받는다고 받았지만, 행여나 작은 잘못이 있다면 너그러이 이해해주시길 바란다. 그럼, 모두가 밥꽃을 마중하는 행복을 누리시길!

2017년 봄, 밥꽃을 기다리며
장영란 김광화

차례

머리글 꽃 한 다발이 밥 한 그릇   5

PART 1   곡식꽃

벼과 집안

벼꽃, 날마다 밥상에 오르는 목숨꽃	16
토종벼, 벼꽃들의 정원	22
보리꽃, 든든한 까락 속 다소곳이	28
● 더 알아보기: 귀리꽃	34
밀꽃, 인류를 먹여 살리리라	35
● 더 알아보기: 보리와 밀은 어떻게 같고 다른가?	39
기장꽃, 고대에서 온 작은 거인	40
조꽃, 강아지풀과 닮았네	44
율무꽃, 수꽃의 화려한 꽃차례	49
옥수수꽃, 바람 불면 제대로 바람나리라	52
수수꽃, 키 크고 싶다면	60

마디풀과 집안

메밀꽃, 아무데서나 잘 자라 위로가 되는	68
● 더 알아보기: 아마란스꽃	72

콩과 집안

콩(대두)꽃, 우리나라가 원조여!	76
● 더 알아보기: 서리태꽃과 쥐눈이콩꽃	82
팥꽃, 노랑나비 팔랑팔랑	83
동부꽃, 돋보이나 애잔한 사랑	87
완두꽃, 신방을 훔쳐보는 즐거움	96
녹두꽃, 새야새야 울지 마라	102
땅콩꽃, 꽃은 하늘로 씨앗은 땅으로	107
덩굴강낭콩꽃, 장을 담갔다면?	114

PART 2 채소꽃1 부추속·장미군

파 집안
- **파(대파)꽃**, 이른 봄 햇살 가득 ... 122
  - ● 더 알아보기: 쪽파 ... 127
- **달래꽃**, 재주도 많으셔라 ... 128
- **마늘꽃**, 아예 사라졌니? ... 136
- **양파꽃**, 미끈한 배흘림 꽃줄기에서 ... 142
- **부추꽃**, 베어도 베어도 기어이 ... 149

박과 집안
- **오이꽃**, 사랑을 아시나요? ... 156
  - ● 더 알아보기: 수세미오이꽃, 동아꽃 ... 163, 164
- **참외꽃**, 토종이 많고 많아 ... 165
- **수박꽃**, 곱고 고운 털복숭이 ... 171
- **호박꽃**, 하루 시작을 환하고 뜨겁게 ... 178
- **박꽃**, 어두운 밤에 하얗게 피어나 ... 186

장미과 집안
- **딸기꽃**, 자유의지 북돋우는 이모작 인생이여! ... 192
  - ● 더 알아보기: 토종씨앗과 씨드림 ... 197

명아주과 아욱과 집안
- **시금치꽃**, 임을 기다리는 고운 암술이여! ... 200
  - ● 더 알아보기: 근대꽃 ... 208
- **아욱꽃**, 눈보라 맞으며 생명이 다하는 그날까지 ... 209

십자화(배추)과 집안
- **배추꽃**, 봄봄봄을 만끽하는 ... 218
- **갓꽃**, 사월에 만나는 노란 꽃밭 ... 226
- **양배추꽃**, 꼬불꼬불 줄기 끝에 ... 230
  - ● 더 알아보기: 배추꽃, 양배추꽃, 갓꽃 세쌍둥이 구별법 ... 233
- **무꽃**, 몸뚱이가 동강 나도 피는 ... 234
  - ● 더 알아보기: 무, 총각무, 열무 세쌍둥이 견주어 보기 ... 242

PART 3 채소꽃2 국화군

참깨과와 꿀풀과 입술꽃	**참깨꽃**, 벌들의 황홀경	248
	들깨꽃, 온몸으로 향기를	254
가지과 집안	**고추꽃**, 무명 머릿수건을 쓴 조선아낙 같은	262
	가지꽃, 온몸이 보랏빛으로 물들어	269
	토마토꽃, 저 뜨거운 햇살을 향하여	273
	감자꽃, 자주 꽃 피면 자주감자	277
미나리(산형)과 집안	**당근꽃**, 몽글몽글 복슬복슬 부케	286
	● 더 알아보기: 미나리꽃	292
초롱꽃과 집안	**도라지꽃**, 스스로 빛나 세상을 빛나게	296
	더덕꽃, 소중한 걸 소중하게	302
국화과 집안	**상추꽃**, 여럿이 모여 마치 하나처럼	310
	우엉꽃, 고슴도치 모인꽃싸개가 포인트	317
	쑥갓꽃, 앙증맞은 작은 해바라기	321
	뚱딴지(돼지감자)꽃, 가짜 꽃으로 곤충을 불러들이는	324
	야콘꽃, 아직 이 땅이 낯설어	328
꽃구경이 어렵다는 꽃 3가지	**토란꽃**, 바람 바람 꽃바람	334
	고구마꽃, 밭에 웬 나팔꽃이?	339
	생강꽃, 꽃구경은 생각조차 못 했는데	344

PART 4 한 글자 우리말 나무꽃, 들꽃

감꽃, 식구처럼 우리 곁에   354
밤꽃, 수꽃들의 아우성   359
배꽃, 선택과 집중을 묻는다   366
뽕나무꽃, 볼품은 없어도 사랑할 수밖에   372
잣나무꽃, 높고 향기로워라   378
참나무꽃, 레이디 퍼스트   386
쑥꽃, 눈앞에 보고도 꽃인 줄 모르는   393
참취꽃, 하얀 꽃 흔들흔들   399
밋꽃, 베트남 여행에서 만난 행운   403

먹는 꽃에 대한 예의   407

부록

이론공부 1. 밥꽃(농작물)의 계통도 : 내가 기르는 농작물을 제대로 이해하기 위해   412
이론공부 2. 곡식 원산지 : 우리가 먹는 음식은 어디에서 왔을까?   423
이론공부 3. 농작물의 도입 시기 : 내가 짓는 농산물, 언제 들어왔을까?   428
이론공부 4. 우리말 식물용어 : 알고 보면 쉬운 식물용어 정리   431

밥꽃달력   438

PART 1

곡식꽃

벼꽃

한여름 뜨거운 볕
푸르른 벼 잎 사이

이삭 따라 하나 둘
벼꽃이 피네.

꽃잎도 없이 핀
실밥 같은 꽃술

보일 듯 말 듯
실바람에 흔들리누나.

그 꽃 하나 쌀 한 톨
꽃 한 다발 밥 한 그릇.

벼꽃이 피네
목숨 꽃이 피누나.

김광화

Poaceae

벼과 집안

외떡잎식물 닭의장풀아군

외떡잎식물인 벼과는 인류에게 없어서는 안 될 식물군이다. 벼, 보리, 밀, 귀리, 옥수수, 수수, 조, 기장, 율무가 모두 벼과다. 만일 이게 없다면 인류는 무얼 먹고 살겠는가! 벼과는 지구에서 가장 많이 자라는 식물군으로 전 세계에 714속(屬) 11,307종(種)(출처 『벼과 사초과 생태도감』)이 있으며 우리 땅에도 많이 자란다.

벼과는 주로 모여 나는데 뿌리는 수염뿌리에, 잎은 나란히 잎맥이어서, 모여 자라도 햇살을 효과적으로 받을 수 있다. 꽃도 그렇다. 꽃받침이나 꽃잎이 없어, 꽃을 보고도 꽃인 줄 모를 정도로 꾸밈이 없다. 꽃잎 대신 한 쌍의 껍질이 암술과 수술 그리고 씨방을 보호한다. 이리 소박하기에 자기 에너지를 열매에 알뜰히 모은다.

이렇게 한 쌍의 껍질에 둘러싸인 벼과 꽃을 '소수(小穗)'라 하는데 우리말로 하면 '작은이삭'이다. 작은이삭은 작은 껍질(내영)과 큰 껍질(외영)이 한 쌍이다. 이 껍질이 갈라지며 수술, 암술이 나와 꽃이 핀다. 그럼 작은이삭과 꽃은 어떻게 다른가? 작은이삭 안에 꽃이 하나인 벼도 있지만, 작은이삭 안에 꽃 여러 개가 모여 있는 밀이나 귀리도 있다. 그래서 작은이삭이란 단위가 필요한 것이다.

벼과의 곡식들은 세 갈래로 나눌 수 있다. 1) 벼아과에 벼. 2) 포아풀아과에 밀, 보리, 귀리(겨울을 나는 특징이 있다). 3) 기장아과에 기장, 수수, 옥수수, 조, 율무.

벼꽃 · 날마다 밥상에 오르는 목숨꽃

물 위로 가지런히 서 있는 벼

미국에서 살면서 뉴욕주로 귀농한 분이 오랜만에 전자 우편을 보내왔다.

> "(처음으로) 모내기를 했습니다. 지나가는 사람마다 신기해서 쳐다보고, 찾아와서 물어보는 사람도 있습니다. 여기 사람들은 쌀을 많이 먹는데 벼가 자라는 모습은 처음 보았다고 합니다. 제가 보기에 논은 밭과 다른 미적인 요소가 있는 것 같습니다. 잘 정돈된 밭도 보기 좋지만, 물 위로 가지런히 서 있는 벼는 마음을 안정시키는 것 같습니다. 볼 때마다 마음이 가라앉습니다."

흔한 것은 귀한 줄 모른다 했던가. 이 편지를 읽고 나서 벼를 보러 논에 갔다. 그랬더니 올벼에 꽃이 피었더라.

벼꽃은 얼핏 봐서는 꽃 같지가 않다. 보통 우리가 꽃이라고 할 때는 꽃잎, 꽃받침, 수술 그리고 암술을 기본으로 한다. 그런데 벼꽃에는 그 흔한 꽃잎이 없다. 꽃받침도 없이 껍질이 벌어졌다가 닫힌다. 농학에서는 벼꽃을 이를 때 이삭 영(穎)을 써서 '영화'라고 한다. 그래서 보통 '벼꽃이 핀다'고 하기보다 '이삭이 팬다'고들 한다. 하지만 자세히 보면 이삭 하나에 작은 벼꽃 100여 송이가 핀다. 우리가 먹는 쌀 한 알 한 알이 그렇게 해서 영그는 거다.

벼 Rice
벼과 한해살이풀
학명 *Oryza sativa* L.

아시아 열대기후 지역 전체를 원산지로 보기도 하지만, 그 중심은 중국의 윈난성으로 꼽는다. 우리나라에는 고조선 시대부터 재배되었다고 알려져 있는데, 최근 충북 청원군 소로리에서 발견된 볍씨가 1만4천 년 전으로 추정되어 기존 학설을 뒤흔들고 있다. 벼는 평야는 물론 물이 없는 밭에서도 자라며, 심지어 물이 깊은 곳에서도 자라는 농작물이다. 전 세계 인구의 절반가량이 주식으로 한다.

- 물 위로 가지런히 서 있는 벼
- 벼는 한여름 무더위를 달게 먹고 꽃을 피운다

어쩌면 벼는 꽃이 볼품없기에 인류를 먹여 살려왔는지도 모른다. 이게 무슨 말인가. 식물의 꽃은 에너지 덩어리다. 꽃잎을 만드는 데 많은 에너지가 든다. 꽃잎을 만들지 않고 씨앗을 남길 수 있다면? 거기에 드는 에너지를 온전히 오직 자신과 자식한테 집중할 수 있으리라. 중매쟁이를 불러들이기 위해 꾸밀 필요가 없고, 중매비로 나가는 꿀이나 꽃가루에 크게 마음 쓰지 않아도 된다.

벼꽃은 꽃술조차 소박하다. 꽃술은 나중에 왕겨가 되는 껍질 속에 들어 있다. 꽃이 피면서 이 껍질이 살짝 벌어진다. 그 사이로 깨알같이 작은 꽃밥이 머리를 내밀면서 꽃가루를 터트린다. 암술은 껍질 속 깊숙한 곳에 숨어 꽃가루를 받아들인다. 그래서 벼꽃이 활짝 피는 순간에도 찬찬히 들여다보지 않으면 암술을 보기 어렵다.

벼꽃은 오래 피지도 않는다. 날씨가 좋다면 낱꽃 한 송이는 한 시간 남짓 피었다가 진다. 하루로 치면 가장 왕성하게 피는 때가 오전 11시. 낮 1시쯤에는 거의 끝난다. 꽃이 모두 피었다 지는 데는 일주일 정도 걸린다.

볼품없는 벼꽃
암술은 껍질 깊숙한 곳에 숨어 있다

꽃가루 찾아 가끔 벌이 찾아오기도 하지만, 벼는 중매쟁이나 하객들한테 마음 쓰지 않고 저희끼리 사랑을 나눈다. 꽃가루받이를 끝내면 꼿꼿했던 수술대는 힘을 잃고 아래로 축 처진다. 곧이어 껍질이 닫히면 수술은 바람 따라 사라진다. 그러고는 40일쯤 지나면 쌀알이 영근다.

밥 한 그릇은, 벼꽃 한 다발의 사랑
이렇게 벼꽃 한 송이가 피었다 져야 쌀 한 톨이 된다. 그렇다면 우리가 먹는 밥 한 그릇은? 벼꽃 한 다발이 피었다 진, 사랑의 결실이라 하겠다.

    이렇게 벼꽃이 피고 지는 걸 볼 때면 많은 생각이 스쳐간다. 언제부터인지 쌀이 흔한 세상이 되었다. 요즘은 그 소중함을 대부분 잊고 산다. 화려한 요리에 가려지고, 먹기 편한 빵에 밀려나고 있다.

    이게 단순히 먹을거리 문제만으로 끝날까? 나는 아니라고 생각한다. 모든 것은 서로 연결되어 있다. 흔한 걸 소중히 여기지 않는다면 그 대가를 우리 스스로가 고스란히 치르게 될 것이다.

    뭔가가 흔하다는 건 우리와 가깝다는 것. 물이 그렇고, 공기가 그러하다. 오염되면 우리네 삶의 질이 그만큼 근본에서부터 나빠진다. 흙이, 우리가 먹는 쌀이 그렇다. 쌀에 대한 푸대접은 곧 생명에 대한 푸대접이나 다름없다.

    사람 관계에서도 그렇지 않나? 사람 사이 가장 가까운 관계는 밥을 같이 먹는 식구. 생명 푸대접은 곧 식구 푸대접으로 이어진다. 부모는 돈을 벌어다주는 기계로, 아이들은 공부 노예로 여겨지기 십상이다. 사랑보다 경쟁이, 생명보다는 효율성이 강조되다 보니 삶의 근원으로부터 자꾸 멀어진다.

    흔하고 볼품없는 벼꽃이 우리를 먹여 살린다. 그렇듯이 보통 사람들의 땀과 노력이 이 사회를 끌어가는 힘이다. 우리 모두가 생명을 소중히 여기며, 꾸밈없이 자기다운 꽃으로 피어나야 하리.

흐드러지게 핀 벼꽃
쌀 한 톨은 벼꽃 한 송이

벼꽃 보기

한여름, 사람이 지치기 좋은 날씨. 그런데 벼는 이 더위를 아주 좋아한다. 마치 아기가 엄마 젖을 빨듯이 햇살을 달게 먹는다. 볍씨와 모내기하는 날짜에 따라 꽃 피는 시기가 조금씩 다르지만, 그 더운 7월 말에서 8월에 벼꽃이 핀다. 햇살이 좋은 한낮에 피는데 논이 많이 있는 우리나라에서는 어디서나 볼 수 있다. 벼꽃을 곡식의 꽃가루라는 뜻을 가진 '자마구'라고도 한다.

꽃은 줄기의 맨 끝에서 이삭이 나오고 거기에 꽃을 품은 작은이삭이 달리는데, 전체를 보면 다발로 모여서 피는 모양새다. 꽃이 꽃대에 붙은 순서를 '꽃차례'라 하는데 벼꽃의 꽃차례는 이삭이 모여 핀 이삭꽃차례다. 작은 낱꽃 하나에는 수술이 6개, 암술 1개가 있으며 제꽃가루받이를 한다.

벼꽃의 꽃말은 은혜, 베풂.

- a.m. 11:18 벼꽃이 피기 시작
- a.m. 11:25 꽃밥을 터뜨린 수술이 늘어지기 시작
- a.m. 11:47 꽃가루받이를 끝내고, 껍질이 거의 닫혔다

벼꽃

토종벼 ・벼꽃들의 정원

살아 있는 토종벼를 보러 가는 길

우리나라에서 가장 많이 피는 꽃이 무얼까? 우리가 흔히 떠올릴 수 있는 팬지나 국화도 아니라면, 무얼까? 일일이 숫자를 세어본 건 아니지만 아마도 벼꽃이 아닐까! 우리 땅에 아주 넓게 자리하고 있는 게 논. 그 논에 빽빽이 서서 자디잔 꽃을 수없이 피우니까……. 그리고 수천만 백성을 날마다 먹여 살리니까.

전북 장수군에 비행기재라고 있다. 이 재를 넘을 때면 그야말로 비행기를 타고 가는 듯하다. 아래를 보면 사방이 산인 산골이지만 편편한 곳은 다 논이더라. 그 논에 핀 벼꽃은 다 비슷비슷하다. 품종이 올벼냐 늦벼냐에 따라 또는 일찍 심느냐 늦게 심느냐에 따라 꽃 피는 시기가 조금씩 다를 뿐 꽃 모양에는 큰 차이가 없다.

그렇다면 벼들의 꽃은 다 같을까? 우리나라 볍씨는 일제 강점기부터 지금까지 정부가 개량해오고 있다. 우리 논에도 정부개량종을 심고 있다. 그렇다면 과연 개량하기 전 토종벼의 꽃도 비슷비슷할까? 토종벼를 만나보자. 나는 (사)흙살림에서 운영하는 토종벼 채종포가 생각났다. 흙살림토종연구소 윤성희 소장님한테 전화를 해서 벼꽃을 보러 가고 싶다고 했다. 벼꽃 피기를 기다리는데, 길고 긴 장마에 이어 가마솥더위가 찾아왔다. 뉴스에서는 사람이 죽어 나간다고 하던 때, 윤 소장님이 전화를 주셨다. 얼른 오라고 지금 벼꽃이 열 종류가량 피었다고.

비행기재에서 바라본 들판

토종벼 채종포에서 만난 벼

그렇다면 토종벼는 어떻게 다를까? 괴산군 삼방리에 자리한 토종벼 채종포는 산골 마을 논밭들 사이에 있다. 논 두 다랑이에서 20여 가지 벼가 줄지어 자라고 있었다. 키가 큰 산도벼, 키가 산도의 반에도 못 미치는 작달만 한 쫄장벼와 오백조, 벼꽃 이삭이 복숭아 빛으로 빛나는 맥도(비단벼), 벼이삭이 검붉은 대추 빛인 조도(대추찰), 이삭이 팬 게 마치 버들강아지 같은 벼들벼, 옛 어른들이 좋아하는 이름인 돼지찰(돈나)……. 벌써 이삭이 다 여문 황토조와 이삭이 까만데 속에 볍씨는 흰 흑도조, 토종벼로서 경쟁력 있다는 조동지와 붉은 쌀로 유명한 자광도는 아직 이삭이 나오지 않았다.

눈짐작으로 토종벼들은 이삭에 까락(수염)이 달려 있는 게 많았다. 정부보급종은 까락이 거의 없다. 우리 식구가 예전에 '다마금'이라는 까락이 긴 벼를 길렀던 때가 생각난다. 까락은 야생의 벼한테는 참 바람직한 구조다. 들짐승이 함부로 먹지 못하게 하며, 벼가 다 익은 뒤에는 낟알이 스스로 떨어질 때 바람의 힘을 받아 멀리 가게 한다. 무엇보다도 까락이 있음으로써 땅으로 떨어질 때 땅에 꽂히듯이 떨어져 싹이 잘 틀 수 있다. 하지만 사람이 농사짓는 데는 여간 성가신 게 아니더라. 거두기도 쉽지 않거니와 방아 찧는 데도 보통 애를 먹는 게 아니다.

벼 키도 제각각
토종벼는 까락이 긴 게 많다

흙살림에서 재배하는 토종벼들

나중에 벼가 다 익었을 때 과연 논의 풍경은 어떨까? 흙살림 농장에서 일하는 이방현님은 《흙살림》(195호)에서 이렇게 말했다. "흔히들 벼가 익어가는 들판을 황금 들판이라고 부른다. 하지만 토종연구소 농장의 논은 결코 황금색이 아니다. 황금보다 더 아름답게 빛나는 오색 빛깔의 '보석 들판'이다. 일반 농가처럼 한 가지 품종이 아니라 수십 종의 토종벼들이 저마다의 색깔로 빛나기 때문이다. 비단결보다 더 아름답게 반짝이는 족제비찰, 검은 빛에 가까운 자줏빛이 눈을 사로잡는 녹미와 북흑조, 붉은 빛이 도는 갈색의 돈나, 누렇다 못해 주황색 느낌이 나는 쇠머리지장, 샛노란 밭찰 등 모든 토종벼들이 보석 그 자체다. 자기만의 색깔을 고집하지만 조화로움을 벗어나지 않는 것이 신기해 보일 정도다."

조도(대추찰)
황토조
흑저도. 검은쌀 품종이 아닌데 이삭은 이리 검붉다

있는 그대로의 다양성을 유지하는 토종의 가치

흙살림의 윤성희 소장님과 이야기를 나누었다. 윤 소장님은 토종의 가치를 강조한다. "토종이 정부장려품종을 못 따라가지요. 키가 너무 크기도 하고, 지금처럼 길들여진 입맛으로 보자면, 맛이 좀 없기도 해요. 하지만 토종은 있는 그대로 다양성을 유지하는 데 의미가 있다고 생각해요. 그동안은 가치가 있는지 없는지도 잘 모르고 토종을 외면하지 않았습니까? 신품종에 의해 고유한 씨앗이 사라져가는 게 위험하지요. 한번 사라진 씨앗은 되돌릴 수가 없거든요. 가치는 시대에 따라 변하잖아요. 배고플 때는 수량이 최우선의 가치였다면 지금은 밥맛이 중요하지요. 나중에는 건강에 좋다는 기능성 쌀로 나아가지 않을까요?"

채종포가 생긴 건 2008년. 처음에는 안완식 박사님한테 냉동상태로 가지고 계시던 400여 볍씨를 분양받아 모두 심어보았고, 그해는 그 가운데 20여 가지만 심었단다. 그동안의 성과가 어떠할까?

"아직 원점이에요. 앞으로 천연기념물로서의 가치를 넘는 뭔가를 만들어나가야지요. 토종벼를 더 많이 재배하고 유통되게 해야 합니다. 아직까지는 수확량이 적으니 값이 비싸고 잘 팔리지 않네요. 하지만 사람들이 점점 현미를 찾게 된다면 승산이 있지 않을까 싶어요. 지금 정부장려품종은 백미가 기준이라면, 토종은 현미로 먹으면 부드럽고 맛있거든요. 토종벼가 (총 쌀 소비량의) 1퍼센트 아니, 0.1퍼센트라도 꾸준히 팔린다면 의미가 대단할 겁니다."

그날 밤에 보름달이 떴다. 온 세상이 환하다. 슬슬 걷다가 발길이 논으로 간다. 이 달밤에 벼가 뭐하고 있을까? 이팔청춘 기세로 꼿꼿이 서서 달 기운을 받고 있구나.

보리꽃 ・든든한 까락 속 다소곳이

보리도 꽃을 피워요?

제주서 전화가 왔다. 제주시 '공동육아협동조합'이라는 곳인데 강의를 와달란다. 공동육아협동조합은 한라산을 바라보는 좋은 터에 있다. 한 바퀴 둘러보는데 아이들이 그린 풀꽃 그림이 그렇게 예뻐 보일 수가 없다. 어린 아이들이 그 앙증맞은 손으로 그린 제비꽃, 강아지풀……. 풀 한 포기도 그냥 스쳐지지 않고 가만 들여다보는 아이들의 모습이 가슴에 와 닿았다.

밖으로 나오니 마당 앞에는 보리밭이 있다. 한데 아이들 그림에는 보리꽃 그림이 없었다. 그래서 보리꽃 이야기를 했더니 한 분이 그런다. "보리도 꽃이 피어요?"

물론 보리꽃은 소박하기가 벼꽃보다 한 수 위다. '이게 꽃이요' 하고 알려주어야 할 정도로 밋밋하다. 벼꽃은 활짝 필 때 자세히 들여다보면 암술을 볼 수 있지만 보리꽃은 그마나도 보이지 않는다. 그저 실 같은 꽃술이 슬그머니 보였다가 금방 사라진다. 그럼 꽃이 피었다가 진 거다.

사람이 '보리' 하면 먼저 떠오르는 게 아마도 보리밥일 테다. 하지만 농사를 짓는 나는 까락이 먼저 떠오른다. 까락이란 '까끄라기'의 준말로 보리, 밀, 벼의 껍질 끝에서 자라는 수염을 말한다. 피부에 까끄라기가 닿으면 그야말로 깔끄럽다. 곡식 가운데서는 보리까락이 한결 힘차고 멋지다. 아무래도 보리에 대해서는 꽃보다 까락 이야기를 자세히 하지 않을 수가 없다.

보리 Barley
벼과 한해살이 또는 두해살이풀
학명 Hordeum vulgare var. hexastichon(L.)

보리는 그 종류만도 무척 다양한데, 학자들은 보리 재배의 역사를 1만 년쯤으로 본다. 보리의 야생원종은 서아시아 아르메니아 지방의 두줄보리와, 티베트에서부터 양쯔강의 여섯줄보리로 나뉜다. 우리나라에서는 삼국시대 이전부터 오래도록 여섯줄보리를 길러왔고, 최근 들어 맥주 보리로 두줄보리를 심어 기르고 있다. 여섯줄보리는 다시 찰보리와 겉보리로 나뉜다.

- 이삭이 막 패다
- 까락 사이에서 다소곳이 꽃이 피다

보리밭 전경

까락, 꽃과 씨를 지키는 무기

늦가을에 씨를 뿌린 보리는 추운 겨울을 나고 봄이 되면 무럭무럭 자란다. 그러다가 5월이면 이삭이 올라오며 작은이삭을 먼저 낸다. 이 작은이삭에 긴 까락이 달려 있다. 이때는 모양만 까락이지 아직 여리다. 처음에는 광합성을 하는 데 힘을 보태다가 점차 제 몫을 찾아간다.

먼저 까락은 껍질의 한 부분답게 보리꽃(작은이삭)을 보호한다. 바늘처럼 뾰족하고 긴 까락을 좀 자세히 보자. 아주 작은 톱니를 촘촘히 갖고 있다. 이를 함부로 만지다가는 상처가 날 정도로 날카롭다. 왜 그럴까? 사진에서 작은 톱니들이 난 방향이 보이는가. 까락 맨 아래 보리 작은이삭이 있고, 다시 그 작은이삭 속에 씨눈이 있다. 이 씨눈은 생명의 핵으로 싹과 뿌리가 여기서 나온다.

보리가 익어갈수록 까락 역시 더 꿋꿋하고 더 강력한 힘을 갖는다. 모양부터 보리 이삭 전체를 감싸듯이 부챗살을 그린다. 왕(씨앗)을 지키기 위해 수십 개 창으로 에워싸는 무사(까락)들 같지 않는가.

이 까락 무사들은 퇴각을 모른다. 만일 들짐승이 익어가는 보리이삭을 먹으려고 했다가는, 제대로 씹기도 전에 공포에 가까운 고통을 느끼게 될 것이다. 까락은 씨눈 방향 따라 난 톱니에 의해, 곧장 짐승 목구멍을 향해 앞으로! 앞으로! 오직 진군할 뿐이다. 짐승이 아차, 싶어 뱉어내려 해도 안 된다. 입과 혀를 조금이라도 움직이려 해도 까락은 그저 앞으로! 점점 목구멍 안쪽으로 넘어간다.

- 보리꽃과 까락을 자세히 관찰해보면
- 까락이 익어가면서 방패처럼 낟알을 지킨다

자신을 살리는 '생명 화살'

까락은 자식을 멀리 보내는 데 한몫을 한다. 보리 이삭 하나에는 수십 개 보리가 익어가기에 그 상태 그대로 땅에 떨어지면 자식들끼리 지나친 경쟁을 하게 된다. 보리는 까락을 이용해서 자식들을 흩어지게 한다.

까락은 길고 작은 톱니만큼이나 스치는 인연을 소중히 여긴다. 지나가는 짐승 털에 묻어가기도 하고, 사람 옷이나 장갑이 스쳐도 얼씨구나 하고 달라붙는다. 만일 짐승들이 오지 않는다면 하다못해 까락은 바람을 타서 조금이라도 자식을 멀리 보내려고 한다.

여기서 끝이 아니다. 이런저런 인연으로 낟알이 땅에 떨어질 때, 까락은 화살의 깃이 되어 씨눈이 땅에 먼저 닿게 한다. 그러고 나서도 까락의 물리적 운동은 한동안 이어진다. 보리는 가만히 앉아서 농부가 자신들을 땅속으로 심어주길 기다리지 않는다. 인류가 농사짓기 이전부터 보리는 저희 나름 자손을 퍼뜨려오지 않았는가.

이제 까락은 마지막 힘을 다한다. 비바람을 맞으며 약하게나마 물리적 운동을 계속한다. '땅속으로! 땅속으로!' 이럴 때 보리 낟알 하나는 '생명 화살'이라 하겠다. 남을 죽이는 화살이 아니라 자신을 살리는 화살. 어머니 생명의 품으로 파고들어 저가 살고, 세상도 살리는 화살.

나는 우리가 키우는 여러 곡식들을 사랑한다. 그 가운데 보리는 존경할 만한 곡식이라는 생각까지 든다. 그러면서 이런 생각을 해본다. 내게도 까락과 같은 무기가 있다면 어떤 것일까? 자신을 지키면서도 스쳐가는 인연을 소중히 여길 수 있는 힘 같은 것. 보리밥을 먹으면 조금이나마 길러질까?

보리꽃 보기

늦가을에 심어 겨울을 난 보리는 4~5월에 이삭이 패면서 꽃이 핀다. 남도에는 4월, 중부 지방에는 5월 5일경 보리밭에 들러본다. 바깥껍질과 안껍질로 이루어진 작은이삭(소수) 안에 암술 하나와 수술 3개가 들어 있다. 아침부터 피어 오전이면 다 끝난다. 꽃 한 송이가 피었다 지는 데 10~20분 남짓. 이삭 하나가 다 피는 데는 4~5일이 걸린다. 제꽃가루받이를 한다.

보리꽃은 사람 눈으로는 보이지 않으니 푸르른 청보리밭을 보고, 보리 이삭이 잎겨드랑이 사이에서 막 빠져나와, 이삭에 뭔가 하얀 실밥 같은 게 날리면 보리꽃이 한창인 셈. 일출을 보듯 꽃구경을 한 셈이다.

- 생명 화살
- • 장엄한 보리까락, 자신을 굳건히 지킨다

더 알아보기

귀리꽃 Oats
벼과 두해살이풀 · 학명 Avena sativa

원산지는 아르메니아. 귀리는 유럽의 밀과 보리밭에 살던 잡초란다. 그 잡초가 흉년에 신분상승하여 사람이 먹기 시작했단다. 하지만 방아 찧기가 어려워 주로 사람 식량보다는 말 먹이로 길러왔다. 우리나라에도 원나라 때 말먹이로 들어왔으나 널리 퍼지지 못했다. 현대에 들어 귀리가 오트밀로 유명하지만 국내산 귀리를 만날 수 없었는데, 정읍에서 귀리를 2004년 다시 심기 시작하면서 지금은 누구나 만날 수 있다.

귀리는 밀과 보리처럼 가을에 심어 겨울을 나고 이듬해 봄에 꽃이 핀다. 밀보다 꽃이 늦어 5월 중순(남부 지방)이나 5월 말(중부 지방)이 되어야 피지만, 대신 빨리 익어 장마 전에 겨우 익는다. 새벽부터 꽃이 피는데 오후 2~3시쯤 가장 많이 핀다. 잎자루에서 이삭이 바로 나오면서 작은이삭이 벌어지며 꽃을 피운다. 귀리 이삭은 밀이나 보리와 달리 꽃자루가 길고 드문드문하다. 그래서인지 받침껍질이 벌어지며 꽃이 피는 걸 잘 알아볼 수 있다.

살짝 벌어진, 그러니까 꽃을 피우는 작은이삭 하나를 골랐는데 얼핏 봐서는 노란 꽃밥이 받침껍질 한쪽에 달려 있는 것처럼 보인다. 벌어졌다 해도 받침껍질은 꽃들을 감싸고 있어, 자세히 보기 위해 받침껍질을 강제로 열어보았다. 받침껍질 안에 작은 꽃 3개가 어긋나게 달려 있고, 맨 아래 1번 꽃이 피고 있는데 받침껍질에 가까운 꽃이라 마치 받침껍질에 꽃밥이 달려 있는 것처럼 보였던 것이다.

작은 낱꽃(1번 꽃) 하나를 자세히 살펴보니 투명하리만큼 하얀 암술 위에 노란 꽃밥 3개가 달려 있다. 1번 꽃과 어긋나서 2번 꽃봉오리가 달려 있는데 이건 아직 꽃을 피우지 못하고, 가운데 3번 꽃봉오리는 제대로 피우지 못한단다. 귀리꽃을 보면서 벼과의 '작은이삭(소수)'이 무언지 공부하기 좋았다. 귀리꽃 소수는 한번 벌어지면 그대로 익어, 귀리를 추수할 때 보면 소수가 벌어진 채 있다.

귀리꽃

귀리 소수

밀꽃 · 인류를 먹여 살리리라

벌레 나는 우리밀가루, 몇 년이 지나도록 쌩쌩한 수입밀가루

김제 평야를 바라보면 '저 넓디넓은 논에서 자라는 벼가 우리 국민을 먹여 살리겠구나!' 싶어 뿌듯하다. 그런데 우리들은 국수건 빵이건 하루 한 끼 정도는 밀 음식을 먹고 산다. 한데 정작 밀밭이 어디에 있나?

밀은 세계에서 가장 널리 재배되는 식량작물이다. 요즘 우리나라에서도 많이 먹고 있다. 2013년 국민 1인당 소비량이 35킬로그램이란다. 그래서 밀의 생산성을 높이는 육종은 노벨평화상감이다. 노먼 이 보로그 박사가 그 주인공이다. 여기에 우리나라 토종 앉은뱅이밀 유전자가 커다란 기여를 했다는데, 정작 우리는 대부분 수입해 먹고 있다. 평생 농사지으며 살아오신 우리 어머니는 우리밀가루를 "그 있잖아, 벌레 나는 밀가루!"라고 하신다. 이때 '벌레 난다'는 말은 칭찬일까 아닐까?

우리가 무심코 먹는 밀가루 음식은 대부분 수입밀가루다. 수입밀가루는 여간해서는 벌레가 안 난다. 도배 풀을 쑤다 남겨둔 수입밀가루가 있었는데 10년이 넘도록 벌레 하나 안 나고 쌩쌩하다. 우리밀가루는 여름에 며칠만 상온에 두어도 당장 벌레가 난다. 어떤 게 정상일까?

미국에서 밀을 생산하는 법은 이렇단다. 밀을 길러 거두기 7~10일 전 라운드업 제초제로 밀밭을 흠뻑 적신다. 그러면 제초제가 낟알로 흡수되어 밀을 말려 죽인다. 밀꽃이 한날에 다 피지 않고 여러 날에 걸쳐 피니 밀은 같은 시기에 익지 않는데, 라운드업을 뿌려주면 아직 익지 않은 푸른 밀을 빠르게 익게 한다. 작물이 죽으면서 열매

밀 Wheat
벼과 한두해살이풀
학명 Triticum aestivum L

밀은 석기시대부터 재배한 인류의 가장 오래된 곡식으로, 원산지는 아프가니스탄에서 코카서스에 이르는 지역, 특히 아르메니아 지방으로 추정된다. 우리나라에서는 기원전 1~2세기인 삼국시대부터 재배되기 시작한 것으로 보이나 재배량이 많지 않았다. 밀은 보리에 견주어 7~10일 정도 늦게 익어, 논에서 이모작하기 어렵기 때문이다. 대신 보리는 따스한 남쪽 땅에서만 재배한다면 밀은 추위에 더 강해, 황해도나 평안도에서도 재배할 수 있다고 한다.

푸르게 영글어 가는 밀밭 •
잘 영근 밀밭 ••

를 맺는 것이다. 이렇게 해서 밀알의 수분함량을 줄이고 밀의 산출량을 높일 수 있단다. 아, 거둔 뒤 유통을 위해 농약을 뿌리는 게 아니라 아예 농약에 절여진 거로구나.

밀에서 피는 작은 꽃

밀은 보리와 한살이가 같다. 다른 것들이 다 시드는 늦가을, 땅에 뿌리박고 싹이 어린 채로 겨울을 난다. 봄이 오면 쑥쑥 자라 줄기 맨 위에 이삭을 올린다. 이삭에서 작고 수수한 꽃이 피는데, 몇 가지 개성이 있다.

첫째, 밀의 작은이삭(소수) 안에는 4~5개 꽃이 함께 산다. 밀 이삭에는 20층 정도의 마디처럼 생긴 작은이삭이 어긋나 있고, 작은이삭에는 한 쌍의 받침껍질 안에 4~5개의 꽃이 들어 있는 거다. 받침껍질이 벌어지면 그 속에 있는 꽃들 가운데는 아래부터 차례차례 피기 시작한다. 그러다 보니 모두가 씨를 제대로 여물기는 어렵다. 이들 가운데 우수한 3~4개에 에너지를 몰아준다.

둘째, 작은이삭에는 까락이 달려 있지만 짧다. 꽃 한 송이에 노란 수술은 3개. 이 수술이 일어서며 노란 꽃가루를 날리면 암술머리는 두 팔을 벌리고 기다리다가 꽃가루받이를 한다. 노란 꽃가루를 다 날린 수술은 빈 몸을 우윳빛으로 축 늘어뜨리고 시든다. 꽃이 핀 지 40일이 지나 하지 무렵이 되면 햇밀을 거둘 수 있다.

- 바닥에 점점이 밀꽃 꽃가루
- 밀꽃에 달린 암술 하나, 수술 3개

밀꽃 보기

남부 지방은 5월 초, 중부 지방은 5월 중순에 밀밭으로 간다. 벼꽃은 오전에 주로 피지만 밀꽃은 오후에 많이 핀다. 노란 꽃밥을 찾아 받침껍질이 열린 것까지 본다면 성공!

　꽃말은 찾을 수 없으나, 밀밭은 서구에서 천국을 상징한다.

가운데 이삭이 먼저 피고
위 아래로 차례차례 피기 시작한다.
가운데 흰 색이 먼저 핀 이삭이고,
이제 막 피는 게 노란색이다
밀꽃이 피는 모습

더 알아보기

보리와 밀은 어떻게 같고 다른가?

보리와 밀은 비슷하다. 둘 다 '벼'과이면서, 가을에 씨를 뿌린다. 그러면 삐죽 가녀린 싹이 난 채, 추운 겨울을 이긴다. 그러느라 보리싹, 밀싹은 땅바닥에 웅크리고 있다. 봄이 와 날이 따스해지면 보리와 밀싹이 일어선다. 한번 일어서면 그때부터 쑥쑥 자란다. 오죽하면 봄에 동네 처녀총각이 만나는 곳이 밀밭, 보리밭일까. 다른 밭은 아직 비어 있거나 뭐가 심겨 있더라도 겨우 싹이 돋아났지만, 밀과 보리밭은 한창 푸르다. 절기상으로 여름 기운이 일어서는 5월 초, 입하 전후에 꽃이 피고 꽃이 핀 지 40일 뒤면 다 영글어 하지 전에 거둬들인다.

꽃은 벼과 꽃이 그렇듯 허례허식이 없는 점도 같다. 1개의 곧은 꽃자루에 한 쌍의 받침껍질로 싸인 꽃이 핀다. 이 꽃들이 마디마디 모여 피는 이삭꽃차례다. 보리와 밀은 여기까지 같다.

보리는 이삭꽃차례가 대칭구조이고 까락이 길다. 이삭 하나에 10~20개의 마디가 있고, 저마다 독립적인 받침껍질에 싸여 있는 꽃 3개가 모여 한 마디를 이룬다. 이 3개가 다 잘 보여 이삭의 단면이 여섯 모로 대칭인 보리는 여섯줄보리, 가운데 꽃이 안으로 굽어 들어 이삭의 단면이 네모로 대칭인 보리가 네모보리(늘보리), 양쪽의 곁꽃이 불임성이고 퇴화하여 두 줄로 된 것을 두줄보리라 한다. 두줄보리는 주로 맥주용 보리, 늘보리는 주로 껍질이 잘 안 벗겨져 겉보리라고 한다.

밀은 이삭꽃차례가 어긋나고 까락이 짧다. 각 마디에는 꽃 4~5개가 어긋나게 모여 하나의 받침껍질에 싸여 있다. 그래서인지 보리는 잎자루에서 이삭이 나오기 시작하면서 바로 꽃을 피우지만, 밀은 잎자루에서 이삭이 올라와 작은이삭이 충분히 자란 다음 꽃을 피운다. 피는 시기도 보리가 밀보다 7~10일 빨라 밀꽃이 피었을 때면 보리꽃은 다 져버린다. 사람 눈에 꽃이 핀 걸 알아챌 수 있는 유일한 단서가 꽃밥인데 밀의 꽃밥은 노란색에 가깝고 보리의 꽃밥은 흰색에 가깝다.

꽃이 일찍 피는 만큼 보리는 밀보다 열흘쯤 일찍 베어낼 수 있다.

기장꽃 • 고대에서 온 작은 거인

한때는 우리를 먹여 살린

기장밭에서 일하고 있으면 길 가던 이가 "이게 뭐에요?" 묻곤 한다. 농촌에서도 보기 드문 곡식이기 때문이다. 심지어 어떤 이는 "기장이 조하고 같은 거 아니에요?" 묻는다. 알곡으로만 보면 구분이 쉽지 않기에.

조가 강아지풀과 비슷하게 생겼다면, 기장은 벼 이삭과 비슷하다. 자디잔 낱알이 이삭 따라 늘어지며 달린다. 굳이 둘을 견주자면 기장 낱알이 조 낱알보다는 조금 더 굵다. 이 둘이 아주 오래전에는 인류를 먹여 살렸다. 하지만 인류 역사에 밀, 벼, 옥수수가 대량 재배되면서부터 주곡에서 밀려나 지금은 거의 잊혔다.

다행히 최근에 이들에게도 다시 관심의 눈길이 쏟아지고 있다. 2015년 괴산잡곡에서 그동안 완전히 잊혔던 식용 피를 복원하여 판매하고 있는 것도 그런 흐름 가운데 하나이리라. 유럽에서는 조와 기장 그리고 피처럼 소외되어왔던 곡식인 이디오피아의 테프, 남미의 퀴노아를 '고대에서 온 작은 거인'이라고 다시 환영하고 있단다.

우리 역사에서도 가뭄이 심하게 든 해에는 마지막으로 기장을 뿌려 구황작물로 삼았고, 제대로 된 농토가 없는 화전민들도 기장 농사로 목숨을 이어왔다고 한다. 실제 우리가 사는 산골 가까이에 화전민 마을이 있는데, 거기 사시던 할머니가 기장으로 떡을 쪄 먹었다는 이야기, 술 빚어 먹은 이야기를 들려주셨다.

기장 Poroso millet
벼과 한해살이풀
학명 Panicum miliaceum L.

원산지는 중앙아시아와 중국. 부산 영구 패총(기원전 3360년경 추정)에서 조와 기장이 발견되어, 우리를 오래 먹여 살리던 곡식이라는 걸 알 수 있다. 하지가 지나 심으면 8~9월 푸른색 껍질에 싸여 꽃이 핀다. 암술 1개, 수술 3개.

우리 마을 기장밭

벼 이삭 모양이지만 자디잘아

기장은 한 대 또는 몇 대씩 모여 나고, 줄기에 털이 있다. 가지마다 맨 위 잎겨드랑이 사이에서 벼 이삭 모양의 이삭이 나온다. 이삭은 자라면서 수없이 갈라지며 이어달리기를 하듯 달걀 모양의 작은꽃을 피우느라 축 늘어진다. 고개 숙인 벼 이삭 같아 보이지만 낟알이 자디잘아 훨씬 듬성듬성하다.

꽃 하나하나 역시 작아, 사람 눈에 피는지 지는지 잘 보이지도 않는다. 기장의 작은이삭(소수)에는 작은꽃 2개가 들어 있는데 하나는 퇴화해 받침껍질처럼 보인다. 열매를 맺는 꽃은 하나다.

이 꽃을 사진을 찍은 다음, 확대해서 보니 황홀할 지경이다. 노란 수술 3개와 암술이 하나가 보이는데 이 암술은 붉은 암술머리가 둘로 나뉘어 제법 길다. 보통 벼과는 제꽃가루받이를 해 암술은 껍질 속에 숨어 있다. 그런데 기장의 암술머리는 껍질 밖으로 나올 정도로 바깥세상에 대해 열린 것처럼 보인다. 제꽃가루받이는 물론이고 딴꽃가루받이도 어렵지 않게 할 수 있지 않을까?

조는 이삭을 거두어도 알곡이 저절로 떨어지지 않아 장식용으로도 많이 쓰인다면 기장은 알곡이 여무는 대로 떨어져 '돌곡식' 소리를 듣는다. 바꾸어 말하면 기장은 야생성이 강하다는 소리. 온갖 길들여진 음식을 먹고 수많은 병을 달고 사는 우리에게 오히려 꼭 필요한 먹을거리가 아닐까?

비 맞은 기장
한 송이만 꽃이 피었고 나머지는 진 상태

기장꽃 보기

조는 강아지풀과 비슷해서 조밭을 만나면 알아차릴 수 있지만, 기장은 보고도 모르고 지나칠 수 있다. 그러니 만일 기장 꽃을 보게 된다면 전생의 덕이 아닐까! 아직까지 산간 지방에서 명맥이 끊기지 않았으니 이 얼마나 다행인가.

 기장꽃을 직접 보지는 못하더라도 기장쌀을 구해 밥에 놔드시길. 좁쌀은 식감이 깔깔해 호불호가 갈리지만, 기장은 별다른 식감이 없어 아이들도 잘 먹는다. 또 기장은 황금색이고 단맛이 있어 몸을 따스하게 해 어린아이나 회복기 환자에게 좋은 음식이다. 이렇게 기장을 찾는 이가 늘어나면 기장 농사도 늘어나, 언젠가 기장꽃을 쉽게 구경할 날이 오지 않겠나!

왼쪽부터 조, 기장, 수수

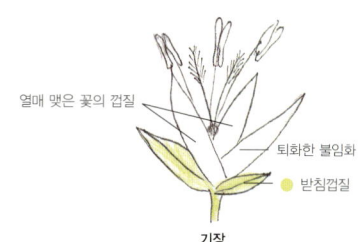

조꽃 • 강아지풀과 닮았네

부글부글 부풀며 피는 조

저녁 어스름 냇가에서 눈에 확 띄는 게 있다. '어, 저거 조 아닌가?' 그렇담 이게 웬 횡재냐! 하나 꺾어 와 밝은 빛에 보니 이삭이 조만큼이나 크지만 알갱이는 훨씬 자디잔 금강아지풀이다. 조의 원형이 강아지풀이라더니 정말 그런가!

조 알갱이 역시 자디잘다. 좁쌀 1,000알의 무게가 3그램이 채 안 된단다. 벼과답게 외떡잎에서 꽃이삭이 쭉 올라와 아래에서 위로 점점 꽃을 피우고 열매를 맺는다. 그걸 며칠간 지켜보노라면 이삭이 점점 부글부글 부푸는 것 같다. 꽃이 하도 작아 사람 눈에 보이지 않기 때문이다. 꽃을 보려면 마음먹고 들여다보아야 한다. 강아지풀처럼 생긴 둥근뿔 모양의 이삭 안에는 짧고도 작은 가지가 수십 개나 달려 있다. 그

강아지풀밭

조 Foxtail millet
벼과 한해살이풀
학명 Setaria italica

중국, 한반도, 만주에서 오래전부터 강아지풀을 길들여 기른 것으로 본다. 조는 우리 민족이 기장과 함께 가장 오래 경작한 작물로 좁쌀엿감, 조바심 등 우리말에 녹아들어 있다. 조선조 최대 백과사전인 『임원경제지』에는 49가지 품종이 있는 것으로 기록되어 있고, 1932년 일제 조사에 따르면 2,000여 품종이었는데 지금은 몇 품종이나 남아 있으려나! 안완식 박사의 『한국토종작물자원도감』에 실린 조의 이름에는 이런 이름들도 있다. 검은흐린조, 검은개발시리조, 그루조, 냉큼조, 가지조, 북슬황차조, 노랑조, 신날거리조, 은차조, 꼬장조, 복심이차조, 올조, 어른차조, 노랑긴황차조, 청살미차조, 청차조……

왼쪽부터 강아지풀, 조 그리고 금강아지풀

조밭
부글부글 조이삭

가지 하나를 떼어보면 거기에 다시 꽃 수십 개가 송이 모양으로 닥지닥지 달려 있다.

겨우 꽃 하나를 골라 돋보기(루페)로 들여다본다. 꽃잎도 꽃받침도 없이 있는 거라고는 껍질과 암술, 수술뿐이지만 그 속내가 단순한 건 아니다. 바깥껍질 한 쌍이 감싸고 있는 작은이삭(소수) 속에는 꽃술이 다 퇴화되어 사라지고 껍질만 남은 꽃 하나와 열매를 맺는 꽃 하나가 들어 있다. 그러니까 2개가 하나로 힘을 모아 꽃을 피우고 열매를 맺는 거다. 열매를 맺는 꽃에 암술 1개, 수술은 3개. 바깥껍질에는 붉은 빛 도는 털(까락)이 3개 달려 있다(없는 것도 있다). 자세히 보면 알갱이보다 길게 곧추 서 있어 열매를 보호하고 있다. 작지만 그 작은 세계에 흐르는 생명 질서에 따라 조는 영근다.

- 무수히 많은 조까락
- 닥지닥지 조알갱이들. 돋보기로 봐야 제대로 꽃을 볼 수 있다

조꽃 보기

전국귀농운동본부 텃밭에 있는 정자에 조가 빼곡히 걸려 있더라. 조를 몇 포기씩 가꾸었는데, 방아를 찧지 못해 그냥 눈으로 보는 수밖에 없었다. 그래도 조를 몇 포기 길러 조 이삭이 부글부글 부푸는 걸 볼 수 있다면, 생물 다양성에 한몫하고 있다고 자부해도 좋다. 조꽃은 8월 하순에 열흘 정도 핀다.

조 이삭은 둥근뿔이나 원통 모양뿐만 아니라 끝이 갈라지는 모양 등의 여러 가지 모습을 하고 있다. 길이는 10~30센티미터, 지름은 4~8센티미터로 한쪽으로 구부러진다.

꽃말은 평등.

수정이 되고 나면 서서히 고개를 숙인다

율무꽃 • 수꽃의 화려한 꽃차례

수꽃만 꽃이라 하면 암꽃은 서운하지

농사를 아무리 잘 지어놓고도 방아 찧을 길이 없다면? 먹을 수 없으니 농사를 포기할 수밖에. 율무는 아무 땅에서나 자라는 곡식이다. 모래땅에도 산에도 심지어 논이나 습지에도……. 하지만 소규모 농사는 포기할 수밖에 없다. 율무는 껍질이 딱딱해 방아를 찧지 않고는 도저히 먹을 수가 없는데 율무 방아 찧는 곳이 거의 없다. 또 있다고 해도 한 번에 몇백 킬로그램은 찧어야 적은 양은 반기지도 않는다. 세상이 소농이 아닌 대농 중심으로 몇십 년 흐르니 이렇다. 그래서 율무만은 손수 길러놓고는 맛도 보지 못한 곡식이다. 가끔 꽃구경 삼아, 공부 삼아 길러볼 수밖에.

율무는 벼과답게 줄기 속이 비어 있고 뚜렷한 마디에서 가지, 잎(잎집)이 있고 잎겨드랑이에서 꽃대가 나온다. 빠르면 7월에서부터 가지마다 꽃이삭이 여러 개 나온다. 율무는 특이하게 암꽃 수꽃이 따로 있는데, 이걸 모르면 수꽃만 꽃이라 하는 걸 인터넷에서 보곤 한다. 그럼 암꽃은 서운하지. 눈에 도드라지는 수꽃만 꽃이라 하고 눈에 잘 안 띄는 암꽃은 모르쇠 한다면…….

나도 아직까지 종종 식물에서 암수를 헷갈릴 때가 있다. 예쁘게 치장한 걸 '암'이라 넘겨짚고, 밋밋한 건 '수'라 생각하게 된다. 하지만 식물 세계에서 암수는 사람과 많이 다르다. '암'은 있는 듯 없는 듯. '수'는 눈에 도드라진다.『꽃의 제국』을 쓴 강혜순 교수는 "꽃이 아름다운 건 수컷이 아름답기 때문이다"라고 했다. 그럼 율무는 어떨까?

율무 Job's tears
벼과 한해살이풀
학명 Coix lacryma-jobi

원산지는 인도 또는 동남아시아. 우리나라에서는 한해살이고, 식량보다는 약재로 쓰였다. 원산지에서는 여러해살이풀.

율무 암꽃은 알 모양의 씨방 위로 하얀 솔 같은 암술대 두 가닥이 전부. 수꽃이삭은 암꽃 위로 길게 나와 나름 화려하게 이삭꽃차례를 이룬다. 하지만 꽃밥이 어느 정도 나오면 이삭째 아래로 축 처진다. 이걸 보고 서양 사람들은 굵은 눈물이 떨어진다고 느꼈는지, 구약성서에 나오는 욥이 흘린 눈물이라고 'Job's tear'라 한다. 동양에서는 율무와 사촌지간인 염주를 길게 꿰어 목걸이를 만들면서 친해졌다.

율무에서는 매운맛이 난다. 벼과나 콩과 곡식 가운데 매운맛이 나는 유일한 곡식이다. 그래서 주로 약용으로 쓰고 가정에서 잘 쓰지는 않았다. 가끔 밥상이 밋밋하게 느껴질 때 율무를 넣고 밥을 지어보자. 밥상의 주인인 밥. 이 밥에 변화를 주는 건 어떠한가?

율무꽃 필 무렵. 암꽃이 먼저 핀다
암꽃 끝에 길게 나온 수꽃차례
율무밭

율무꽃 보기

율무는 식량이라기보다 약재로 여겨온 만큼 기르는 곳이 드물다. 7~8월 산간 지대를 지나다 율무밭을 만나는 행운을 누리기를!

   꽃말은 정열. 불안정과 변덕.

율무 암꽃(수꽃은 아직 봉오리)

옥수수꽃 • 바람 불면 제대로 바람나리라

바람 따라 훨훨 날아

한여름 옥수수밭을 본 적이 있는가? 밭고랑 따라 줄 맞추어 늠름하게 서 있는 모습이 마치 부대를 보는 거 같다. 옥수수 부대. 이 밭두렁을 따라 천천히 거닐다 보면 마치 내가 부대를 사열하는 지휘관이라도 된 듯 기분이 묘하다.

옥수수는 연애를 잘한다. 그 속내부터 살펴보자. 우선 키가 2미터 남짓 훤칠하다. 줄기 맨 꼭대기에 있는 숫이삭에서 수꽃이 부챗살처럼 원뿔모양(총상)꽃차례로 핀다. 그저 수수한 꽃밥을 수백 개 달고서. 그럼 암꽃은 어디에 있나? 수꽃보다 사람 팔 하나 정도 아래 줄기에서 다발 모양으로 다소곳이 핀다. 우리가 먹는 옥수수가 바로 옥수수의 암꽃이 모여 있는 암이삭이다. 보통 '옥수수수염'이라고 부르는 게 바로 옥수수 암술이다. 암꽃은 이 수염같이 긴 암술 수백 개를 서서히 드러내면서 피어난다.

엄청나게 많은 꽃가루가 날린다

옥수수 Corn
벼과 한해살이풀
학명 Zea mays L.

멕시코와 남아메리카 안데스 산맥이 원산지다. 원산지에 가면 옥수수와 가까운 친척인 테오신테라는 야생풀이 있단다. 옥수수가 우리나라로 들어온 것은 조선 중기인 16세기 후반, 중국으로부터이다.

밭에서 늠름하게 서서 꽃을 피우는 옥수수

며칠 간격으로 심어 거두는 옥수수밭

옥수수는 바람에 수꽃가루를 날려 암꽃에게 보내는 풍매화다. 수꽃이 맨 꼭대기에서 피니 꽃가루를 아래로 훌훌 날리면 되는 구조다. 바람을 타면서 연애를 즐길 수 있다. 눈에 보일 듯 말 듯 작은 꽃가루는 바람이 없더라도 2미터 남짓 난단다. 바람이 불면 수백 미터, 그 이상도 날아가며 짝을 찾는다.

이렇게 바람을 잘 타는 데다가 딴꽃가루받이를 하는 식물이니 잡종이 쉽게 생긴다. 흰 옥수수와 검은 옥수수를 가까이 심으면 희고 검고 붉은 알록달록 옥수수가 열린다. 이럴 때 옥수수를 바람둥이라고 해야 할까. 식물학에서 이를 '크세니아 현상'이라 한다. 하여 순종을 잇고자 하면 다른 품종과 거리를 넉넉하게 띄워 심거나 보름 이상의 충분한 시간 차를 두어야 한다.

옥수수는 바람이라는 중매쟁이만으로는 만족하지 않는다. 좋은 꽃가루를 미끼로 꿀벌을 많이 불러들인다. 벌이 날아와 앉아 꽃밥을 흔들어 꽃가루를 날려달라고. 꽃가루가 한창 무르익는 오전이면 수꽃 이삭마다 꽃가루를 모으려는 꿀벌들로 장관을 이룬다.

- 수꽃에서 꽃가루를 모으는 벌들
- 중력을 거슬러 꽃가루를 잘 받으려는 옥수수 암술

옥수수 한 포기에 있는 수꽃과 암꽃은 피는 때가 다르다. 내가 확인한 바로는 수꽃이 암꽃보다 하루나 이틀 먼저 핀다. 수꽃 꽃가루가 얼추 날려지면 그다음 암꽃이 피는데, 이렇게 시간 차를 두는 이유는 제꽃가루받이가 아닌 딴꽃가루받이를 하기 위해서다.

연애는 혼자 하는 게 아니다. 암수가 장단을 맞추어 한다. 제 몸의 수꽃이 꽃가루를 얼추 날리면 암술은 암이삭에서 여러 겹으로 된 껍질(포엽)을 뚫고 서서히 그 머리를 내민다. 여리면서도 비단결같이 고운 꽃술을. 이 암술을 자세히 들여다보면 아주 작은 솜털이 촘촘하다. 이건 바로 날아드는 꽃가루를 놓치지 않겠다는 거다.

중력을 거슬러

또 하나 눈여겨봐야 할 연애 전략이 바로 암술의 길이. 보통 벼과 식물들은 암술이 그리 길지 않다. 1센티미터조차 안 된다. 하지만 옥수수는 길다. 얼추 손바닥 길이 정도. 이 암술이 그냥 길기만 한 게 아니다. 딴꽃가루받이를 잘 하게끔 발달했다. 뭐든 길면 머리카락처럼 아래로 처지기 마련인데, 옥수수 암술은 그렇지 않다. 중력을 거슬러 옆으로 뻗다가 끝부분을 위로 향해 구부린다. 마치 낚시를 하려는 듯이. 이는 꽃가루가 어디서 날아오든 고루 잘 받고자 하는 암술의 연애 전략이다. 놀랍지 않은가? 사랑의 힘은 그만큼 위대하다.

농촌진흥청에서 옥수수 암술이 나오기 전, 암술을 인위적으로 막는 실험을 했다. 그랬더니 암술이 한참 더 자랐다고 한다. 어떠하든지 수정을 하고 싶은 식물의 본성 때문이리라. 이때 옥수수수염에는 약성분인 항산화 물질 '메이신' 함량이 무려 13배 이상 늘어난단다. 정상적으로 연애도 하고 사랑도 하여 열매를 맺고 싶은데 이를 억제하니 이런 결과를 가져온 거다. 이렇게 여러 면에서 옥수수는 연애의 강자다. 무더운 여름, 달달한 풋옥수수를 먹을 때면 님과 함께 설레어보자.

- 꽃가루를 받고자 '미친년 산발하듯이'
- •• 옥수수수염 하나에 알갱이 하나

옥수수꽃 보기

옥수수를 4월부터 6월 말 하지까지 보름 간격으로 심으면 여름에서 가을까지 계속 먹을 수 있다. 우리가 여름에 뜨끈하게 쪄 먹는 옥수수가 바로 풋옥수수. 씨앗이 맺혔지만 아직 씨가 다 익지 않아 말 그대로 '풋' 상태. 풋옥수수는 보통 꽃이 피고 30일 만에 딴다. 이때 따지 않고 놔두면 씨가 단단하게 여문다. 이 단단한 옥수수씨로 강냉이, 옥수수차, 옥수수묵 그리고 온갖 옥수수 가공품을 만든다. 한데 값싼 수입 옥수수 덕에 옥수수씨는 값이 없어, 농가는 여름 한철 풋옥수수를 낸다.

6월부터 9월까지는 꽃구경이 이어진다. 보통 옥수수밭에 꽃 구경은 6월 중하순이 전성기이다. 줄기는 곧게 2미터 남짓 자란다. 암꽃과 수꽃이 같은 포기에서 따로 핀다. 풍매화이며, 딴꽃가루받이를 한다. 숫이삭은 이삭이 나온 뒤 3~5일쯤에 꽃가루를 날리며, 하루로 보자면 오전 10~11시에 가장 많이 핀다. 암술인 옥수수수염 하나하나가 옥수수 알갱이 하나와 연결되어 있어, 하나가 수정되면 알갱이 하나가 여문다.

꽃이 피면 꽃과 놀아보자. 옥수수의 커다란 잎겨드랑이에서 암술이 윤이 반짝반짝 나면서 얼마나 섹시하게 나오는지, 그리고 맨 위에 우르르 솟아 있는 숫이삭을 살짝 흔들면 노란 꽃밥이 얼마나 흩날리는지…….

꽃말은 재보(財寶).

꼭대기에 흐릿하게 보이는 게 수꽃, 아래는 암꽃

수수꽃 · 키 크고 싶다면

키 크고 싶으면 수수를

옛이야기 '해와 달이 된 오누이'에는 이런 내용이 있다. "마지막에 호랑이가 하늘에서 내려온 동아줄을 타고 올라가다가 뚝 끊어져서 떨어졌지. 어디에 떨어졌느냐 하면 수수밭에 떨어졌어. 수숫대가 빨간 것은 그때 호랑이 궁둥이가 찔려서 그래."

믿거나 말거나 수수는 줄기나 잎에 상처를 입으면 정말 그곳이 핏빛으로 변한다. 그래서 옥수수와 수수를 구별하려면 검붉은 핏자국이 군데군데 있으면 수수고 없으면 옥수수다. 우리 옛이야기에 나올 만큼 우리와 오랫동안 함께한 수수. 과연 수수는 어떤 꽃을 피울까?

수수는 사람이 심어 기르는 곡식 가운데 키가 가장 크다. 물론 품종에 따라 키가 사람 허리 정도 오게 개량한 것도 있긴 하지만 일반적으로 2미터 이상, 3미터가 넘는 품종도 있다. 수수 이삭이 팰 무렵 아래서 올려다보면 까마득하다. 이런 수수와 관련해서 무협지에서 재미난 장면을 본 기억이 있다. 수수를 한 줄로 심어놓고 날마다 뛰어넘다 보면 높이뛰기를 잘할 수 있다는데 꽤나 그럴듯하다. 해마다 생각만 하고 아직 해보지 못하고 나이만 들어간다.

이렇게 키가 큰 수수는, 8월이 되어 해가 짧아지기 시작하면 맨 꼭대기에 이삭을 올리고 뒤이어 꽃을 피운다. 그러니 늘 멀찍이 떨어져 '꽃이 피네!' 했다. 이번에 수수꽃 이야기를 쓰려고 하니 그동안 보지 않고도 보았다 여겼구나 싶다. 곡식꽃 이야기를 쓰는 덕분에 꽃을 제대로 본다.

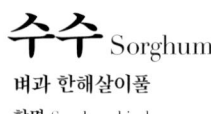

수수 Sorghum
벼과 한해살이풀
학명 Sorghum bicolor

원산지는 열대 아프리카이다. 함북 청동기 유적에 수수가 발견되어 오래전부터 재배한 걸로 추정한다. 수수는 열대지방이 원산이라 온도가 높고 가뭄과 풀에 강하여 척박한 곳에서도 잘 자란다. 인도나 아프리카에서는 주요 식량작물. 인도의 주식인 바크리와 로티의 재료.

• 올려다본 수수
•• 하늘에 닿을 듯이 곧게 솟은 수수

한여름 태양과 세상을 향해
맨 위에서부터 아래로 내려오면서 차례차례 핀다

먼저 암술머리가 나온 뒤 수술이 나와

수수꽃은 이삭 하나에 아주 많은 꽃들(1,500~4,000개)이 모여서 핀다. 보통 수수 한 포기 맨 위에 커다란 이삭이 하나 달리는데, 때로는 이삭을 하나둘 정도 더 달기도 한다. 이 이삭 한 무더기 안에는 다시 작은이삭이 셀 수 없이 많이 들어 있는데, 작은이삭에는 자루가 있는 꽃과 자루가 없는 꽃, 이렇게 2개가 들어 있다. 자루가 없는 꽃은 암술과 수술이 함께 들어 있는 완전화이고, 자루가 있는 꽃은 수술만 들어 있는 불완전화로, 완전화만 열매를 맺는다.

꽃 한 송이는 껍질이 벌어지며 먼저 암술머리부터 나온다. 돋보기를 들고 암술머리를 확대해 보면 형광연두색에 병 닦는 솔 모양으로 쌍을 이루고 있다. 암술머리는 48시간 수정할 수 있단다. 암술머리가 나온 조금 뒤 수술이 나온다. 수술은 길쭉한 보리쌀 모양으로 빛깔은 역시 형광연두색이다. 수술이 나온 곳을 보면 꽃가루가 보인다. 꽃가루를 벌이 좋아해 아침 수수밭에 가면 벌들의 합창을 들을 수 있다. 그 덕에 수수는 딴꽃가루받이를 하기도 한다.

꽃가루받이가 되고 나면 껍질이 닫히고 꽃밥이 축 처지며 점차 주황빛으로 바뀐다. 껍질 안에서 알곡이 연둣빛으로 부풀어 오르다 점점 팥빛을 띠어 색이 진해지면서 여물어간다. 수수꽃은 맨 위에 있는 꽃부터 차례차례 아래로 내려오며 피어, 꽃 필 무렵 수수를 보면 마치 산에서 단풍이 위에서 아래로 내려오듯 위에서부터 아래로 색이 바뀌는 걸 볼 수 있다.

이 이삭이 얼마나 맛있는지 참새와 비둘기들이 그냥 내버려두지 않는다. 새가 남김없이 쪼아 먹어, 수정이 되고 나면 수수 이삭마다 양파망을 씌운다.

요즘 사람들은 수수를 얼마나 먹을까? 예전에는 아이를 낳으면 수수팥떡을 해 먹고 입이 궁금하면 부꾸미를 지져 먹었지만, 요즘에는 수수를 먹는 일이 드물다. 인도네시아에 가니 수수 가루를 섞어 빵을 구워 먹더라. 붉은빛이 도는 빵을. 내일은 쌉싸름한 수수밥이라도 지어 먹어야겠다.

수수꽃 피고 지고
두 갈래로 난 암술과 그 사이 아래로 길게 늘어뜨린 수술은 3개

수수꽃 보기

강원도나 산골 지방에 가면 수수밭을 만날 수 있다. 꽃은 8월 중하순에 핀다. 해가 뜨면 피었다가 2시간 정도 뒤에 닫히니 오전에 이제 막 올라온 수수 이삭을 가만히 들여다보면서 꽃을 찾아보자. 돋보기로 들여다보면 좋다.

꽃말은 풍요.

수수 이삭이 패는 순서

Polygonaceae

마디풀과 집안

쌍떡잎식물 진정장미2군 석죽목

우리를 먹여 살리는 식량작물 가운데 메밀이 있다. 메밀은 마디풀과 석죽목에 속하는 쌍떡잎식물이다. 마디풀과는 주로 북반구의 온대에 널리 분포한다. 우리나라에는 수영, 여뀌, 메밀, 며느리배꼽, 쪽 따위가 있는데 사람이 먹는 건 메밀 한 가지다.

메밀은 가장 늦게 심어도 되는 작물로서, 열매의 70%가 녹말이라 식량이 된다.

석죽목에는 비름과(명아주과)가 있다. 비름과는 씨를 식량으로 먹기도 한다. 퀴노아와 아마란스가 그렇다.

메밀꽃 • 아무데서나 잘 자라 위로가 되는

저절로 잘 자라는 생명력

시멘트 갈라진 틈. 어느 날 그곳에서 낯익은 작물이 꽃을 피우는 게 아닌가. 바로 메밀꽃이었다. 요즘은 수입 농산물에 밀려, 점점 보기가 쉽지 않은 꽃. 누가 심은 것도 아닌데 저절로 싹이 나, 꽃을 피운다. 시멘트 갈라진 틈이란 얼마나 척박한가. 풀도 아니고 우리가 농사짓는 작물이 저 알아서 싹을 틔우고 꽃을 피우니 참으로 예뻤다.

  메밀은 가뭄에도 강하다. 산간지대에서 화전으로도 일구어 먹었던 곡식으로 뿌리가 땅속 1미터 남짓, 깊이 뻗는다. 야성이 강해 환경이 적당하다 싶으면 싹을 틔운다. 우리 집 마당에서 저절로 싹이 튼 메밀은 5월 소만에 이르게 꽃을 피우기도 했고, 길에서 내가 본 메밀은 7월 무렵 피었다. 농사짓는 메밀은 중복 무렵에 심어 9월에 꽃을 피운다.

  메밀은 씨앗을 뿌렸다 싶은데 금방 자라 꽃을 피운다. 웬만한 곡식이 봄에 심어 가을에 거둔다면 메밀은 생육기간이 두 달 조금 넘는다.

  우리가 먹는 낟알 곡식은 벼과다. 쌀, 보리, 밀, 수수, 옥수수, 조, 기장 그리고 율무까지 전부 벼과 외떡잎식물이다. 그렇지만 메밀은 쌍떡잎식물로 마디풀과다. 생물학적 특성이 남다른 곡식이다.

메밀 Buckwheat
마디풀과 한해살이풀
학명 Fagopyrum eculentum Monch

히말라야 또는 중국 서북부 원산. 우리나라에는 고려시대 때 처음 기록에 나온다. 척박한 곳에서도 잘 자라며, 키가 1미터가량 된다. 줄기는 붉고 잘 갈라지는데, 그 속은 비어 있다.

메밀꽃은 딴꽃가루받이를 한다. 그런데 그 과정이 독특하다. 메밀꽃은 두 종류로 피는데 암술이 수술보다 긴 장주화(長柱花)와 수술보다 짧은 단주화(短柱花)가 있다. 단주화의 암술은 워낙 작은 데다가 기다란 수술에 가려 맨눈으로는 잘 보이지 않는다. 돋보기를 가지고 봐야 할 정도로 작다. 장주화는 암술이 수술보다 길고, 암술머리가 세 가닥이라 찬찬히 보면 가는 실같이 보인다. 왜 메밀은 꽃술의 길이가 다를까. 딴꽃가루받이로 유전적인 다양성을 가져, 환경 변화에 잘 살아남고자 하는 본능이랄까. 장주화의 암술은 단주화의 긴 수술의 꽃가루를 받아야 한다. 같은 장주화끼리는 수정을 꺼린다는 말이다. 마찬가지로 단주화의 짧은 암술은 장주화의 짧은 수술의 꽃가루를 받아야 씨앗을 맺는다. 한마디로 쉽지 않은 사랑이다. 이를 식물학에서는 적법수분(適法受粉)이라 한다.

• 시멘트 벽 틈에서 자라, 꽃을 피운 메밀
•• 위가 메밀 장주화, 아래가 단주화

장주화
긴 암술 짧은 수술 꽃밥

단주화
짧은 암술 긴 수술 꽃밥

곤충들 천국

이렇게 독특한 꽃가루받이를 하려면 곤충들의 도움이 절실하다. 사실 9월 넘어 날이 선선해지면 자연에서는 꽃이 크게 줄어든다. 곧이어 겨울이 닥치기에 새롭게 꽃을 피운다는 건 그만큼 모험이다.

메밀은 곤충들을 위해 기꺼이 꿀을 준비한다. 호박꽃이나 참깨꽃 같은 경우는 곤충을 가려서 받아들인다. 나비는 어렵고 주로 드나드는 것은 벌이다. 하지만 메밀은 곤충을 가리지 않는다. 벌만이 아니다. 파리도 날아들고, 나비도 많이 날아든다. 작은 개미들도 꿀을 찾아든다. 자신들의 꽃가루받이를 도와주는 곤충이라면 누구든 기꺼이 환영한다. 많은 곤충들이 자주 찾아와 자신들의 '쉽지 않은 사랑'을 도와주길 바란다.

곤충들 처지에서 가을에 피는 메밀꽃밭은 천국이라 하겠다. 곤충들 역시 부지런히 가을 준비를 해야 겨울을 무사히 날 수 있을 테니까. 이럴 때 메밀꽃은 더 없이 좋은 밀원이 된다.

예전에는 구황작물로 가난한 이들의 배를 채워주던 메밀. 이제는 별미로 막국수나 메밀묵을 먹는 세상이다. 메밀 속에는 루틴이라는 성분이 많이 들어 있는데 이는 성인병을 예방하며 특히 메밀싹과 꽃에 많다.

메밀은 꽃축제로도 인기다. 무리 지어 하얗게 피는 꽃을 보노라면 우리네 마음이 저절로 맑아진다. 메밀꽃은 이제 일상에 지친 사람들에게 쉼과 위로를 주는 역할까지 한다. 가을 정취를 살려주는 메밀밭이 우리나라 곳곳에서 다시 살아나길 빌어본다.

메밀꽃이 핀 밭에는 온갖 곤충이 찾아와 수분을 돕는다

메밀꽃 보기

이효석의 『메밀꽃 필 무렵』 덕에 메밀꽃은 많이들 안다. 평창에서 9월 초면 봉평메밀꽃축제를 한다. 만일 여기를 놓쳤더라도 걱정할 거 없다. 9월 말이면 고창에서, 10월 초에는 하동, 멀리 갈 것도 없이 서울의 서래섬에서도 메밀꽃축제를 하니까. 제주도 역시 메밀의 본고장이라 자부하니 그곳에서도 볼 수 있다.

꽃은 7~10월에 자그마하게 소금처럼 하얀색으로 핀다. 줄기가 자람에 따라 아래에서부터 점차 위로 가며 피는데, 가지 끝에서 원뿔모양꽃차례로 여러 개의 꽃이 달린다. 한 포기가 다 피는 데는 20일쯤 걸리며, 꽃 한 송이는 보통 오전 8시쯤에 핀다.

꽃잎이 없이 꽃받침에 해당하는 흰빛 또는 분홍빛의 꽃덮개(花被)가 5~6개이며 암술과 수술을 감싸고 있다가 핀다. 암술은 하나로 그 머리는 세 갈래로 갈라지며 수술은 8개이다.

꽃말은 연인.

하얀 메밀꽃은 마음을 맑게 해준다

아마란스꽃 Amaranth
석죽목 비름과 한해살이풀 · 학명 Amaranthus

원산지는 페루.

여름에 옆 동네를 가면 울긋불긋한 게 눈에 띄곤 한다. 마치 맨드라미가 핀 것처럼 노란색도 있고 붉은색도 있는데 키가 사람만큼 크다. 몇 해 전만 해도 못 보던 건데 이게 뭐고 했더니 아마란스란다. 페루에서 왔다는데 씨를 곡식처럼 먹는 퀴노아와 사촌이다. 어디서 방아 찧느냐고 물으니 좁쌀보다 더 잘아 그냥 밥에 놔 먹는단다.

아마란스는 그럼 벼과일까? 아마란스는 비름과 집안이란다. 여름 밭에 많이 나는 풀 비름. 사람이 나물로도 해 먹는 그 비름이다. 그러니까 아마란스란 페루산 비름의 씨란 소리다. 메밀도 어린싹은 나물로 먹듯이 아마란스도 이파리는 비름처럼 나물로 먹는단다. 메밀의 마디풀과와 아마란스의 비름과는 같은 석죽목이다.

올여름에도 길가에 누군가가 아마란스를 잘 가꿔놨다. 7월 말 무더위에 수수처럼 포기 맨 꼭대기에 위로 솟듯이 울긋불긋 꽃대가 올라오더니 이삭꽃차례를 따라 작디작은 꽃이 피고 지면서 오래도록 핀다. 한데 아마란스 곁에 비름이 함께 자라고 있는 게 아닌가. 아마란스와 어깨를 나란히 하고서. 올가을 아마란스가 다 익거든 이삭 하나를 얻어다 내년에 길러볼까? 근데 어디에 심어야 할까? 비름처럼 속수무책으로 번지면 곤란하지 않을까?

꽃말은 시들지 않는 꽃.

비름과 나란히 꽃을 피운 아마란스

멀리 페루에서 건너온 아마란스꽃

콩과 집안

Fabaceae

쌍떡잎식물 진정장미1군

콩의 대명사인 대두. 대두는 메주나 두부를 만드는 노란콩을 말한다. 그리고 검정 껍질에 속이 푸른 서리태, 콩나물을 길러 먹는 나물콩 모두 대두의 한 종류다. 이들 모두가 우리나라가 원조다. 만주 일대와 한반도에서 저절로 자라던 콩을 고조선의 동이족이 기르기 시작했단다. 대두와 함께 팥 역시 한반도가 원조다.

이 밖에도 우리 밭에는 완두, 녹두, 강낭콩, 제비콩, 작두콩 그리고 동부들과 땅콩에 이르기까지 여러 가지 콩들이 있다. 이들의 고향은 모두 다르지만 자기가 가진 생명의 본성대로 열심히 자기 한 몸 산다. 그러면서도 햇볕 에너지로 단백질을 만들어 사람과 짐승을 먹일 뿐 아니라, 땅에는 뿌리혹박테리아를 남겨 땅을 거름지게 한다. 지구를 이롭게 하는 고마운 식물이다.

콩꽃은 우리 땅이 원조이든, 외국이 고향이든 그 구조가 같다. 다음과 같이 세 부분으로 나뉜다. 꽃 맨 뒤를 든든히 받쳐주는 기꽃잎(기판), 가운데 나비 날개를 닮은 날개꽃잎(익판), 그리고 맨 아래 암술·수술을 감싸고 있는 용골꽃잎(용골판).

그런데 학자들에 따라 꽃잎 수를 다르게 보고 있다. 날개꽃잎은 2장이 확실하지만, 학자에 따라 기꽃잎은 2장이 하나로 붙었다고 보는 이도 있고, 용골꽃잎도 2장이 하나로 모아져 있다고 하는 이도 있다. 꽃받침은 5개인데, 꽃잎과 꽃받침이 서로 조응하는 걸 생각하면 뭐가 맞는 말일까?

또 하나. 콩의 수술이 매우 독특하게도 두 몸으로 나뉘어 있다. 이를 두몸수술(양체수술)이라 한다. 꽃술 9개가 한 다발처럼 붙어 있고 나머지 하나는 따로 떨어져 있다. 콩은 왜 이렇게 진화했을까? 장 자크 루소는 그의 식물 편지에서 다음과 같이 말하고 있다.

"(혼자 따로 떨어진) 수술은 꽃잎이 시들고 열매가 자람에 따라 스스로 떨어져 나와서 그 위에 통로를 만들어줍니다. 그 통로를 통해 자라난 열매가 통을 반쯤 열고 벌리면서 몸을 펼칠 수 있는 거지요. 그것이 그렇게 되고 있지 않다면 통이 열매를 꽉 조이고 있어서 열매가 자라거나 발육하는 것을 막게 되겠지요."*

콩꽃이 지고 나면 그 자리에 콩 꼬투리가 달린다. 벼는 꽃 하나에 열매도 하나인데 콩은 꽃 하나에 꼬투리를 하나 달고 그 꼬투리 속에는 열매인 콩알이 여러 개다. 가장 많은 건 갓끈동부로 많게는 20알까지 들어 있다.

이렇게 콩과 꽃들은 구조가 같지만 저마다 개성 만점이다. 잎겨드랑이 사이에서 보일 듯 말 듯 피기도 하고, 위로 솟아나 나 보란 듯 피기도 한다. 하얗게 소박한 꽃도 있고 샛노란 꽃도 있다. 콩들이 개성 있게 피어 올린 꽃을 살펴보자.

* 장 자크 루소, 진형준 옮김, 『루소의 식물 사랑』, 살림, 2008, 37쪽.

콩(대두)꽃 · 우리나라가 원조여!

토종씨앗축제에서 만난 어린이들

'꽃'은 생각만 해도 얼굴이 환해지고 가슴속이 야들야들해진다. 꽃은 아마도 창조주가 지구별에게 준 선물이리라. 그래서인지 꽃에 얽힌 이야기도 많고, 기쁜 일이나 슬픈 일이 있으면 꽃을 놓는다. 한데 이 꽃이 열매가 되어 우리를 먹여 살린다면! 그냥 어여쁜 존재가 아니라 우리 어머니 같은 꽃이리라.

2012년 겨울날, 전국여성농민회(이하 전여농) 토종씨앗축제에 갔다. 모임 시작으로 전여농이 2012년 미국에서 열린 식량주권상을 받는 장면을 함께 보았다. 무얼 해서 이런 상을 받게 되었을까? '씨앗을 가지고 농사를 짓는 농부'라 선정되었단다. 어찌 보면 농부가 자기 씨앗을 가지고 농사를 짓는 게 당연한 일인데, 태평양 너머에서 상 받을 일이라니…….

이 자리에는 회원은 아니지만 토종씨앗만 보면 몸이 근질거리는 사람들도 많이 왔다. 토종씨앗 박사인 안완식 선생, 전국귀농운동본부 여러 분들, 대전충남생태유아공동체 식구들, 또 초등학교 아이들도 몇 명 보인다. 금요일인데 학교도 안 가고 엄마 따라왔나? 과천에 있는 대안학교인 무지개학교 아이들이란다. 아이들이 앞에 나와 발표를 하는데 이 학교에는 살림 공부가 있다고 했다. 2011년은 오곡을, 2012년에

콩 Soybean
콩과 한해살이풀
학명 Glycine max (L) Merrill syn

콩은 자손이 번성한 집안이다. 종류도 많아 미국이 한반도에서 수집해 간 재래 콩이 5,496품종으로 지금은 전 세계로 퍼져 있는 세계화 일꾼이다.

는 콩을 키워보았단다. 방학 때도 일주일에 하루는 콩을 가꾸고 그걸 씨앗으로 나누러 왔던 것이다. 무려 대두와 밤콩씨를. 1년간 콩 농사 사진도 화보로 만들어왔고, 그 콩으로 콩나물을 길러본 이야기도 정리해왔더라. 사진을 찍느라 돌아다니던 남편 말에 따르면 아이들이 꼼꼼히 메모도 하더란다. 아이들 모습이 초여름 밭에서 자라는 콩싹처럼 그렇게 사랑스러울 수가 없구나. 그 아이들이 열심히 기른 콩(대두)은 어땠을까?

- 콩꽃은 작고 잎겨드랑이에 숨어서 피기에 멀리서는 안 보인다
- 여러 가지 콩.

콩의 대표인 대두

콩이 우리 몸에 좋다는 건 두말하면 잔소리. 수많은 콩 가운데서도 쓰임새가 가장 많은 콩이 바로 '대두'다. 대두는 콩의 대명사가 되어, 다양한 콩발효음식이나 콩기름, 대두단백 같은 콩가공식품에도 두루 쓰인다. 그뿐만이 아니라 콩플라스틱의 원료가 되기도 한다. 대두의 원산지는 우리 동이족이 살던 한반도와 만주다.

나는 동이족이 야생콩을 길들여 지금의 대두로 만든 줄 알았으나 국립식량과학원에 확인해보니 그게 아니란다. "고조선에서 고구려에 이르는 시기, 우리 조상들이 야생콩이 아닌 이 땅에 정착하여 자생하고 있는 콩을 수집하여 재배하기 시작했다. 왜냐하면 일반적인 대두(Glycine max)와 야생콩(Glycine soja)은 속(genus)은 같으나 종(species)이 다르기 때문이다."

쌀, 보리, 수수 같은 곡식이 다 머나먼 땅에서 들어온 곡식이라면 콩 하나만은 우리가 원조인 건 확실하다. 그래서인지 이 콩을 좋아하는 놈들이 우리 밭에 많다. 콩싹을 좋아하는 새, 콩잎만 보면 환장하는 고라니, 콩꼬투리에 달라붙어 즙을 빨아 먹는 노린재류……. '눈 딱 감고 포기해? 까짓것 두어 말 돈 주고 사지.' 그런 논리로 따지면 농사짓는 일이 다 한심한 일이다. 새해에는 새로운 희망을 가지고 농사짓는 수밖에.

꽃차례

콩꽃과 꼬투리

콩밭

시집갈 만큼 다 영근

새들을 피해 콩싹이 살아남으면 콩은 우쭐우쭐 자란다. 가지가 4, 5개로 벌어져 밭이 푸르러지면 순을 질러준다. 키가 커버리면 나중에 잘 쓰러지니 그것도 예방하고, 곁가지가 많이 벌어져 콩도 많이 달리라고. 그러고도 콩잎이 너무 무성하면 두 번째 순을 지르는데 하루 이틀 늦으면 아뿔싸! 잎 사이에 숨어서 꽃이 피기 시작한다.

꽃이 핀다는 건 사람으로 치면 임신 시작이다. 이때부터는 순지르기는 물론이거니와 김매기도 다 콩한테 안 좋다. 하려면 미리미리 했어야지. 대두 콩꽃은 씨앗에 따라 흰색 아니면 보라색이다. 잎겨드랑이 사이에 숨듯이 피기 때문에 사람이 서서 콩밭을 내려다보면 꽃이 눈에 띄질 않는다. 쭈그려 앉아서도 몸을 옆으로 기울여 꽃과 눈을 마주쳐야 한다.

콩꽃을 본 적이 있는가? 정말 예쁘다. 나비 같은 모양으로 날아갈 듯하다. 이 꽃을 여자들 머리꽂이로 디자인하면 얼마나 예쁠까? 흰빛, 보랏빛으로 수줍게 피어 있는 콩꽃. 날마다 콩을 먹고 살아온 우리네 조선 처녀. 시집갈 만큼 성숙한 처녀 같다.

돌아가면서 핀 꽃차례
맨 아래 노란 수술이 드러나면서 활짝 핀 상태.
보라색 넓은 꽃잎이 기꽃잎. 그 밑에 작고 연한 꽃잎이 날개꽃잎.
그다음 진하고 작은 꽃잎이 용골꽃잎

콩꽃 보기

콩의 종주국에 태어나 평생 콩을 먹고 살아온 우리. 꽃은 여름 휴가철인 7월 말에서 8월 초에 핀다. 여름휴가 때 국도 변을 지나다 콩밭을 보면 잠시 꽃구경하시길 바란다. 만일 논둑이나 밭 둘레에 넝쿨을 타고 올라가며 보랏빛 꽃을 피우는 야생콩을 만난다면 유전자의 끌림을 느껴보시길.

대두는 곧추서 자라며 가지를 치는데, 꽃은 그 가지의 잎겨드랑이 사이에서 나온 짧은 꽃대에 원뿔모양꽃차례로 핀다. 나비 모양 꽃잎은 흰색 또는 보랏빛이 돈다. 꽃잎은 맨 뒤를 든든하게 지키는 기꽃잎, 나비날개 날개꽃잎 2장 그리고 가운데 꽃술을 감싸고 있는 용골꽃잎으로 구성되어 있다. 암술은 하나, 수술은 10개로 제꽃가루받이(자가수분)를 하지만 아주 드물게 바람이나 벌에 의해 딴꽃가루받이를 하는 경우도 있다.

꽃말은 반드시 오고야 말 행복.

활짝 피어 암술과 수술이 다 보인다

서리태꽃과 쥐눈이콩꽃
콩과 한해살이풀

원산지는 만주와 한반도.

노란콩(대두), 서리태, 쥐눈이콩, 아주까리콩, 오리알태, 수박태, 선비잡이콩, 우렁콩 등은 다양한 색과 모양 때문에 서로 다른 이름으로 불리지만 사실 같은 종이다.

서리태는 일찍 심어 서리가 온 뒤에 거둘 만큼 생육기간이 길다. 때문에 몸집도 크고 열매인 콩 알도 굵다. 쥐눈이콩은 콩 가운데 가장 늦은 하지에 심어도 대두보다 일찍 거둘 만큼 생육기간이 짧아, 알도 작다. 하지만 꽃을 보면 거의 같다. 사진으로 찍어놓으면 뭐가 뭔지 가리기 어려울 만큼.

서리태는 알은 굵어도 꽃은 아주 작다

서리태꽃을 가까이

보석 같은 쥐눈이콩

쥐눈이콩밭

팥꽃 • 노랑나비 팔랑팔랑

위로 쭉 올라온 샛노란 꽃잎

팥죽을 끓여 나눠 먹다 보면 호불호가 크게 갈린다. 속이 안 좋다고 꺼리는 이도 있는 반면, 팥으로 만든 거라면 뭐든 맛있다는 이도 있다. 일본과 우리나라 사람들이 단팥을 좋아한다면 서양 사람들은 팥을 싫어한다. 독자 여러분은 어떤가?

팥은 콩에 견주어 하늘하늘 잘 자란다. 콩보다 늦게 심어도 일찍 꽃이 핀다. 콩꽃은 잎겨드랑이 사이에 숨어서 피지만, 팥은 잎겨드랑이 위로 꽃대를 쭉 올려서 핀다. 게다가 꽃잎이 샛노란 색이라 노랑나비가 앉은 듯해 눈에 확 띈다.

그럼에도 영락없는 콩 집안 식구. 꽃봉오리가 열리면 기꽃잎이 펼쳐 든든히 지키면서 샛노란 날개꽃잎 2장이 날개처럼 달려 있고, 한가운데 용골꽃잎이 있다. 팥꽃의 특징은 샛노란 색깔과 용골꽃잎이 달팽이관처럼 꼬부라져 있다는 점이다.

꽃은 여러 개가 한군데 모여서 피고 그 자리에 가늘고 긴 팥꼬투리를 단다. 꽃만 보면 팥과 야생팥 그리고 녹두, 이 셋은 다 노란 꽃이 피는데 셋 다 너무 비슷하여 헷갈린다. 그 가운데 녹두꽃이 가장 작고 빛깔이 조금 더 여린 편이다.

팥 Adzuki beans
콩과 한해살이풀
학명 Vigna angularis (willd.) Ohwi et H.Ohashi

팥은 콩(대두)과 떨어질 수 없는 한짝이다. 우리나라부터 중국 남부에 이르는 지역이 원산지로 추정된다.

논두렁에 알뜰히 가꾼 팥밭
팥꽃과 꼬투리

길흉사에 팥 음식을 먹어

팥은 콩에 견주어 늦게 심어 일찍 거둔다. 그래서인지 사람 배 속에 들어가서도 빨리 나오려고 한다. 그래서 민간의학에서 팥은 보하는 음식이 아니라 내리는 음식이라고도 한다. 그러니까 날마다 즐기기보다 가끔 무슨 날 한 번씩 먹는 게 더 좋다.

그래서인지 우리 민족은 길흉사에 팥 음식을 먹어왔다. 동지에도, 집들이에도, 고사 상에도……. 아마도 우리 몸 유전자와 잘 맞으니 이럴 때는 한번 먹고 넘어가라는 조상들의 지혜가 아닐까?

팥은 대두와 같이 우리 땅이 원산지다. 그래서 종류가 많다. 보통 팥 하면 붉은팥을 떠올리지만 검붉은팥, 흰팥, 잿빛팥, 얼룩팥, 노란팥……. 다만 사람들이 붉은팥만 찾으니 다른 건 점점 사라져간다. 원산지다 보니 야생팥도 많다. 논밭에서 잡초로 자라는 새팥, 가는 넝쿨을 뻗으며 자라며 잎이 '쪼뼛한' 좀들팥, 여우팥…….

요즘 들어서 동지라고 팥죽 끓이고, 이사 했다고 팥떡 돌리는 일이 점점 줄어든다. 고사 상 차리는 일은 거의 멸종 직전. 우리 땅에서 우리와 함께 오래 살아온 팥. 팥이 들어간 잔치음식이 그립다.

• 덩굴성 여우팥
•• 왼쪽부터 녹두꽃, 야생팥꽃, 팥꽃

팥 음식

팥꽃 보기

가정에서 팥으로 음식을 해 먹는 일이 점점 줄어들면서 팥을 심어 기르는 면적도 줄어든다. 팥밭을 만나야 꽃을 볼 텐데……. 팥은 아무 땅에서나 잘 자라니, 텃밭이 있으면 팥을 길러보시라. 8월 중순에서 9월까지 노랑나비 팥꽃 구경도 하고, 풋팥일 때 따서 밥에 놔 먹으면 부드러운 맛과 향기를 즐길 수 있으리라.

　　꽃말은 세월.

팥꽃을 자세히

동부꽃 • 돋보이나 애잔한 사랑

알다가도 모를 동부꽃

식물학을 공부해보니 생각보다 어렵다. 살아 있는 생명이란 얼마나 변수가 많은가. 때문에 한마디로 딱 부러지게 말하기가 어렵다. 나 자신이 잘 몰라서 그런 것도 있겠지만 어떤 부분은 학자끼리도 의견이 다르고, 아직 밝혀지지 않은 부분도 적지 않다. 게다가 농작물은 또 다른 문제가 있다. 자연 그대로의 모습보다는 사람이 그동안 가꾸면서 육종을 해왔으니까. 그렇다면 원산지가 지금 우리 사는 곳과 환경이 많이 다를 때는 어떨까?

동부는 잡곡으로 먹는 콩과 식물이다. 풋동부를 까서 밥에 놔 먹으면 잡곡밥으로 좋고, 갈아서 전을 부치면 빈대떡 저리 가라다. 봄에 한번 심어두면 꽃도 즐기면서 가을 내내 풋동부를 먹을 수 있다. 한창 덩굴을 뻗기 시작할 때 연한 동부잎은 쪄서 밥을 싸 먹으면 별미다.

동부를 기르다 보면 알다가도 모를 알쏭달쏭한 작물이란 생각이 든다. 꽃도 예쁘고 사랑도 그들 나름 열심이지만 그 결과는 그리 만족스럽지 않으니 말이다. 동부는 따뜻한 곳을 좋아하고 추위에 약하다. 꽃가루는 온도에 더 민감하기 마련. 그래서인지 온전히 꽃이 피어도 꼬투리가 제대로 맺히지 못한다.

동부 Cherry bean 또는 Black-eyed pea
콩과 한해살이 덩굴 식물
학명 Vigna unguiculata (L.) Walp

원산지는 아프리카 중서부 지역이다. 고온을 좋아하며 추위에 약하다고 알려져 있다. 우리나라에는 정확한 도입시기가 밝혀져 있지 않았는데, 한반도 청동기 유적에서 동부가 나타나 논란이 일고 있다.

동부꽃은 제법 커, 그 크기가 엄지 마디 정도다. 이렇게 큰 데다가 덩굴 위로 꽃자루를 길게 내어 그 끝에서 핀다. 보려고 하지 않아도 '나, 여기 피었소!' 하고 자랑을 한다. 모양새는 콩과 식물꽃이 다 나비꼴이지만 동부야말로 전형적인 나비꼴. 연보라 꽃잎도 참 곱고 예쁘다. 아침에 밭을 둘러보면 마치 동부라는 덩굴식물에 나비가 여기저기 앉은 듯하다.

동부꽃은 부지런하다. 이른 아침인 6시 정도부터 꽃잎을 열기 시작하여 한 시간 정도면 웬만큼 꽃잎이 벌어진다. 날개꽃잎을 펼친 다음 기꽃잎을 꼿꼿이 세운다. 그리고 두어 시간쯤 지나 기꽃잎을 완전히 뒤로 젖힌다. 이 상태로 햇살을 넉넉히 받으면서 사랑을 나눌 준비를 한다.

동부 역시 암술 하나에 수술이 10개다. 맨 아래 꽃잎인 용골꽃잎 속에 감춰 있던 수술이 꽃가루가 잘 익었다 싶으면 용골꽃잎을 뚫고 수술이 하나둘 나오기 시작한다. 이때가 10시쯤. 수술이 5개쯤 나오고 나면 암술이 머리를 살짝 내민다. 이제부터 사랑이 무르익는다. 곧이어 남은 수술 5개도 서서히 고개를 내민다. 낮 1시 정도면 사랑을 마치고 꽃잎을 서서히 닫는다. 점차 갈색으로 말라가면서 꽃잎을 떨군다. 콩꽃이 사랑하는 과정이 잘 드러나 보인다.

또한 콩과는 두몸수술(양체수술)이라 했는데 이를 잘 보여주는 꽃이 바로 동부다. 두몸수술이란 수술이 두 몸으로 나뉘어, 10개 수술 가운데 9개가 한 다발처럼 붙어 있고 나머지 하나는 따로 떨어져 있는 걸 말한다. 동부꽃의 맨 아래 용골꽃잎을 살짝 들추면 사진에서처럼 수술이 두 몸인 걸 생생하게 볼 수 있다.

보통 식물학에서는 꽃잎이 크고 화려한 것은 곤충을 끌어들이기 위한 거라고 본다. 꽃가루받이를 잘 하기 위한 식물 나름의 크나큰 에너지 활동이다. 그런데 여기서 드는 한 가지 의문. 동부는 제꽃가루받이를 기본으로 한다는데 왜 그렇게 꽃을 예쁘게 만들고 또 꿀을 만들어 곤충을 끌어들이는가. 알고 보니 동부는 딴꽃가루받이도 적지 않게 한단다. 양다리 전략에 능하다고 해야 하나. 그래서인지 동부는 잡종이 많다.

- 동부꽃 활짝
- 암술과 수술을 자세히. 두몸수술임을 잘 보여준다. 홀로 떨어진 수술과 아래 암술 1개, 그 주변에 수술 9개

동부꽃에 꽃가루받이를 돕는 벌

갓끈처럼 주렁주렁 갓끈동부

몇 해 전 여러 나라 여성농민들이 우리 집에 왔던 적이 있다. '국제종자포럼'에 참석하고 난 뒤 현장탐방으로. 일행이던 캄보디아 고산족 여성농민이 주고 간 씨앗이 갓끈동부였다. 지금 우리 텃밭에서 기르고 있는 건 그 갓끈동부는 아니고, 우리나라에서 오래전부터 길러온 갓끈동부다. 그래도 갓끈동부 하면 동남아시아가 떠오른다.

'갓끈동부'란 마치 옛날에 선비들이 쓰던 갓에 달린 끈처럼 꼬투리가 길게 자라는 동부다. 보통 동부가 젓가락 길이 정도라면 갓끈동부는 그 두세 배 길이다. 꽃도 좋지만 길게 자라 주렁주렁 매달린 꼬투리 모양도 보기에 참 좋다. 우리 선조들 눈에는 '갓끈'처럼 보였나 보다. 이 꼬투리가 아직 푸르고 연할 때, 서양의 껍질 콩처럼 채소로 먹을 수 있어 '아스파라거스빈'이라고도 한다. 이 꼬투리가 붉게(품종에 따라 갈색으로) 다 여물면 동부처럼 씨앗을 먹을 수 있다.

생김새도 특이한 갓끈동부꽃은 어떨까? 덩굴 위로 꽃대를 쭉 뻗어 나보란 듯 피어, 한창 피는 아침나절에 보면 마치 나비가 여기저기 앉은 듯하다. 이 꽃에는 먹을 게 많은가 보다. 온갖 곤충들이 꼬인다. 많이 들락거리는 곤충은 개미, 호박벌, 뒤영벌, 등에 그리고 나비가 날아든다. 내가 갓끈동부를 관찰한 곤충 가운데 가장 힘이 좋은 곤충은 호박벌. 이놈은 길이가 꽃만 한 데다가 무게도 제법 나가니 꽃에 매달리면 꽃이 처질 정도다.

빨대를 꽂듯이 주둥이를 꽂아 씨방에 든 꿀을 빤다. 꿀을 빨면서 꽃잎에 가려진 수술과 암술을 밖으로 드러낸다. 호박벌이 먹고 간 자리에는 등에와 나비 그리고 나방이 날아든다. 이놈들은 호박벌이 남긴 구멍으로 주둥이를 밀어 넣어 호박벌이 빨고 간 뒤 다시 고인 꿀을 마저 빤다. 개미도 틈만 나면 끼어든다.

하지만 다 익은 동부꼬투리를 거두다 보면 그리 만족스럽지 않다. 제대로 영근 게 많지가 않다. 서너 알 중에 한 알이나 잘 여물었을까, 쭉정이가 많다. 곤충들한테 많은 걸 바친 대가가 새삼 애잔하다.

온갖 곤충이 날아드는 갓끈동부꽃

열매가 주렁주렁한 갓끈동부

동부꽃 보기

공원 시설 가운데 조롱박이나 수세미오이를 기르는 터널이 있다. 그곳에 동부 그것도 갓끈동부를 기르면 꽃도 예쁘고 꼬투리도 주렁주렁 매달리는 게 보기 좋을 텐데…….

　봄에 심은 동부는 8월부터 꽃을 피우기 시작, 덩굴 따라 10월까지 계속 피고 진다. 하루로 보자면 아침 6시부터 피기 시작, 오전 10시에서 오후 1시 사이에 꽃밥이 터져 꽃가루받이가 이루어진다. 제꽃가루받이를 기본으로 하지만 자연교잡률도 높아 잡종이 많다. 꼬투리는 품종에 따라 10센티미터 남짓에서 100센티미터에 달하는 것도 있다.

　꽃말은 대두와 같은 콩이라서일까, '반드시 오고야 말 행복'.

선비들 갓끈처럼 주렁주렁 갓끈동부
활짝 핀 꽃과 꽃이 진 뒤, 그리고 아직 피지도 않은 꽃봉오리가 함께

밭 한편에 동부

완두꽃 • 신방을 훔쳐보는 즐거움

자신을 쉽게 드러내지 않는 꽃술

관음증(觀淫症)이리라. 신방을 훔쳐보려고 문풍지에 침을 발라 구멍을 뚫고, 그 작은 구멍으로 첫날밤을 훔쳐보는……. 내 관음증은 사람보다 동물이나 식물에 더 쏠려 있다. 짝짓기를 보자면 동물들은 대체로 숨길 것도 없이 다 보여주는 편이다. 수탉은 한달음에 암컷을 제압하여 등 위에 올라타고 짝짓기를 재빨리 끝낸다. 고양이 암컷은 발정기가 오면 스스로가 묘한 울음을 낸다. 개는 발정기 때 묶어두면 그야말로 발광을 한다. 결사적으로 묶인 줄을 풀고 뛰쳐나가려 한다. 짝짓기하고 있을 때는 '벌건 대낮에 볼썽사납다'고 작대기로 맞더라도 쉽사리 떨어질 줄 모른다.

    여기 견주어 식물들의 사랑은 눈여겨보지 않으면 쉽게 알 수가 없다. 하염없이 느리고 소리도 없다. 그런데 이쪽 세계에 조금씩 눈을 뜨게 되니 이게 은근히 내 안에 남아 있는 관음증을 자극한다. 특히 암술과 수술이 보일 듯 말 듯 할 때……. 완두꽃이 그랬다.

    완두는 한해 또는 두해살이식물로 남부 지방에서는 늦가을에 심어 겨울을 넘기고, 추운 지방은 이른 봄에 심는다. 5월 초면 꽃을 피우기 시작. 덩굴을 타고 1미터 이상 올라가면서 꽃을 피우고 꼬투리를 맺고, 또 이어서 계속 꽃을 피워 올린다. 얼추 한 달가량 계속된다.

완두 Pea
콩과 한두해살이풀
학명 Pisum sativum L.

원산지는 지중해 연안으로 전 세계에서 재배되고 있다. 우리나라에는 조선초기부터 기른 걸로 보고 있다.

그런데 우리 식구가 완두를 심어온 지 20년이 다 되지만 꽃술 보기가 어려웠다. 하얀 꽃잎에 폭 싸여 있어, 그 사이로 얼핏 비치는 연노란 빛이 꽃술일 거라고 추측만 할 뿐. 그러다가 결국 참을 수 없는 호기심이 발동. 결국 손을 대고야 말았다. 완두는 수정이 끝나고 나서 꼬투리가 제법 자라도 시든 꽃잎을 쉽게 떨구지 않는다. 문풍지에 손가락 구멍을 내는 심정으로 시든 꽃잎을 슬그머니 들추었다. 그랬더니 눈앞에 펼쳐지는 눈부신 세계여!

- 수정이 끝난 꽃잎을 살그머니 들추니 꽃가루를 가득 묻힌 암술이 드러난다
- 완두는 5월 한 달 내내 꽃을 피운다
- 완두꽃은 밤에도 꿋꿋하게 핀다

비단이불보다 더 고운 꽃잎 속에서

완두는 제꽃가루받이를 주로 하니 비단이불보다 더 부드러운 꽃잎에 폭 싸인 상태에서 충분히 사랑을 나누면 된다. 신방이 넓지 않기에 암술과 수술은 서로한테 온전히 집중할 수 있다. 꽃밥이 먼저 익고 이어 암술머리가 자라면서, 꽃밥에 닿으면 꽃가루가 터진다. 하지만 사랑이 온전하게 이루어진 것인지는 아직 장담하기에 이르다. 수분이 되었다고 다 수정이 되는 게 아니기에.

그러나 이러면 유전의 다양성을 확보할 길이 없으니 종족의 앞날을 위해 길 하나를 열어놓는다. 이를테면 매개곤충이 기꽃잎에 나타나는 자외선을 보고 날개꽃잎에 앉는다. 곤충 무게로 나긋나긋 날개꽃잎은 살짝 아래로 내려간다. 이때 용골꽃잎에 싸였던 꽃술이 살짝 드러난다. 곤충 배에 꽃술이 닿으면서 꽃가루가 묻는다. 이처럼 운이 좋게 딴꽃가루받이를 할 때도 있다.

이러건 저러건 꽃잎들은 꽃이 지고 나면 하나 된 모습을 보인다. 그동안 해오던 모든 활동을 접고 오직 새로 자라나는 꼬투리를 보호하면서 남은 꽃술조차 끝까지 지켜내는 것. 용골꽃잎만이 아니라 날개꽃잎과 기꽃잎까지 모두 하나로 뜻을 모아 고스란히 꽃술을 감싸, 남은 꽃가루 알갱이 하나라도 허투루 버리지 않으면서 암술을 끝까지 지켜준다. 관계를 맺은 뒤, 제 욕심 다 채웠다고 뒤도 안 돌아보는 어느 수컷들과는 아주 다르지 않은가.

나는 이렇게 시든 꽃잎을 살짝 들추고도 흥분이 되는데, 멘델은 원기 왕성한 완두꽃을 가지고 유전 실험을 수백 번도 더 했을 텐데 그럴 때마다 느낌이 어땠을까? 완두의 성생활에 깊숙이 개입하여 귀중한 유전법칙을 발견한 멘델이 새삼 거룩하게 다가온다.

- 수정이 끝나, 시들면서도 암술을 끝까지 지켜주는 완두콩꽃잎
- 묘한 기하학 문양을 만드는 완두 덩굴손
- 비가 오더라도 꽃술을 완벽하게 보호한다.

완두꽃 보기

완두는 화분에서도 기를 수 있다. 2월~3월 창가 화분에 씨를 넣고 기르면 5월이면 꽃을 볼 수 있다(많은 도감을 보면 대부분 완두는 밤에는 꽃잎을 닫는다고 나온다. 하지만 우리가 여러 차례 확인한 바로는 밤에도 꽃을 피운다).

꽃은 흰색과 붉은색이 있으며, 5월부터 한 달가량 핀다. 잎겨드랑이에서 꽃대가 나와, 그 끝에서 1~2개씩 나비 모양으로 핀다. 암술은 하나, 수술은 10개인 건 콩과의 공통된 특징. 꼬투리에는 보통 5~7개, 가끔 8개의 열매가 들어 있다. 완두 덩굴손은 잎이 바뀐 것. 완두가 자람에 따라 덩굴손이 뭔가를 붙잡아가면서 자란다.

꽃말은 행복한 결혼과 다산.

완두꽃 자세히

붉은색 완두꽃

녹두꽃 • 새야새야 울지 마라

몸이 작아 '녹두'로 불렸다는 녹두꽃

입추가 지나니 아침저녁으로 찬바람이 솔솔 불며 들판에는 온갖 곡식 꽃이 핀다. 이 가운데 가장 늦게 7월 초에 심은 녹두가 달포밖에 지나지 않았는데 벌써 노란 꽃을 피운다. 부랴부랴 자라느라 줄기도 가늘고, 이파리도 얇다. 잎겨드랑이 사이에서 올라오는 꽃대도 가늘고 긴데, 그 끝에 연노란 꽃이 와글와글 모여 피고 지고 한다.

　녹두는 말 그대로 푸른 콩으로 씨알이 자디잘다. 몸이 작아 '녹두'로 불렸다는 전봉준 장군이 떠오른다. '새야 새야 파랑새야 녹두밭에 앉지 마라 녹두꽃이 떨어지면 청포장수 울고 간다'라는 노래에 나오는.

　이 작디작은 녹두를 동아시아에서는 오랫동안 많이 길러왔다. 중국 음식, 동남아시아 음식에 녹두싹인 숙주나물이 많이 들어가고, 우리도 '돈 없으면 집에 가서 빈대떡이나 부쳐 먹지'라고 노래했던 시절이 있었듯이.

　꽃은 열매와 달리 제법 자기주장이 강하다. 서리태는 씨알이 굵지만 꽃은 사람 눈에 잘 보이지 않을 만큼 작은 데다 잎 아래 숨어 핀다. 여기 견주어 녹두는 씨알은 잘지만 꽃은 도드라진다. 노란색 꽃잎에, 꽃대가 길게 뻗어 눈에 잘 띈다. 내 눈에는 한 많은 꽃이 아니라 보기만 해도 마음이 밝아지는 명랑한 꽃이다.

　가장 큰 특징은 가운데 용골꽃잎이 달팽이관처럼 꼬부라지며 말려서 날개꽃잎까지 감싸고 있는 형상이다. 이 용골꽃잎 속을 헤쳐 보면 꽃받침에 싸여 있는 씨방에서부터 수술과 암술이 길게 안으로 꼬부라져 있다. 꽃들은 여러 개가 모여 차례차례 피고 진다. 꽃가루받이가 끝나면 꽃잎이 떨어지고 그 자리에 가늘고 긴 꼬투리가 맺힌다.

녹두 Mung beans 또는 Green beans
콩과 한해살이풀
학명 Vigna radiata (L.) Wilcz

원산지는 인도이다. 기원전 2000년경 함경북도 회령군 요동유적지에서 콩, 팥과 함께 출토되었고 기원전 4~5세기경 백제에서 심어 길렀다는 설도 있다.

PART 1

- 땅을 뚫고 싹이 올라오는 녹두
- 와글와글 녹두꽃

밭 한편, 자투리 땅에 심은 녹두

영양에다가 해독능력까지

꼬투리는 가늘고 긴데, 처음에는 녹색이었다가 익으면 검은색으로 바뀐다. 이윽고 검은색 꼬투리는 바람만 불어도 튀긴 듯이 벌어져 녹두알을 사방으로 쏟아낸다. 그런데 땅에 떨어진 그 알이 잘아 주울 수도 없다. 그러니 날마다 들여다보고 꼬투리가 여무는 대로 거두어야 한다. 이렇게 거두어봐야 알이 하도 자잘하니 한 줌도 안 될 때가 많다. 또 꼬투리 하나에 녹두알이 10알 맺게끔 생겼지만 거두어보면 쭉정이도 적지 않다.

녹두는 이렇게 생산성도 낮고 꼬투리가 익는 대로 사람 손으로 일일이 따주어야 하니 품이 많이 든다. 그래도 우리는 녹두를 꼭 길러 먹는다. 사람이 길러 먹는 곡식 가운데 해독능력이 뛰어난 게 녹두이기 때문이다. 영양과 더불어 해독능력까지! 우리 현대인에게 어쩌면 가장 필요한 식품이 아닐까.

식구들 아플 때를 대비해 비상식품으로 녹두 한 봉지를 마련해놓자. 아프고 난 식구를 위해 녹두죽을 한 대접. 아니 아프기 전에 예방약 삼아 가끔은 녹두음식을 먹자.

• 녹두 꼬투리와 녹두알
•• 녹두
••• 녹두로 싹을 낸 숙주나물

녹두꽃 보기

재배면적이 별로 없어, 농촌에서 만나기 쉽지 않다. 꽃을 보려면 직접 기르는 수밖에. 녹두는 5월부터 7월까지 심을 수 있는데 심은 지 50일 정도가 지나면 꽃이 핀다. 6월 말에서 7월 초 텃밭에 녹두를 몇 알 심는다. 8월이 되면 벌써 노란 꽃이 피기 시작해 하나가 지면 또 다른 꽃이 피면서 한 달가량 꽃을 볼 수 있다.

알이 잘지만 꽃은 작지 않다. 잎겨드랑이에서 꽃대가 2~3개 나오고 그 꽃대 끝에 8~15개의 꽃이 뱅 돌아가며 핀다. 하지만 그 가운데 3~8개만이 꼬투리를 맺는다.

꽃말은 용사의 모자를 닮았다고 강인, 단단함.

용골꽃잎이 달팽이관처럼 꼬부라지며 말려 있다

땅콩꽃 · 꽃은 하늘로 씨앗은 땅으로

씨방자루를 길게 내린 땅속의 콩

땅에서 자라는 식물인 땅콩을 처음 본 건 도시 살 때였다. 동글동글한 푸른 잎이 다발처럼 소담하게 자라는 게 예쁜 데다 해가 기울면 잎이 2장씩 마주 보고 오므리는 게 어찌나 신기하던지……. 화분에 키워보면 좋겠다고 생각했다. 화분도 제대로 못 키우던 시절이니 그냥 생각만.

그러다 귀농해 땅콩을 심어서 기르니 기대를 저버리지 않는다. 땅콩 푸른 잎도 소담하게 예쁠 뿐 아니라, 진노란 꽃이 방긋방긋 웃으며 피는 게 아닌가!

올해도 어김없이 땅콩에서 방긋 웃는 노란 꽃이 피었다. 꽃은 분명 푸른 잎겨드랑이 사이에서 방긋방긋 피는데, 어째서 땅콩 꼬투리는 땅속에 있는 걸까? 한번 자세히 살펴보자.

지상부에 있는 잎겨드랑이 사이에서 가늘고 긴 꽃받침이 올라온다. 꽃은 콩과 꽃답게 기꽃잎, 살짝 오므려져 있는 날개꽃잎 2장. 그리고 암술과 수술을 보호하고 있는 용골꽃잎은 꽃 한가운데 보일 듯 말 듯.

꽃만 보면 다른 콩과 비슷하지만, 땅콩은 무척 새로운 영역을 개척한 식물이다. 잎겨드랑이 사이에서 꽃은 꽃받침을 위로 길게 올려서 피우고, 수정이 되면 잎겨드랑이 사이에서 씨방자루가 자라기 시작한다. 다른 콩은 바로 꼬투리를 맺는데, 땅콩은 씨방자루를 허공에서 계속 내린다. 씨방자루 끝이 땅속으로 파고 들어가도록. 길게 아래로 뻗어 내리는데 일주일에 5센티미터나 자란다나!

땅콩 Peanut
콩과 한해살이풀
학명 Arachis hypogaea L.

브라질과 페루가 고향. 우리나라에는 조선후기 정조 때 들어왔는데, 이는 『임원경제지(林園經濟志)』에도 나와 있다. 땅을 파고들며 자라니 모래땅이나 돌이 없는 황토에서 재배하면 좋다. 제주도 우도에 가면 아주 자디잘지만 알찬 우도땅콩이 있다.

어떻게 땅 있는 데를 알고 찾아갈까? 이게 신기해 연구하기 시작했나 보다. 그 결과 식물은 사람과 비슷한 평형기관이 있단다. 씨방자루 끝에 녹말알갱이가 있어 이걸 통해 중력을 감지한단다. 이렇게 땅을 찾아 파고들면 그때부터 씨방자루 끝이 부풀어 올라 꼬투리를 맺는다. 그래서 땅속의 콩, '땅콩'인 거다.

해가 지면 땅콩잎을 오므린다
p.m. 6:04 •
p.m. 6:28 ••
p.m. 7:03 •••
p.m. 7:40 ••••

- 꽃잎을 들추어보니
- 땅속에서 꼬투리를 맺는다

왜 땅속에서 열매를 맺기 시작했을까?

줄기에서 새로 잎이 날 때마다 그 잎겨드랑이 사이에 꽃이 여러 송이 달리니 아래서부터 위로 피어난다. 한 마디에 여러 송이가 피지만 씨방자루를 내는 건 1~2개뿐이다. 또 씨방자루를 내어 땅속까지 도달한다 해도 속에 씨앗을 튼실하게 맺지 못하고 마는 것도 많다.

땅콩은 높은 온도가 여러 달 이어지면 잘 자라는데, 우리나라는 여름이 조금 짧다. 땅콩을 키우다 보면 꽃이 피고 꼬투리가 맺을 무렵 벌써 가을로 접어드니 쭉정이가 적지 않다. 수확을 많이 내려고 두둑에 비닐을 씌워 지온을 올려주는 농사꾼이 많다. 우리는 비닐을 씌우지 않으니 수확이 적다. 그저 풀을 뽑아주고 흙으로 북을 주어 씨방자루가 땅속으로 잘 파고들게 도울 뿐이다.

땅속에 생기는 땅콩 꼬투리는 우리가 대보름에 먹는 껍질땅콩 모양 그대로다. 누에고치처럼 생겼는데 딱딱한 표면은 그물 모양이다. 잘 여문 땅콩은 꼬투리 하나에 1~3알이 들어 있는데 그건 까봐야 한다. 어떤 꼬투리는 겉보긴 튼실해도 실제는 쭉정이가 많다. 껍질을 까봐야 알 수 있는 맛, 그게 땅콩 까는 재미다.

그런데 왜 땅속으로 들어가 열매를 맺기 시작했을까? 한번 상상해볼까? 믿거나 말거나! 보통 콩은 비려서 날로 못 먹어 콩이 여물 무렵 짐승 피해가 많지 않다. 하지만 땅콩은 날로 먹을 수 있다. 땅콩이 이렇게 자기 씨앗을 보호하는 걸 사람만 알았나? 아니다. 콩을 좋아하는 새들도 결국에는 다 알아차렸다. 땅콩알이 땅속에서 여물기 시작하는 걸 귀신같이 알아내, 땅을 콕콕. 나는 땅콩이 어디 있는지 모르고 헛손질을 하지만, 속을 다 파먹은 흔적을 보면 새들은 귀신같이 아는구나 싶다.

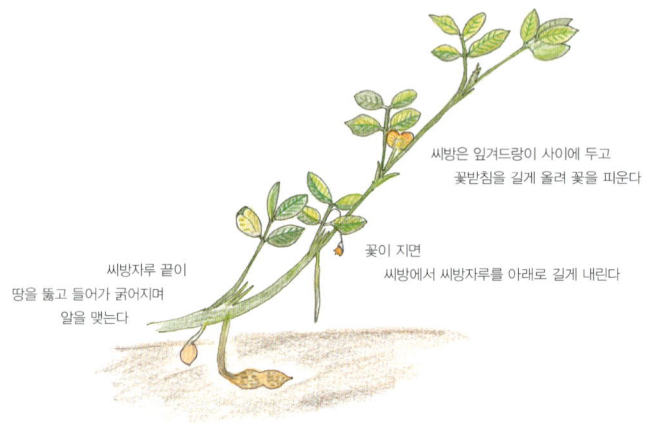

씨방은 잎겨드랑이 사이에 두고
꽃받침을 길게 올려 꽃을 피운다

꽃이 지면
씨방에서 씨방자루를 아래로 길게 내린다

씨방자루 끝이
땅을 뚫고 들어가 굵어지며
알을 맺는다

땅속에 땅콩이 주렁주렁

땅콩꽃 보기

땅콩은 아침 해가 뜨면 꽃을 피워 아침 햇살 아래 수정을 한다. 꽃구경은 아침나절이 좋다. 6월 초부터 8월 중순까지 볼 수 있다. 작은 용골꽃잎 안에 들어 있는 수술은 모두 10개. 암술은 잎겨드랑이 사이에 있는 씨방에서부터 가늘고 긴 꽃받침을 따라 올라와 있다. 땅속에서 열리지만 꽃은 콩과의 꽃과 똑같고 노란 팥꽃과 비슷하다. 팥꽃이 샛노란 꽃이라면, 땅콩꽃은 기꽃잎 아랫부분에 부챗살 모양의 주황색무늬가 '나는 땅콩꽃이요!' 하고 알려준다.

  꽃말은 그리움.

땅콩꽃과 씨방자루

꽃이 피고 지고

덩굴강낭콩꽃 · 장을 담갔다면?

장항아리와 덩굴강낭콩은 무슨 관계일까?

만일 항아리에 장을 담갔다면, 울타리에 덩굴강낭콩을 몇 포기 심으시라. 저 멀리 멕시코에서 태어나 여기까지 온 덩굴강낭콩은 울타리에 심으면 덩굴을 타고 올라가는 울타리콩이다. 그런데 이 덩굴강낭콩과 장항아리가 무슨 관계가 있나?

현대과학이 빈대 잡는 특효약으로 덩굴강낭콩을 연구하니, 잎 뒷면에 작은 갈고리 같은 털이 다닥다닥 붙어 있다. 빈대나 작은 벌레가 강낭콩잎을 디디면 잎털이 갈고리가 되어 옴짝달싹하지 못하게 휘감는단다. 우리나라에서는 된장 단지에 구더기가 생기면 할머니들이 덩굴강낭콩 잎을 따다가 쫙 깔아두라고 하신다. 그러면 며칠 뒤 구더기가 다 잎 위로 올라와 죽어 있다. 우리네 할머니들이 이걸 어떻게 아셨을까?

덩굴강낭콩은 잎겨드랑이에서 꽃대가 자라며 꽃 여러 개가 드문드문 핀다. 꽃봉오리는 버선 모양. 그 봉오리에서 커다란 기꽃잎 1장이 뒤로 젖혀지면 날개꽃잎 2장이 아래로 내려뜨린 듯, 그 사이에 꽃술을 용골꽃잎 2장이 모으고 있다.

꽃들 가운데 막 피기 시작했을 때와 시간이 지남에 따라 꽃잎 색이 바뀌는 꽃이 있다. 그 대표가 인동꽃. 콩꽃 가운데는 덩굴강낭콩이 그렇다. 처음 피기 시작했을 때는 분홍빛이다. 그러다 어느 순간부터 그 빛이 점차 사라져 희멀겋게 된다. 수정이 되고 나니 꽃잎을 물들일 필요가 없는 것인가! 덩굴강낭콩은 호박벌이 좋아해 꽃이 한창일 때 부지런히 들락거린다. 아마도 벌은 이걸 일종의 신호로 받아들이지 않을

강낭콩 Garden bean
콩과 한해살이
학명 Phaseolus vulgaris var. humilis

서양에서는 정원에서 기른다고 하여 'Garden bean'이라 부른다. 원산지는 멕시코 일대이다.

까? 붉은 꽃은 꽃가루받이를 위해 벌의 먹이가 차려진 꽃이고 색이 바랜 꽃은 이미 잔치가 끝났다고.

　자기꽃가루받이를 주로 해 꽃이 피고 하루 이틀이 지나면 꽃잎이 마르면서 꼬투리가 자란다. 가끔 커다란 호박벌이 날아와 부지런히 꽃을 돌아다니곤 한다.

- 덩굴콩이 시계 반대 방향으로 감아 올라간다
- 덩굴강낭콩꽃. 처음에는 분홍빛으로 곱게 피지만, 수정되고 나면 더 이상 에너지를 주지 않아 하얗게 탈색
- 울타리를 울타리답게 해주는 덩굴강낭콩

115

콩과 집안

앉은뱅이강낭콩

강낭콩 가운데 덩굴을 뻗지 않고 곧추 서서 자라는 강낭콩도 있다. 키가 작아 앉은뱅이강낭콩. 이 앉은뱅이강낭콩은 생육기간이 짧아 두 번 심어 거둘 수 있어 더블콩이라고도 한다. 봄에 완두가 끝나고 감자가 나오는 초여름이 되면 첫벌 앉은뱅이강낭콩이 나온다. 아직 다른 풋콩이 없을 때 나오는 풋콩이니 맛있다. 첫벌이 다 여물면 다시 한 번 심는데 이것이 가을에 나와 이듬해 봄에 심는 씨가 된다.

동부도 그렇지만 강낭콩은 풋콩일 때가 맛나다. 특히 덩굴강낭콩 풋콩을 밥에 놔 먹으면 밤보다 더 구수하다.

앉은뱅이강낭콩 꽃잎이 떨어지며
진 꽃도 예쁜 앉은뱅이강낭콩꽃
꼬투리 익어가며 피는 앉은뱅이강낭콩꽃

덩굴강낭콩꽃 보기

울타리에 몇 알 심으면 덩굴 따라 오래도록 핀다. 6월 말에서 9월 초까지. 꽃말은 행복한 삶.

덩굴강낭콩꽃

PART 2

부추속과 장미군

채소꽃 1

무꽃

집 속에
집만 한 것이 들어있네

여러 날 비운 집에 돌아와 문을 여는데
이상하다, 누군가 놀다간 흔적
옷장을 열어보고 싱크대를 살펴봐도
흐트러진 건 없는데 마음이 떨려
주저앉아 숨 고르다 보았네

무꽃,
버리기 아까워 사발에 담아놓은
무 토막에 사슴뿔처럼 돋아난 꽃대궁

사랑을 나누었구나
스쳐지나지 못한 한소끔의 공기가
너와 머물렀구나
빈집 구석자리에 담겨
상처와 싸우는
무꽃

김선우

파 집안

Allium

외떡잎식물 부추속

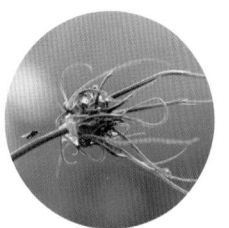

인류가 오랫동안 사랑해온 파 집안. 얼마나 사랑했으면 딸들 이름을 붙여주었을까? 우리나라에 달래, 영국에는 샬롯(양파와 비슷하나 좀 더 작은데, 주로 더운 지방에서 난단다).
맛채소는 그다지 좋아하지 않아도 음식마다 넣게 된다. 어릴 때는 무심결에 먹었다가도 나이가 들면서 점점 더 좋아지게 되는 맛채소.
추운 겨울이 지나면 대파가 다시 푸르게 이파리를 피워 올리는데 이 대파가 어찌나 달고 맛있는지. 대파 넣고 쑥국, 대파를 반으로 갈라 대파전 그리고 대파김치까지. 스페인에서는 이 대파로 구이를 해 먹는다기에 숯불에 구워보니 정말 별미더라.
겨울난 달래는 향긋하고 톡 쏘는 매운맛이 겨울잠을 자던 비위를 깨워준다. 달래장에 파래김 찍어 먹고 콩나물도 달래장에 쓱쓱 비벼 먹는다. 나들이 갈 때면 달래 쑹쑹 썰어 주먹밥으로 만들어도 별미다. 김치로 많이 먹는 쪽파는 전으로 부쳐 먹고 살짝 데쳐 강회로도 먹는다.

이렇게 이른 봄을 즐기다 보면 어느새 부추가 자라난다. 봄부추는 딸네도 안 준다는 보약. 봄에 처음 자란 부추 베어다가 새콤달콤하게 무쳐서 먹고, 쑥쑥 자라면 부추김치, 오이소박이, 비 오면 부추전까지……. 파는 인류가 정말 좋아하는 채소이다. 샬롯, 대파, 쪽파, 부추, 리크, 마늘, 염교, 차이브 같은 파의 특징은 줄기가 아주 작다는 것이다.
우리가 먹는 양파 부위는 뿌리일까? 줄기일까? 잎일까? 창녕 양파연구소 이종태 님의 설명을 한번 보자. "보통 양파는 인경(비늘줄기)채소라고 하지만 줄기란 뿌리와 잎을 이어주며 양분을 전달하는 식물의 한 부분이다. 하지만 양파의 잎은 양파의 흰 부분에서 새롭게 나오는 것이 아니라, 뿌리 부분과 맞닿은 부분에서 나온다. 우리가 먹는 양파알은 한 겹으로 되어 있지 않고 여러 겹으로 되어 있는데 줄기가 여러 겹으로 싸여 있는 경우는 없다. 따라서 우리가 먹는 양파는 잎이 굵어져서 만들어진 것이다."
이 모든 파들은 외떡잎식물 부추속 집안이다. 꽃은 우산모양꽃차례에 모여 피는 작은 통꽃들로 이루어져 있다.

파(대파)꽃 · 이른 봄 햇살 가득

요정가루 뿌리듯

살림살이 고수인 이웃이 있는데 그이는 음식을 하면 마지막은 늘 파로 마무리한다. 어떨 때는 파가 적어 '저 큰 냄비에 저 만큼을 넣어 무슨 맛을 내랴' 싶어도 어슷 어슷 썬 파를 마무리로 뿌려준다. 그 모습이 마치 요정가루를 뿌리는 듯 보인다. 그이의 손맛이 대파와 함께 솔솔 그 음식에 뿌려지는 거지.

　농사일은 해마다 동심원을 그린다. 봄이 올 무렵이면 가끔은 겨울 바짓가랑이를 붙잡고 싶을 때가 있다. 올해 또 어찌 일을 하나! 같은 일이라도 농사일을 새롭게 바라볼 수 있다면? 그게 바로 요정가루가 아닐까.

　몇 년 전 남편이 어린이신문 굴렁쇠에 '시로 쓰는 농사일기'를 이어 쓴 적이 있다. 그때 남편은 논밭에 가는 게 즐거워 보였다. 가서 그저 일만 하는 게 아니라 어린이 눈으로 들깨도 보고, 벼도 보고, 삽질과 도리깨질을 했다. 우리 부부한테 요 몇 년은 밥꽃 이야기가 요정가루다. 곡식과 채소가 자라는 걸 보면서 으레 그러려니 하고 스쳐 지나가지 않고, 요리조리 관찰하는 즐거움이 쏠쏠했다.

　이른 봄 대파는 추운 겨울을 이겨내느라 시든 잎 사이로 새잎을 피워 올리며 누구보다 부지런히 봄을 맞이한다. 비어 있는 밭 한 귀퉁이에서 푸르디푸르게. 그 파를 뽑아다 쑥국에 넣으면 달큰하고 향긋한 봄 음식이 된다. 봄에 대파가 이리 맛있는 건

대파 Welsh onion
부추속 다년생
학명 Allium fistulosum L.

중국 서북부가 원산으로 우리나라에서는 통일신라 때부터 길러 먹은 것으로 추정된다. 미국에서는 'Green onion', 영국에서는 'Spring onion'이라 불린다.

왜일까? 다년생 풀들은 겨울을 나기 위해 뿌리를 땅속 깊이 내릴 뿐 아니라 몸에 당분 함량을 올린단다. 맹물보다 설탕물이 잘 얼지 않는 원리. 겨울난 대파 뿌리로 국물을 우려보라. 그 추운 겨울을 온몸으로 이기고 아직 사람이 뭔가를 심기도 전에 봄 햇살과 땅 힘을 쭉쭉 빨아들여 우리를 먹여 살린다.

신기하게도 파에게 사람만 끌리는 게 아닌가 보다. 만약 아까시나무꽃과 파꽃이 같이 피었다면 꿀벌은 어디에 더 많이 모일까? 한국양봉협회 자료를 보면 벌은 파꽃을 더 좋아한단다. 그 작디작은 꽃에 꿀이 들었다면 얼마나 들었을까? 예상과 달리 꽃 안에는 꿀샘이 3개나 있고, 이 꿀샘은 벌과 곤충들이 좋아하는 꿀을 머금고 있단다. 꿀맛 대신 꽃내음이라도 맡아볼까? 잘 익어 달짝지근하고 향긋한 파 냄새다.

- 배흘림기둥 대파 꽃줄기
- 눈 속에서도 꿋꿋한 대파

개량종이 판치는 세상에서 살아남은 토종 머리파

대파는 야생원종을 아직 찾지 못해 중국 서부를 원산으로 추정하고 있는데, 우리나라에서는 오랫동안 길렀을 것으로 본다. 대파는 씨를 뿌려서 가꾸는데, 적응을 잘 하는 편이라 여러 곳으로 퍼져나갔다. 중국, 한국, 일본은 물론이고 중앙아시아, 러시아 서유럽까지……

우리가 가꾸는 대파는 토종으로 파 흰 밑(비늘줄기)이 둥글다고 머리파라 한다. 시장에 나오는 대파가 길고 늘씬하다면, 머리파는 땅꼬마라 먹을 게 별로 없다. 머리파에서 봐줄 만한 부분은 흰 밑인데 통통하면서 뿌리 부분에 붉은색이 돈다. 시장 대파는 굵은 놈 하나가 있으면 웬만한 요리에 넉넉하다. 토종대파는 몇 뿌리를 넣어도 얼마 안 된다. 하지만 이 머리파는 개량종이 판치는 세상에서 살아남은 몇 안 되는 씨다. 봄철 장에 가면 할매가 직접 길러 얻은 씨를 소주 컵에 되서 판다. 맛도 향기롭지만 꼭 한 말씀을 덧붙인다.

"이 파가 약이여 약!"

머리파는 흰 밑이 여러 쪽으로 나뉘며 여러 해를 살아, 파가 다년생이라는 걸 알 수 있다. 파에는 알리신이라는 약성물질이 들어 있어 매운 내가 난다. 실제 파에 들어 있는 성분 가운데는 가용성 탄수화물이 가장 많단다. 그래서 파를 익히면 달큰해지는가 보다.

작은 꽃 여럿이 탁구공 모양으로 피는 꽃

대파는 사방으로 뻗는 수염뿌리와 땅속에서부터 땅 위까지 이어지는 흰 비늘줄기 그리고 그 위에 푸른 잎을 가지고 있다. 그런데 잎 속이 빨대처럼 뻥 뚫려 있다. 겨울 추위를 이겨낸 대파가 싱싱한 잎을 한창 피워 올린다. 그러다가 4월 청명 무렵, 잎 사이로 꽃봉오리를 머리에 이고 꽃줄기가 올라온다. 꽃줄기는 자라면서 단단한 대롱이 되어 꽃봉오리를 이고 꼿꼿하게 서 있다. 한 발 물러서 대파 꽃줄기를 보면 배흘림기둥처럼 배가 살짝 나오는데 아마도 힘을 받기 위한 대파의 기술이리라.

꽃봉오리는 둥근 공 모양에 맨 위가 뾰족한데, 전체가 푸른 기운이 도는 흰색의 얇은 막에 싸여 있다. 이 막은 꽃턱잎으로 꽃봉오리를 완전히 둘러싸, 마치 중국만두인 소룡포 같다.

5월이 되면 막이 벌어지며 꽃이 하나둘 피어난다. 멀리서 보면 하나의 꽃처럼 보이지만 사실은 작은 꽃 여럿이 공 모양으로 모여, 우산처럼 가운데 한곳에서 꽃자루 길이가 같은 꽃들이 모여 핀다. 우산모양(산형)꽃차례다. 대파, 양파 그리고 부추가 모두 같은 꽃차례다.

우산모양꽃차례 안에 있는 작고 흰 꽃들은 통꽃이지만 꽃잎이 별처럼 여섯 갈래로 나뉘어 있다. 꽃잎이 갈라진 곳마다 수술이 하나씩 붙어 모두 6개. 자세히 보면 3개는 가운데 쪽으로, 3개는 바깥쪽으로 서 있다. 수술이 먼저 노랗게 피었다 지고 나니 한가운데 홀로 있는 암술에서 암술머리가 나타난다.

우산모양꽃차례는 꽃이 피기 전에는 탁구공만 하다가 작은 꽃이 피어나면 점점 커져 테니스공만큼 부푼다. 그 속에 작은 꽃 하나마다 씨방이 3개, 씨방 하나에 씨가 2개씩 맺혀 꽃 한 송이에 씨 6개가 알알이 맺힌다. 다 영글면, 꽃줄기 위가 마르면서 꺾여 씨를 땅에 뿌린다.

- 대파 꽃봉오리
- 피기 시작하는 대파꽃
- 대파 씨앗. 작은 꽃 하나마다 씨방이 3개, 씨방 하나에 씨가 2개씩 든다.

파꽃 보기

파꽃은 가정에서도 어렵지 않게 볼 수 있다. 김장철이나 겨울에 대파를 사다가 화분에 심어두면 겨울을 난 파에서 꽃봉오리가 올라온다. 4월 중순부터 한 달가량 핀다.
　꽃말은 인내.

꽃이 활짝 피어
빅뱅을 보는 듯 신비로운 우산모양꽃차례

쪽파

쪽파는 파와 양파의 교잡종으로, 씨로 심지 않고 마늘처럼 쪽뿌리(비늘줄기)를 갈라서 심는다. 쪽파는 봄에 심어 여름에 거두면 꽃을 볼 수 없으나, 가을에 심어 겨울을 나고 봄을 맞이하면 꽃이 피기도 한다. 하지만 아뿔사! 어렵사리 꽃은 피어도 씨가 맺히지는 않는다.

쪽파 꽃봉오리

쪽파꽃

달래꽃 • 재주도 많으셔라

틈새 전략이 뛰어나

나는 가끔 궁금하다. 식물은 왜 살까? 번식을 위해서만 산다고 하기에는 뭔가 설명이 부족한 거 같다. 특히 재주 많은 달래를 보면 그렇다. 달래는 대파하고 같은 백합과. 겉보기에는 가느다란 잎 몇 장이 전부다. 그럼에도 치열한 자연환경에서 꿋꿋이 살아남아 종을 이어간다. 틈새 전략이 뛰어나다고 할까. 자연의 빈틈을 살려 다양한 방식으로 살아나간다.

그 특별한 생존 전략을 하나하나 살펴보자. 보통 달래 하면 봄나물인 줄 알지만, 달래는 한 해 두 번 거둘 수 있다. 봄에 자라고 여름에는 잎이 졌다가 가을에 다시 잎이 돋아, '나 여기 있소!' 한다. 달래만의 지혜라고 할까. 또한 달래 잎은 가늘고 여리기 짝이 없다. 그마저 한두 장. 이 상태로는 다른 풀과 경쟁하기가 쉽지 않다. 넓적한 잎과 큰 키 그리고 왕성한 곁가지를 갖는 식물이 얼마나 많나. 그러니 달래는 다른 식물이 미처 잎을 내지 않는 봄에 얼른 잎을 내밀어 생장과 일차 번식을 한다. 가늘고 긴 잎은 1~2개이고, 잎이 풀빛이라 풀 사이에서 달래인지 알아보기 힘들다. 보통 풀이 홑겹이라면 달래 잎은 안감이 있는 두 겹처럼 보이는데 잎 가운데 잎맥이 들어가 있어 단면으로 보면 둥근 삼각형이다. 이걸 알면 달래를 찾기가 쉽다.

온갖 풀이 왕성하게 자라는 여름에는 지상부를 말려 쉰다. 그러다가 풀들이 시들어 말라가는 가을에 다시 슬그머니 싹을 내밀고 두 번째 성장을 한다. 달래는 여러해살이다. 땅속을 파보면 동글동글 달걀 모양의 비늘줄기가 있고, 이 비늘줄기에 하얀

달래 [다롱개] Wild chive
부추속 여러해살이
학명 Allium monanthum Maxim

우리나라, 중국, 일본에서 잘 자라 이 지역을 원산지로 여긴다.

수염뿌리가 길게 뻗어 있다. 이 비늘줄기와 뿌리는 추위에 아주 강하다. 영하 20도에도 얼어 죽지 않는, 우리 땅 토종이다.

그럼 달래는 어떻게 번식을 할까? 첫 번째로 땅속 어미 비늘줄기 곁에 새끼 비늘줄기를 만들어 키운다. 어미 비늘줄기를 모구(母球), 새끼 비늘줄기를 자구(子球)라 한다. 충실한 어미들은 3월 중순 정도면 땅속에 새끼 달래를 두어 개씩 키운다. 하지만 어미가 자식을 옆구리에 끼고 키우는 데는 한계가 있기 마련. 좁은 땅을 두고 서로 경쟁해야 하니 자식을 여럿 둘 수가 없다. 달래는 또 다른 방식으로 자식을 남긴다. 두 번째로 지상부에 긴 꽃줄기를 올려 그 끝에 살눈(주아珠芽)을 만든다. 살눈이란 미니 달래다. 이게 땅에 닿으며 독립해서 살아간다.

그런데 이 살눈은 어미로부터 멀리 떨어지는 게 좋으리라. 그래서 달래는 꽃줄기를 되도록 길게 뻗는다. 보통 50센티미터 이상, 가끔 1미터 남짓 자라기도 한다. 꽃줄기 굵기는 기껏 젓가락 정도지만, 그 끝에 살눈 여러 개를 잔뜩 짊어진다. 그러다 보니 자라다가 꽃줄기 중간이 구부려지기도 하고 힘없이 기울어지기도 한다. 이런 모습을 보노라면 삶에 치인 중년 가장이나 허리가 꼬부라진 할머니가 겹쳐 떠오른다. 자식을 조금이라도 더 좋은 곳으로 보내기 위한 안간힘이랄까.

꽃줄기 끝에서도 길게 자라는 달래 살눈

• 땅속의 달래 비늘줄기, 곁에 새끼인 작은 비늘줄기 둘을 달고 있다
•• 살눈 사이 달래꽃

달래 덕에 혀와 코와 눈이 즐겁다

이것만이 아니다. 달래는 꽃도 핀다. 역시나 꽃줄기 끝에서 6월 초부터 한 달가량 핀다. 달래 꽃은 작지만 보랏빛이 섞여 참 단아하고 예쁘다. 가끔 곤충도 날아들어 꽃가루받이를 돕는다. 그런데 나는 이 꽃을 10여 년간 보아왔지만 아직까지 씨앗이 맺는 걸 본 적이 없다.

그런데도 왜 꽃을 피울까. 생물학에서는 예기치 않은 환경 변화에 대한 진화적인 몸부림이라고 설명한다. 새끼 비늘줄기는 확실한 번식이요, 살눈은 덤이며, 꽃은 만일을 대비한 훈련과정이랄까. 하지만 이것만으로도 설명이 안 되는 거 같다. 하나의 꽃줄기 끝에 살눈만 달리기도 하지만 살눈과 더불어 꽃을 피울 때도 많다. 때로는 두어 송이, 때로는 수십 송이까지. 씨앗도 맺지 않으면서 살눈 틈을 비집고서 지극정성으로 꽃을 피운다. 이런 달래 속을 누가 알리요.

사람 처지에 추측해보자면 비늘줄기와 살눈으로 자신을 그대로 빼닮은 자식을 여럿 남기는 달래로서는 크게 아쉬울 게 없지 싶다. 어쩌면 달래는 꽃을 피우는 연애과정 그 자체를 즐기는지도 모르겠다.

아무튼 달래가 가진 재주 덕에 우리 사람은 행복을 누린다. 달래가 좁은 땅에서도 번식을 잘하니 사람은 잘 먹을 수 있어 좋다. 비늘줄기는 물론 긴 뿌리까지 통째로 먹을 수 있다. 달래 향은 또 얼마나 은은하고 깊은가. 여기다가 덤으로 고운 꽃까지 보게 해주니, 재주 많고 지혜로운 달래 덕에 우리 사람은 혀와 코와 눈이 다 즐겁다.

• 달래는 뿌리째 다 먹을 수 있다
•• 향기롭고 맛난 달래주먹밥

새끼를 멀리 보내고자 기다랗게 자라는 달래 꽃줄기

구슬 같은 달래 살눈과 꽃봉오리

달래꽃 보기

땅을 갈지 않고 농사를 지으니 우리 밭 여기저기 달래가 저절로 자란다. 굳이 캐내지만 않으면 저 알아서 자라주는 달래. 땅을 갈지 않고 짓는 농사에 대한 자연의 선물인가.

달래는 꽃줄기 끝에 달린 살눈 사이에서 꽃자루가 불규칙하게 여러 개 나와 있다. 꽃자루 끝에 꽃봉오리를 매단다. 그 꽃봉오리가 벌어져 보랏빛이 도는 하얗고 작은 꽃이 한 송이로 피어난다. 꽃은 5월 중순에서 6월에 걸쳐 피며, 별처럼 여섯 갈래로 갈라진 통꽃이다. 암술은 하나, 수술은 6개. 하지만 번식은 주로 살눈과 땅속 비늘줄기로 한다.

꽃말은 신념, 청념.

달래꽃과 살눈

꽃밥이 보라색인 달래꽃

마늘꽃 • 아예 사라졌니?

마늘종에 꽃 대신 살눈이 달려

겨울에는 농사를 쉴까? 그렇기도 하고 그렇지 않기도 하다. 물이 얼고 땅이 어니 무얼 심거나 거두는 일은 없다. 또 풀도 안 자라니 김맬 일도 없다. 하지만 지난가을 심어둔 밀, 보리 그리고 마늘과 양파가 밭에서 자라고 있으니 완전히 쉬는 건 아니다. 일은 안 하더라도 내 마음의 에너지는 계속 흐른다.

마늘 한 통(비늘줄기)을 까면 네다섯 쪽(작은비늘줄기)이 나오는데 그 한 쪽이 씨다. 마늘 농사는 아무리 잘 지어도 6배 이상 안 나는 생산성이 적은 농사다. 여기는 추운 곳이라 한지형 마늘을 심는다. 남쪽에서 심는 난지형 마늘은 가을에 싹이 나 겨울을 나지만, 한지형 마늘은 땅속에서 겨울을 나고 봄이 오면 그제야 싹이 올라온다.

마늘은 싹이 나자마자 쑥쑥 자란다. 6월이 되면 꽃줄기를 올린다. 우리가 '마늘종'이라 부르는 게 마늘의 꽃줄기. 하지만 정작 꽃은 없다. 여기에 있는 건 살눈. 한마디로 자신과 유전형질이 같은 미니 마늘이 달리지만, 새로운 삶을 여는 꽃은 없는 거다.

보통 씨라고 하면 꽃이 지고 나서 맺힌 열매 씨앗을 말한다. 하지만 마늘의 씨는 이렇게 우리가 먹는 마늘쪽으로 한다. 그리고 마늘종을 뽑지 않고 놔두면 거기서 살눈이 맺히는데 이 살눈을 모종 기르듯 기르면 쪽이 통짜인 마늘이 나오고 이걸 다시 이듬해 심으면 마늘이 된다. 그래서인가 마늘은 꽃을 더 이상 피우지 않는다. 그러다 보니 농학에서 '마늘은 꽃을 피울 수 없어 유전적 불임'으로 알려졌다. 꽃을 피우지 못한다면 진화할 수 없다는 소리. 과연 마늘이라는 식물은 더 이상 진화할 수 없는 걸까?

마늘 Garlic
부추속
학명 Allium sativum L.

중앙아시아가 고향. 우리나라에서는 삼국시대부터 기르기 시작한 걸로 기록되어 있다.

- 마늘싹
- 꽃 필 무렵 마늘밭

이 책 원고를 안완식 박사한테 감수를 받으면서 알게 된 사실 하나. 박사님이 현직에 계실 때 중앙아시아에서 꽃 피는 마늘자원을 수집했단다. 그러면서 당시 들여온 꽃 피는 마늘자원 사진도 보내주었다. 긴 쫑을 올려 공 모양으로 핀 꽃. 그 결과 2013년 농촌진흥청은 마늘 새 품종을 발표했다. "그동안 농촌진흥청은 우즈베키스탄 등의 중앙아시아 국가로부터 꽃 피는 마늘자원을 수집하고 개화기를 맞추고, 살눈을 제거해주었습니다. 또 매개충을 이용한 교배 획득종자의 기내 파종과 순화를 통한 씨마늘의 획득 및 대량증식 등의 연구를 수행하여 왔습니다."

혹시 우리 마늘도 꽃이 피는데 몰랐던 게 아닐까? 마늘밭에 가보자. 마늘 살눈 가운데 제법 통통하다 싶은 것을 골라 그 속을 들여다보니 뭔가가 있다. 꽃술 모양. 이게 아마 꽃봉오리 같다. 하지만 이 꽃봉오리가 피는 건 보지 못했다. 살눈이 생기면서 잎이 빠르게 말라버리고 마니 꽃 피는 시늉을 하지도 못한다.

마늘 꽃줄기인 마늘종
꽃 피는 마늘자원(안완식 박사 제공)

코끼리마늘은 연보랏빛 꽃을 피워

마늘꽃을 보려고 이리저리 더 알아보았다. 유전자원의 다양성이 얼마나 대단한지, 꽃이 피는 마늘이 있단다. 그런데 얼마나 큰지 '코끼리(또는 대왕)마늘'이라 불리는 마늘이다. 우리나라에서 미군정이 가져가 미국에서 길렀단다. 2007년 한국에 유전자원을 반환하면서 이 코끼리마늘을 영구 반환했단다.

이 코끼리마늘을 찾아보았더니 바로 무주군 농업기술센터에서도 기르고 있었다. 꽃이 피면 연락을 주십사 부탁했더니 어느 날 연락이 왔다. 기술센터 시험포에 마늘꽃이 한창인데 이 마늘꽃이 연보랏빛을 띠고 양파꽃처럼 360도 공 모양으로 달렸다. 꽃모양은 대파꽃과 비슷하다. 한데 곤충이 꽃에 별로 없다. 또 꽃에서 씨가 맺히는 것도 아니다.

안완식 박사님은 "이 '코끼리마늘'은 우리가 먹고 있는 마늘(Allium sativum)과는 같은 속이지만 종이 다른 식물로 마늘과 비슷한 서양 채소 리크(Leek)의 한 종류이며 학명은 Allium ampeloprasum var. porrum L이다. 맛도 마늘과는 달라서 마늘로 취급하면 안 된다"고 한다.

이 코끼리마늘은 재배한 지가 얼마 안 되어 아직까지 표준 재배법이 개발돼 있지 않단다. 지금은 시험재배 중. 보통 마늘처럼 살눈이 생기지 않고 그렇다고 씨가 맺히는 것도 아니다. 오로지 마늘 한 쪽을 심으면 그게 땅속에서 여러 개로 나뉘는데 그걸 캐서 나눠 심고 있다.

코끼리마늘은 크기가 주먹만 하지만 맛이 낯설어 마늘처럼 먹지 못한단다. 미국에서는 구워서 먹는다는데 우리는 어떻게 먹어야 할까?

대왕마늘꽃

마늘꽃 보기

마늘꽃은 피지를 않으니 볼 수 없고, 대신 하지마늘을 만나게 되면 마늘종을 자세히 보자. 그러면 거기에 미니 마늘이 달린 게 있다. 또 5월 중하순에 '코끼리마늘'을 기르는 곳을 수소문해 찾아가면 코끼리마늘꽃을 볼 수 있으리라.

　마늘을 길러도 꽃구경은 어려운데 코끼리마늘 덕에 꽃을 볼 수 있다. 마늘꽃은 파꽃과 비슷하나 꽃잎이 연한 보랏빛을 띠고 있다.

* 막을 뚫고 나오는 살눈
** 하얗고 통통한 살눈. 그 사이에 꽃봉오리가 보이지만, 잎이 말라버려 꽃을 피우지는 못한다

양파꽃 · 미끈한 배흘림 꽃줄기에서

오래 자라, 세월의 맛을

서양에서 온 파라고 양파. 우리네 음식에서 빠질 수 없는 재료다. 다양한 요리에 양념처럼 들어가기도 하지만, 제철 양파라면 날로 먹어도 맛나고 익히면 달달한 그 맛의 여운이 깊다.

그런 양파의 한살이를 알면 더 소중하게 여기리라. 양파는 사계절이 있는 우리나라에서는 오래 자란다. 첫해, 무더위 막바지인 8월 말에 씨앗을 넣고 모종을 키워, 10월 말에 본밭에다가 아주 심는다. 어린 양파는 가녀린 잎 서너 가닥으로 추운 겨울을 나고 이듬해 6월이 되어야 다 자라, 그 땅속 비늘줄기를 뽑아 먹는다. 그러니까 우리가 양파를 먹자면 해로는 두 해요, 달로는 꼬박 열 달을 길러야 한다. 아마 우리가 먹는 곡식과 채소 가운데 생육기간이 가장 길지 싶다. 양파가 다른 음식과 잘 어울리고 또 자신이 가진 고유한 맛이 깊은 건 바로 이 세월의 맛이 아닐까.

이 양파에서 씨를 받으려면 또 한 해가 더 필요하다. 그러니까 심은 지 두 해째 하지에 거둔 양파(비늘줄기)는 두어 달 휴면을 한다. 그리고 씨를 받으려면 장마가 끝난 8월 말에 다시 이 양파(비늘줄기)를 심는데 이걸 어미양파(모구)라고 한다.

이 어미양파는 밭에서 보통 3, 4개로 갈라지며 싹을 낸다. 이를 분구라 한다. 분구가 된 상태로 양파는 또 한 번 겨울을 난다. 세 해째 5월이 되면 분구마다 꽃줄기를 올린다. 꽃줄기 끝에 꽃봉오리가 달리는데 우산모양(산형)꽃차례를 이룬다. 생육기간이 길듯이 이 꽃봉오리 상태로 꽤나 오래간다. 얼추 한 달쯤.

양파 Onion
부추속 여러해살이풀
학명 Allium cepa L.

고대이집트에서부터 먹어온, 인류 역사에서 오래된 채소다. 농사에서는 두해살이지만 실제는 여러해살이다. 우리나라에는 개화기에 미국과 일본으로부터 양파가 소개되어 일제 강점기에 창녕, 무안 등지에서 시험재배를 했다.
보통은 공 모양으로 된 땅속 비늘줄기만 먹지만, 뿌리와 껍질은 국물 우릴 때 넣으면 그윽한 단맛이 우러난다. 잎은 짙은 녹색으로 원기둥 모양이며 그 속은 비었다.

이제 6월 말부터 하나둘 꽃이 핀다. 이렇게 양파는 씨앗을 뿌린 뒤 두 번 겨울을 나고, 세 번째 여름을 맞아야 제대로 핀다. 골프공보다 조금 더 큰 꽃차례에서 360도로 환하게 피어난다. 작고 하얀 꽃이 빈틈없이 빼곡하다. 몇 송이나 될까? 꽃줄기를 젖혀가며 헤아려보다가 포기했다. 하나씩 떼면서 헤아리지 않으면 불가능할 정도로 많다.

- 양파 하나가 셋으로 갈라진 모습
- 양파 분구

양파꽃

한눈팔지 않고, 군더더기 하나 없이

앞뒤가 이렇다 보니 양파는 꽃줄기 역할이 아주 중요하다. 꽃줄기 속은 텅 비어 있는데, 힘이 좋은 녀석들은 얼추 1미터가량 자란다. 그러자니 그 모습이 예사롭지 않다. 건축으로 말하면 '배흘림기둥'에 가깝다. 대파 꽃줄기도 배흘림이지만 이보다 더 우아하다. 기둥 중간이 배가 부르고 아래위로 가면서 점점 가늘다.

양파 꽃줄기를 좀 찬찬히 보자. 부드러운 곡선으로 절로 눈이 간다. 아래로 내려가면서 점점 봉곳하다가 다시 오목하게 흐른다. 내 눈에는 사람이 만든 그 어떤 기둥보다 예쁘다. 양파는 이 기다란 꽃줄기를 지탱하여 광합성을 하고 비바람을 이겨내야 한다. 씨앗이 다 여문 뒤에는 어미양파로부터 적당한 거리에 떨어지도록 해야 한다. 너무 멀지도 가깝지도 않게. 이 모든 환경에 능동적으로 적응한 모습이 배흘림이리라. 양파는 사람보다 먼저 그리고 자연스레 그 이치를 터득했던 게다. 배흘림 꽃줄기가 예쁘다고 손으로 만져보니 그 느낌이 예사롭지 않다. 아주 팽팽하다. "이 손 뭐야? 저리 치워!"라고 소리치는 거 같다. 꽃줄기는 한눈팔지 않고, 군더더기 하나 없이, 오직 꽃을 위해서 온 힘을 다하고 있음을 몸으로 말해주고 있었다.

이렇게 양파꽃을 볼 때면 내 몸 관리를 돌아보지 않을 수 없다. 남 보란 듯 운동하는 '몸짱'까지는 아니더라도 기본적인 몸 관리는 필수가 된 세상. 어쩌다 운동하기가 싫은 날은 양파 꽃줄기가 눈앞에서 어른거린다.

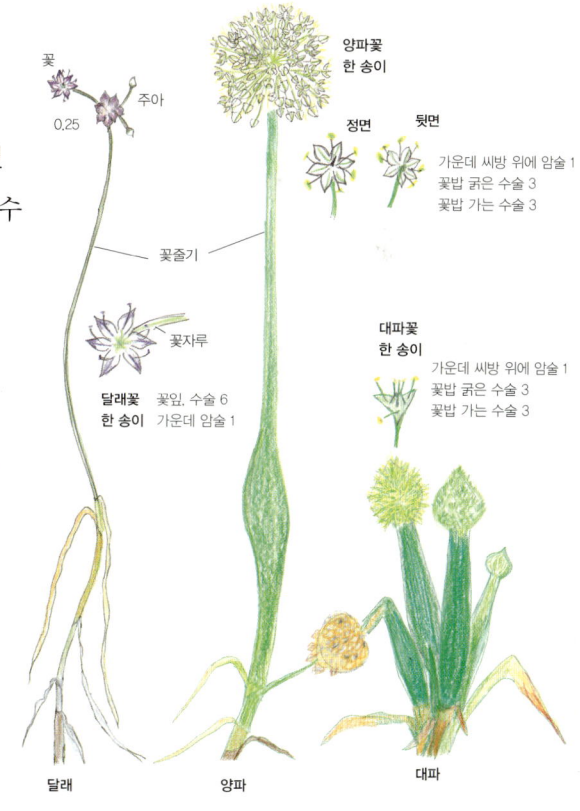

숫양파 꽃줄기 •
이런 양파는 상품성이 없다
배흘림 모습이 아름다운 양파 꽃줄기 ••

양파꽃 보기

씨를 받기 위한 게 아니라 꽃만 보자면 꼭 2, 3년이나 필요한 건 아니다. 6월 밭에 수확을 앞둔 양파 밭에 가면 비죽하니 올라온 꽃줄기를 볼 수 있는 해가 있다. 이걸 농사꾼들은 '숫양파'라고 하는데 아마도 못쓸 양파라는 뜻이리라. 꽃줄기가 올라오면 양파 속이 텅 비어버리니 당연히 상품성도 없다. 숫양파가 많이 생기면 헛농사지만 꽃구경은 할 수 있다.

꽃줄기는 50~100센티미터 높이로 자라며, 배흘림기둥 모양이다. 6월에 꽃줄기 끝에 공처럼 둥근 모양(우산모양꽃차례)으로 수많은 꽃들이 빼곡히 모여 피어난다. 그 가운데 활짝 핀 꽃 한 송이를 보면, 하얀 꽃잎이 별처럼 여섯 갈래로 동그랗게 나뉜 통꽃이다. 그 한가운데 씨방 위에 암술이 하나, 양쪽에 잔 돌기가 있어 꽃밥이 굵은 수술 3개, 잔 돌기가 없어 꽃밥이 가는 수술 3개가 사이사이 펼쳐져 있다. 양파꽃은 대파꽃처럼 충매화인데, 장마철에 피니 꽃가루받이가 쉽지 않다. 때에 따라 양파는 마늘처럼 가끔 살눈을 만들기도 한다.

양파꽃

임술 하나에 수술 여섯

부추꽃 • 베어도 베어도 기어이

부추밭은 그 집 아낙의 얼굴

사람한테 딱 보자기만 한 땅이 주어진다면, 게다가 먹어야 할 사람 머릿수가 많다면? 거기서 뭘 길러 먹을까? 시골집에 가보면 대부분, 마당을 시멘트로 덮어놓았다. 풀이 겁나, 다 덮어버린 거다. 그 한 귀퉁이에 파릇파릇한 게 자라고 있다면 그건 부추일 가능성이 높다. 한번 심어놓으면 여러 해 베어 먹을 수 있고, 베어 먹고 며칠 뒤 다시 가보면 또 먹을 만큼 자라는 부추. 살림을 하는 주부 처지에서 이보다 더 고마운 게 어디 있나.

이렇게 부추 고마운 걸 아는 이들은 땅에서 멀어져도 스티로폼 상자에라도 부추를 기른다. 풋풋한 게 먹고 싶으면 부추 겉절이, 기름에 지진 게 먹고 싶으면 부추전, 김칫거리 떨어지면 부추김치나 오이소박이, 된장국 끓일 게 마땅치 않으면 부추된장국…….

이렇게 자주 들여다보고 베어 먹다 보니 부추밭은 그 집 아낙네 얼굴이 되었다. 부추밭이 정갈하면 그 집 살림도 정갈하고 부추밭이 엉망이면 볼 것도 없으리라. 그걸 알고 나니, 갈 때마다 김도 매고, 오줌을 삭혀두었다가 비 오실 때 뿌려준다.

우리 집 역시 앞마당에 부추밭이 있다. 그런데 거기에 달래가 하나둘 자라더니 지난해 드디어 부추가 밀려났다. 부추 싹이 나기 전, 달래 캐 먹는다고 땅을 파헤치니 더욱더. 부추는 여러해살이지만 몇 년에 한 번씩은 옮겨 심는 게 좋다. 이른 봄에 막 새로 돋아나는 부추를 캐다가 심었다. 쪽파 심듯, 묵은 뿌리는 잘라내고 뭉쳐 있는 포기들을 갈라 두세 뿌리씩.

부추 [정구지, 솔, 줄]Chives
부추속
학명 Allium tuberosum Rottler

중국이 원산으로 중국, 한국, 일본 세 나라가 좋아하는 식물이다. 잎의 단면은 반달 모양으로 보통 흔하게 먹는 부추보다 더 가는 부추가 있는데 이걸 우리 동네에서는 '솔'이라 한다.

밖이 먼저 피고 점차 안으로 핀다 •
반원 모양의 부추꽃 ••

음악의 악보처럼

이렇게 한 번만 심어놓으면 부추는 별일이 없는 한, 우리를 먹여 살린다. 하지만 여름이 되어 꽃줄기가 올라올 때는 영 시들하다. 그래서 꽃줄기를 올리지 않게끔 자꾸 베어 먹어야 하는데, 사실 그때쯤 되면 부추에 물리도 하다.

부추 밑동에서 꽃줄기가 올라오면 이파리와 달리 뻣뻣하다. 그 단단한 꽃줄기 끝에 하얀 꽃이 모여 핀다. 파속의 꽃들처럼 우산모양꽃차례. 양파가 공 모양이라면 부추는 반원 모양에 가깝다. 한창 꽃이 피어나는 부추밭을 쪼그려 앉아 보면 음악의 악보처럼 '도미솔 미솔라' 노래하는 듯하다. 양파꽃이 송이송이 빼곡히 모여 핀다면 부추꽃은 적당히 사이를 두고 피어난다.

- 마치 악보 같은 부추 꽃줄기
- 수정이 끝나고 씨방이 부푸는 모습

부추꽃 보기

8월 여름휴가철, 시골집에 가거들랑 부추밭을 찾아 꽃구경하길 바란다. 보통 부추는 흰 꽃이지만, 솔부추꽃은 자주색이 돈다. 부추 역시 우산모양꽃차례 안에 자잘한 통꽃이 모여 핀다. 대파처럼 꽃도 잘 피지만 씨도 잘 맺힌다.

꽃말은 무한한 슬픔.

• 부추꽃
•• 자줏빛이 도는 솔부추꽃

부추는 어디서 그런 힘이 나오는지 여러 번 베어 먹는데도 꽃을 잘 피운다

Cucurbitaceae

박과 집안

쌍떡잎식물 진정장미1군

박과는 털이 돋보이는 덩굴식물이다. 호박 덩굴은 단면이 오각형이고 털이 있으며 다른 물체를 덩굴손으로 감으면서 타고 올라간다. 호박덩굴에서 덩굴손이 3개인 마디에서는 수꽃, 4개인 마디에서 암꽃이 핀다. 암꽃 덩굴손 수가 많은 것은 열매를 지탱하기 위해서리라.

오이 역시 박과로. 덩굴손이 주변의 물체를 감으면서 위로 자라는 식물이다. 덩굴손을 관찰해보면 재미난 게 하나 있다. 일단 무언가를 붙잡으면 그때부터 덩굴손을 용수철 모양으로 뱅뱅 말아 탄성을 얻는데 한 방향으로만 감는 게 아니라 어느 정도 길이가 되면 반대로 뱅뱅. 그러면 어림짐작으로도 탄성이 몇 배로 좋아지리라. 즉 거센 비바람이 몰아쳐도 무언가를 잡은 덩굴손을 놓지 않아도 된다는 말이다. 박과는 모두 머리가 좋다!

박과는 콩과나 장미과와 가까운 사이지만 꽤 개성이 강하다. 박과는 한 포기에 암꽃과 수꽃이 따로 있는 암수한그루다. 꽃은 분화 초기에는 암수 구별이 없다가 유전요인과 환경요인에 따라 여러 날 걸려 암꽃과 수꽃으로 나뉜단다. 그러다 보니 수박이나 참외처럼 암술, 수술이 함께 있는 양성화도 생겨난다.

박과 꽃은 꽃잎이 1장인 통꽃이다. 장미군 대부분이 갈래꽃이고, 국화군 대부분이 통꽃인 걸 생각하면 통꽃을 가진 박과가 그동안 식물학자들을 헷갈리게 했으리라. 박과 꽃은 통꽃이지만 꽃잎 끝이 여러 갈래로 갈라져 종 모양을 하고 있다. 씨방은 꽃 아래 달려 있는 씨방하위로, 씨방이 달린 건 암꽃. 씨방이 없는 건 수꽃이다. 씨방은 3개의 방으로 나뉘어 있는데, 안에는 여러 개의 밑씨가 들어 있다.

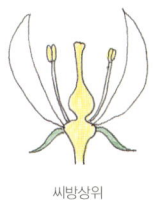
씨방상위

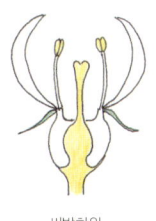
씨방하위

오이꽃 • 사랑을 아시나요?

사랑도 모르는 놈이

봄에 방앗간에 갔는데 주인장이 모종 몇 포기를 권한다.

"이거 가져다 심어. 아주 좋아!"

우리 면(面)에서 장사하시는 분들은 대부분 농사도 지으신다. 농사꾼이라 자칭하는 우리보다 규모도 더 크다. 방앗간 형님네 역시 농사를 제법 짓는데, 아마 오이 모종을 손수 기르셨나 보다.

이렇게 우리 밭에 개량종 오이(백다다기)가 몇 포기 자라기 시작했다. 오이 넝쿨이 쑥쑥 뻗고 덩굴손으로 나뭇가지를 감아가며 자라, 드디어 노란 꽃이 피었다. 어? 그런데 뭔가 이상하다. 암꽃만 있다. 우리가 키우던 토종 오이에서는 상상조차 할 수 없던 일이다.

이참에 또 오이 공부를 제대로 한다. 오이는 씨방하위로 한 포기에 암꽃과 수꽃이 따로 핀다. 꽃 뒤에 아기오이(씨방)를 단 건 암꽃, 아무것도 없는 건 수꽃. 그런데 우리가 얻어다 심은 오이는 마디마디 달린 꽃이 다 암꽃이다. 저게 제대로 수정이 되어 자랄까? 한데 꽃잎이 떨어지고 오이가 굵어지기 시작하더라. 알고 보니 오이는 암꽃만 있어도 열매가 굵어진단다. 암탉만 있어도 달걀을 낳아 그런 걸 무정란이라 하듯, 이런 걸 어려운 말로 '단위결과성'이란다. 우리가 길러서 먹는 재배식물 가운데 단위결과성이 이렇게 높은 식물에는 감이 있다. 씨 없는 감으로 유명한 청도 반시도 그래서 탄생했다.

오이 Cucumber
박과 덩굴성 한해살이
학명 Cucumis sativus

인도 북부 히말라야 원산으로 추정되며 우리나라에는 1500년 전, 통일신라시대에 전파된 것으로 추정된다. 긴 잎자루 위로 시원하게 푸른 잎을 달아 한여름 뙤약볕을 받아 무럭무럭 자란다.

우리가 자연 교과서에서 배웠듯이 식물의 열매들은 다 암술과 수술의 꽃가루가 만나 꽃가루받이를 해야 열린다. 암수가 사랑을 해서 얻은 게 열매인 거다. 벼 한 톨, 콩 한 알, 배추 한 포기 모두 사랑의 결과물이다. 그렇다면 이 개량 오이는 사랑을 모르는 놈이다. 사람이 오이의 단위결과성을 이용한 결과다. 오이를 심는 목적이 단지 돈 때문이라면 수꽃 하나 피우는 것도 아까운가! 참고로 개량 오이 가운데에서도 가시계, 낙합계 등은 수꽃이 핀다.

암꽃만 주렁주렁한 백다다기

가운데 암꽃 하나 그 둘레 수꽃이 주렁주렁

유정오이, 무정오이?

그럼 토종 오이는 어떤가? 개량 오이에 견주어 한 달 남짓 늦게 꽃이 피는데 처음에는 수꽃이 먼저 피기 시작해 여러 송이가 피었다 진다. 수꽃들의 아우성이 시끄러울 판이 되어서야 암꽃 봉오리가 하나 맺힌다. 꽃 뒤에 아기오이를 달고서.

수꽃은 잎겨드랑이 여기저기 피는데, 한 자리에 열 송이가량 릴레이하듯 돌아가며 피어난다. 암꽃은 한 자리에 한두 송이. 수꽃이 충분히 준비되면 피어난다. 여왕 탄생이다. 암꽃이 피니 온 동네 벌이 오이 넝쿨로 모여들었는지 윙윙 소리가 어지럽다.

한번 암꽃이 피어나기 시작한 7월부터 무더운 한여름 내내 오이 넝쿨은 결혼식장처럼 날마다 잔치다. 그러다 아침저녁으로 찬바람이 불기 시작하면 꽃이 주춤하지만 서리가 올 때까지 꾸준히 피어난다.

이 이야기를 젊은이들한테 들려주니 아가씨들이 모두 토종 오이 신봉자가 되었다. 수꽃에 둘러싸여 당당히 피어나는 암꽃이 되고 싶단다. 누구라도 사랑을 원하지 않겠나. 사람만이 아니라 오이도.

사람 욕심에 오이 수꽃을 보기 어렵게 만들다니……. 그럼 우리가 무심코 먹는 오이는 무정오이일까, 유정오이일까? 사랑을 나눈 오이와 사랑도 없이 자란 오이 맛이 같을까? 무정오이, 이런 걸 먹고 자란 아이들이 자라 어른이 되면 그 몸에 씨가 제대로 들어 있을까?

- 늙어가며 꽃을 피우며
- 먼저 맺은 열매는 노각이 되고, 서리 올 때까지 계속 꽃이 핀다.

수꽃은 한 마디에서도 여러 송이가 돌아가며 시간을 두고 차례차례 핀다
오이덩굴손

오이꽃 보기

365일 슈퍼에 가면 오이가 있는데 오이꽃 보기는 만만치 않다. 시장에 나오는 오이는 공장식 시설재배로 생산되기 때문이다. 만일 오이 암수꽃을 다 보기를 원한다면 토종 오이씨를 구해 직접 길러보기를. 8월 19일 탄생꽃이 오이꽃이란다.

꽃은 노란색 통꽃으로 꽃잎 끝이 다섯 갈래로 갈라진 열린 종 모양으로 미니 호박꽃 같다. 암꽃은 옆으로 수줍게 피는 연노란 통꽃으로 꽃잎 반지름이 3센티미터 남짓. 길고 굵은 꽃받침이 5개 붙어 있다. 그 아래 아기오이인 씨방이 붙어 있어 암꽃인지 한눈에 알아 볼 수 있다. 암꽃 가운데에는 암술머리가 3개로 갈라져 있다. 꽃에서는 들큰한 향이 나고 꽃잎에도 잔가시가 있으며, 아기오이에도 잔가시가 많은데 오이 열매가 자라면서 가시처럼 변한다. 오이 덩굴에서 풋오이를 갓 따면 이 가시가 따갑다. 풋오이를 따지 않고 놔두면 점점 통통해지고 누렇게 늙어가며 속에 씨를 맺는다.

수꽃은 암꽃보다 조금 작다. 진노랑 꽃잎이 위를 향해 방긋 웃는 모습으로 피어 있다. 꽃 모양은 같고, 꽃받침은 가늘고 작은데 꽃이 피면서 뒤로 젖혀진다. 수꽃 한 가운데에는 수술이 여러 개가 있다

꽃말은 변화, 존경, 애모.

왼쪽이 수꽃. 오른쪽이 암꽃

오이 암꽃을 자세히

수세미오이꽃 Smooth Loofah
박과 한해살이 덩굴성풀 · 학명 Luffa cylindrica

열대 아시아 원산. 수세미로 쓴다 해서 수세미오이.

수세미오이는 약으로 먹기는 하지만 밥상에서 먹지 않으니 간단히 이야기하고 넘어가겠다. 수세미오이는 반지름이 5센티미터에 달하는 큰 꽃잎을 가지고 있는데 활짝 웃는 진노랑 수꽃과 암꽃이 한 포기에서 따로 핀다. 꽃잎 끝이 다섯 갈래로 갈라지는 종모양통꽃으로 활짝 피면 꽃잎이 뒤로 젖혀진다. 꽃에서 달콤한 향이 나서 호박벌이 아주 좋아한다. 꽃받침 역시 5개로 꽃잎에 달라붙어 있다.

꽃말은 유유자적.

암꽃이 활짝 / 수꽃도 활짝 / 꽃잎을 다 떨군 암꽃

아침꽃 / 저녁에는 꽃잎을 오므린다 / 수세미오이꽃을 좋아하는 호박벌

동아꽃 Wax gourd
박과 한해살이 덩굴성풀 · 학명 Benincasa cerifera

아시아(인도)가 원산. 노란 꽃이 한 송이씩 피는데 수세미오이꽃보다는 크고, 호박꽃보다는 작다. 예전에는 인기 있던 열매였으나, 지금은 거의 사라졌다.

동아 암꽃

씨방이 보이면 암꽃, 씨방이 없으면 수꽃

참외꽃 · 토종이 많고 많아

참외 농사 힘들어 포기할 뻔했는데

"이거는 더 이상 안 해."

농사짓다가 보면 이런 소리가 절로 나올 때가 있다. 농사가 잘 안 되면 속상해서. 그 마음 그대로 참외는 더 이상 하지 않을 생각이었다. 참외 모종을 사다가 기르면 참외가 주렁주렁 달리기까지 잘하다가, 겉은 노랗게 빛나도 속은 아무 맛도 없거나, 노랗게 익을 만하면 포기째 말라버리니……

뭐가 잘 안 되면 그 까닭을 짐작이라도 할 수 있어야 내년에는 제대로 하지. 참외가 병해충에 약해서 그렇다는데 무슨 병해충인지를 알아야 대처를 하지 않겠나. '에라, 참외 안 먹는다고 죽는 것도 아니고, 내년에 참외는 없다!' 이렇게 생각한 게 작년. 그런데 올해 참외를 다시 심고 지금 잘 따서 먹고 있다. 어떻게 된 걸까?

지난 초가을, 장수에 사는 지인 집에 들렀다가 그 집에서 새로운 뭔가를 내놓았다. 푸른빛이 남아 있는 이게 뭔가? 맛을 보니 참외 같은데, 아주 부드럽다. 신기해하니, 토종 백사과참외란다. 그 소리가 나올 즈음 참외를 거의 다 먹고 딱 한 조각이 남아 있었으니. 그 한 조각에 남았던 씨를 몇 알 발라내 집으로 가져왔다. 토종이라니 어쩐지 한번 길러보고 싶어서.

봄에 오이 모종을 넣으며 백사과참외씨도 다 넣었다. 씨가 모두 10개도 채 안 되었으리라. 그 가운데 몇 포기가 실하게 살아났다.

참외 Oriental melon
박과 한해살이
학명 Cucumis melo ssp. agrestis var. makuwa

참외는 멜론의 한 품종으로. 멜론의 원산지는 아프리카 니제르강 연안이다. 처음 기른 곳은 인도서북부. 이 멜론이 참외라는 품종으로 처음 개량·재배된 지역은 중국과 우리나라란다.

뭐든 새로 가져온 씨는 이렇게 몇 포기만 실험재배를 한다. 가까이에 두고 한번 길러보면서 우리하고 맞는지 살펴보는 거다. 심을 때 따로 거름도 안 넣고, 심고 나서도 별달리 돌봐주지 않았다. 토종이니 어느 정도 야성이 살아 있겠지 하면서…….

아기참외를 단 암꽃
처음에는 더디 자라지만 여름을 맞이하면 부쩍 자라. 풀을 이겨낸다.

PART 2   166

내가 토종을 찾는 진짜 이유

처음에는 참 더디 자랐다. 바로 곁에 수박이 꽃을 피울 때까지 꽃도 안 피우면서. 그러더니 날이 무더워지자 왕성하게 자란다. 꽃도 열심히 피우는데 수꽃은 작고, 암꽃은 오이꽃보다 크고 싱싱하다. 암꽃 아래는 아기오이 모양의 씨방이 달려 있다. 오이가 꽃을 피울 무렵, 내 몸에 외과 열매가 약이라는 걸 알았다. 참외를 먹으면 상기되어 있던 기운이 내려가는 걸 느낄 수 있었다. 우리 참외가 언제 익을까 해서 아침저녁으로 참외 밭에 가서 들여다보는데, 참외가 굵어지고 나서는 아무 소식이 없다. 사과 모양으로 둥근 참외가 푸른빛 그대로 있어 눈에 잘 띄지도 않는다.

이웃한 수박을 따 먹으며, '수박도 익을 세월에 참외가 안 익어?' 그러면서 참외 넝쿨을 찬찬히 훑어보았다. 제일 먼저 열매가 맺었던 곳을. 아, 그랬더니 그 참외가 색이 약간 달라졌다. 아기참외는 이파리처럼 푸른빛이 도는 연둣빛인데 이건 푸른빛이 약해지고 약간 하얀 기운이 도는 게 아닌가. 에라, 하나를 따 왔다. 두근두근. 과연 익었을까? 반을 가르니 참외씨가 노랗게 탱글탱글 맺혔다. 다 익었구나. 맛을 보니 껍질까지 연하고 달다. 이 맛에 내가 토종을 찾지. 개량종은 사람 손이 많이 가게 프로그래밍되어 있다. 때맞춰 비료는 이렇게, 약은 저렇게. 어느 하나라도 소홀하면 제대로 자라지 못한다. 여기 견주어 토종은 야성이 강해 심고서 풀을 잡아주고, 적당히 돌봐주기만 해도 저 알아서 잘 자란다.

내가 다시 참외 예찬론자가 되니 아들이 빙그레 웃는다. "다시는 참외 안 기르겠다고 한 게 누군데?" "그래, 이 엄마가 딴소리 했다. 하지만 너도 그 덕에 참외 먹잖아!"

풀빛이 살짝 섞이면서 흰빛이 나는 사과참외

우리랑 함께 살아온 지 오래

참외는 멜론의 한 품종이다. 멜론의 원산지는 아프리카 니제르강 연안이고 처음 기른 곳은 인도서북부이다. 이 멜론이 참외라는 품종으로 처음 개량·재배된 지역은 중국과 우리나라란다. 지금 우리는 참외 하면 노란참외(은천참외 품종)를 떠올리는데 그건 많고 많은 품종 가운데 하나란다. 참외는 다른 채소에서 찾아볼 수 없을 정도로 유전적 다양성이 높다.

여기서는 사과참외꽃을 살펴보자. 참외는 오이에 견주어 근육질이다. 줄기도 꽃도. 암꽃은 오이꽃보다 크다. 꽃은 반지름이 2.5센티미터인 샛노란 통꽃이 꽃잎 끝이 대여섯 갈래로 나뉘어 서로 겹쳐질 듯 피어 있다. 꽃받침 역시 5~6개가 꽃이 피어도 뒤로 젖혀지지 않고 꽃잎을 딱 받치고 있다. 꽃잎에는 가시가 없고 꽃잎은 질감이 반질반질하여 덜 익은 참외에서 나는 쌉싸름한 향이 난다.

꽃은 수꽃, 암꽃, 양성화가 있다. 양성화는 얼핏 보면 암꽃 같은데 꽃 가운데에 수술이 5개, 그 가운데에 암술이 하나인데 암술머리가 3개로 갈라져 있다. 오이꽃은 씨방 위에 피어난다면 사과참외는 꽃이 씨방에 푹 박혀 피는 모양이다. 그래서 참외의 꽃잎이 떨어진 자리가 배꼽처럼 보이는가 보다.

수꽃은 반지름이 1.5센티미터 정도로 작고 꽃잎이 다섯 갈래로 갈라진다. 아주 가늘고 작은 꽃받침 5개가 꽃잎에 딱 달라붙어 있으며 꽃 가운데에 수술이 5개가 있다. 참외는 유전적 다양성이 높아 품종마다 꽃이 조금씩 다르다.

· 왼쪽 오이 암수, 오른쪽 참외 암수
·· 참외꽃과 꿀벌

참외꽃 보기

참외 하면 시장에서는 성주참외를 최고로 친다. 예전에 성주에 가보니 논이고 밭이고 온통 참외를 기르는 비닐하우스로 뒤덮여 있더라. 그런데 그렇게 20여 년. 참외가 성주땅을 떠나 인근으로 옮겨가고 있다. 참외하우스를 만나면 꽃구경을 하길 바란다. 텃밭에서는 6월에서 8월에 걸쳐 노란 꽃을 볼 수 있다.

꽃말은 씨가 많다고 자손 번성.

사과참외 양성화

수박꽃 · 곱고 고운 털복숭이

귀하디귀한 암꽃

아직 도시 살던 때, 둘째를 임신하고 막달에 가까웠던 여름이었다. 집 앞에 커다란 슈퍼가 있는데, 내가 들어가면 과일담당 직원이 뛰어와 인사를 했다. 2, 3일에 한 번씩 수박을 배달시키는 단골이니까. 아침저녁으로 수박을 먹고 그해 여름을 넘겨 8월 말에 무사히 둘째를 낳았다. 여름이면 없어서는 안 될 과일인 수박. 그 수박의 조금 특별한 사생활을 알아보자.

첫 번째는 솜털. 수박은 줄기부터 이파리, 꽃받침과 꽃대에 이르기까지 온몸이 곱고 긴 솜털로 덮여 있다. 어린 수박 열매도 가는 솜털이 있고 열매가 다 익을 때까지도 꼭지 부근에는 잔잔한 솜털이 남아 있다. 박과는 대부분 털이 있지만, 특히 수박은 길고 가는 솜털이 자랑이다. 두 번째는 덩굴손. 박과 집안 식구답게 덩굴손이 있는데, 새잎이 하나 날 때마다 덩굴손이 하나 나온다. 곧이어 2~3개로 갈라지는데 뭔가를 움켜잡고 바닥을 기며 자란다. 정 안 되면 자신의 몸뚱이라도. 그래서 수박밭에 볏짚처럼 붙잡기 좋은 뭔가를 깔아줘야 한다. 안 그러면 바람에 덩굴이 이리저리 날리니까.

덩굴손과 함께 꽃도 잎겨드랑이에서 나온다. 꽃은 끝이 다섯 갈래로 갈라진 노란 통꽃으로 박과답게 수박도 암꽃, 수꽃이 따로 있다. 노란 꽃잎에 꽃받침만 있으면 수꽃, 꽃받침 아래 아기열매(씨방)를 달고 있으면 암꽃. 또 암수가 함께 자란 양성화도 생긴다.

수박 Watermelon
박과 한해살이풀
학명 Citrullus lanatus

남아프리카 그 밀리서, 고려시대 몽고를 통해 들어왔다. 수박은 인류가 오랫동안 사랑해온 과일이다. 기원전 이집트 화가가 수박 그림을 그렸다고 하고 우리나라에는 신사임당이 그린 그림이 유명하다.
수박은 크기에 따라 소과종, 중과종, 대과종으로 나눌 수 있다. 우리나라는 과일 하면 무조건 큰 걸 좋아해 대과종이 대부분이다. 수박밭이 지금은 거의가 비닐하우스로 들어가 있다. 하지만 밭에서 기르는 산수박이 아직 있는데, 고랭지 밭에 비닐터널을 씌우고 기르는 게 산수박이다.

수박이 가진 또 하나의 특성은 암꽃이다. 우선 귀하다. 수박 열 포기가 심어진 밭에 가서 한참을 찾아도 활짝 핀 암꽃을 찾지 못했다. 내일이나 모레 필 준비를 하는 꽃봉오리 하나, 어제 피고 진 꽃 2개만 보았을 뿐. 수박 암꽃은 이렇게 귀하다. 덩굴이 아무리 좋아도 암꽃을 제때 피우지 못해 열매를 하나도 달지 못하는 덩굴이 있을 정도다. 또 수정이 되어도 열매가 자라다가 실패하기도 한다. 그래서 수박은 인공수정을 한다.

수박 암꽃과 덩굴손
덩굴손이 두세 가닥으로 갈라진다

암꽃과 솜털

그 작은 꽃에서 그리 큰 수박이 달리다니

수꽃 꽃잎은 다섯 갈래로 갈라져 있는 열린 종 모양이고, 만지면 약간 끈적거리는 느낌이 있다. 그 꽃 가운데 샛노랗게 도드라진 수술 3개가 모여 있는데 마치 주먹을 쥔 모양이다. 수술 하나는 머리가 셋으로 갈라져 있으니 꽃 한 송이 전체로 보면 손가락이 셋인 주먹 3개가 다시 모여 있는 셈. 꽃 한가운데 꽃밥만 이렇게 샛노랗게 도드라지고, 꽃잎은 푸른 줄무늬가 있는 연한 노란색이다. 꽃받침 역시 다섯 갈래에 꽃 뒤쪽으로 솜털이 빽빽하게 나 있다. 수꽃에서는 풀냄새만 나더라. 수박은 꽃대가 긴 편인데 수박가게에서 수박을 살 때 수박꽃대인 수박꼭지가 얼마나 긴지 볼 수 있으리라.

끝으로 수박 암꽃은 열매에 견주어 꽃이 아주 작다. 꽃가루받이가 끝나면 열매가 자라는데, 오이꽃보다도 작은 꽃에서 그렇게 큰 수박이 달리다니 볼 때마다 신기하다. 특히 우리나라 수박은 크고도 커, 들기도 쉽지 않다. 그래서 함부로 암꽃을 피우지 않는가? 새삼 수박이 위대한 거 같다.

검은 수박과 수꽃
수박 암꽃

- 수박 인공수정
- 수정을 돕는 벌

수박꽃 보기

밭에 씨로 심으면 6월이 되어야 꽃이 피지만, 지금은 온통 비닐하우스에서 길러 한겨울에도 수박이 나오는 세상이다. 그러니 수박을 기르는 비닐하우스를 만나면 꽃구경을 할 수 있으리라. 수박은 호박처럼 부지런하다. 암꽃은 오전 5시부터 피기 시작해 9시면 오므린다. 그러니 수박꽃을 보려면 부지런해야 한다. 5월에 모종을 심으면 6월, 7월 꽃이 피고 열매를 맺는다. 수꽃은 3개의 수술이 있고, 암꽃은 1개의 암술이 있으며 꽃잎이 활짝 벌어지지 않고 오목하게 기다린다. 암술머리는 3개로 갈라진다.

꽃말은 큰마음.

참외
푸른 줄무늬로 꾸미는
노란 참외꽃

참외꽃 뒷면

오이
노랑 하나로 모든 걸 표현하는
단순한 오이꽃

오이꽃 뒷면

수박
노란 꽃밥이 도드라지는
수박꽃

수박꽃 뒷면

새벽 5시부터 피기 시작하여 8시 무렵까지 핀다
- a.m. 6:10
- ⋅⋅ a.m. 6:47
- ⋅⋅⋅ a.m. 8:07

호박꽃 · 하루 시작을 환하고 뜨겁게

새벽부터 환하게

새벽에 일어나 마당으로 나서면 눈에 띄는 꽃이 있으니 바로 호박꽃이다. 집 앞 텃밭에서 환하게 나를 맞으며 인사한다.

"좋은 아침!"

"안녕, 너희도 좋은 아침!"

이렇게 꽃과 인사를 주고받다 보면 기분이 한결 누그러지고 여유가 생긴다.

호박은 힘이 좋다. 봄에 심은 모종이 사방팔방 덩굴을 뻗으며 무섭게 자란다. 땅바닥을 기다가 담벼락이나 나무가 있으면 덩굴손으로 잡고 오른다. 그러다가 여름이 다가오면 꽃을 피우기 시작해 가을 서리 내릴 때까지 덩굴 따라 계속 핀다.

꽃은 도대체 몇 시부터 피는 걸까. 하루는 날이 밝자 마음먹고 카메라를 들고 나섰다. 그런데 벌써 피어 있다. 다음 날은 전날보다 조금 더 일찍 갔더니 역시나 피어 있다. 아니, 그럼 언제부터 피는 건가? 이번에는 새벽 5시쯤, 날이 어렴풋이 밝아올 때 나섰다. 그제야 꽃잎이 벌어지는 모습이 보인다.

호박
Summer squash[애호박], Pumpkin[늙은호박]
박과 한해살이 덩굴성풀
학명 Cucurbita moschata Duchesne

원산지는 멕시코 인근 중남미이다. 16세기 중국을 통해 들어와 '중국놈 박'을 뜻하는 호박으로 불렸다. 품종이 다양하여 크게는 동양계(조선호박), 서양계(단호박), 페포계(쥬키니호박) 3종으로 나뉜다. 이 가운데 페포계는 덩굴을 뻗지 않는다.

벌이 깨어나기도 전이다. 흔히들 일벌이 부지런하다 한다. 이런 벌을 만족하게 하자면 호박은 더 부지런하게 움직여야 하리라. 호박은 암수딴꽃으로 벌이 있어야 수정이 된다. 그래서인지 벌이 들어오고 나가기 좋게 되어 있다. 꽃이 커, 손바닥만 하다. 모양은 종 모양으로 꽃잎 끝이 다섯 갈래로 갈라져 있다. 우리가 기르는 60여 가지 농작물 꽃 가운데 가장 크다.

꽃잎 끝이 편편하여 벌 착륙장으로 넉넉하다. 사방 돌아가면서 동글게 펼쳐져 있어 벌이 날아오는 방향 어디든 쉽게 앉을 수 있다. 깔때기 모양으로 생긴 꽃부리도 벌한테는 매력적이다. 벌 서너 마리 정도는 동시에 들락거려도 된다. 반면에 날개가 큰 나비가 들어가기는 어렵다.

호박꽃은 꿀이 많다. 꿀샘에는 꿀이 잘 모이게 되어 있고 넉넉하다. 잠깐만 곁에 지켜보면 벌이 수시로 들락날락한다. 어떤 때는 꿀벌 서너 마리가 한꺼번에 꿀을 빨기도 한다. 암꽃이 피어 있는 길지 않은 시간 동안 얼마나 많은 벌들이 드나들었을까? 수꽃에도 꿀이 많다. 기다란 수술대 아래 갈라진 곳이 보이는데 그게 꿀샘이다. 그 꿀을 빨고자 벌이 모여들면서 꽃가루를 몸뚱이에다가 자연스레 묻히게 된다.

- 이른 아침 환하게 인사하는 호박꽃
- 호박싹

손바닥만 한 누런 꽃에 벌이 들락날락

중매쟁이 벌 가운데 가장 멋쟁이는 호박벌. 다른 벌에 견주어 몸집이 크고 통통하다. 꿀 찾아 호박꽃 속으로 들어가면 꽃가루받이하기에 딱 좋은 크기다. 호박벌은 털도 많아, 꿀샘에 다가가는 동안 자연스럽게 몸에다가 꽃가루를 묻히고 이를 다시 암술머리에 묻게 한다. 호박꽃에는 역시나 호박벌! 하지만 요즘은 이런저런 환경의 변화 때문에 호박벌 보기가 점점 어려워지고 있다.

    호박꽃에는 호박벌만 찾아오는 게 아니다. 말벌도 가끔 오고 꿀벌은 수시로 들락거린다. 사실 꿀벌은 작아, 꽃 속으로 들어가는 동안 암술머리나 꽃가루에 제대로 닿지 않는다. 대신 꿀벌은 꿀샘 둘레를 워낙 많이 돌아다니니 그 과정에서 꽃가루받이를 해주는 편이다. 꿀벌보다 한참 작은 개미도 빨빨 기면서 꿀을 가져간다. 개미야말로 거의 도움이 되지 않는다. 하지만 후덕한 호박은 자신을 찾아오는 곤충을 가리지 않고 기꺼이 꿀을 내어준다.

    식물 처지에서 꽃은 에너지 덩어리다. 호박꽃은 워낙 넉넉하다 보니 사람조차 탐을 낸다. 꽃잎을 먹는다. 열매를 맺을 암꽃은 놔두고, 수꽃을 딴다. 호박꽃잎전, 꽃잎쌈, 꽃잎 안에 소를 넣은 튀김 역시 별미다.

    호박꽃은 사랑도 새벽형이다. 꽃가루받이하기 좋은 시간은 오전 6시쯤. 부지런한 벌의 도움을 받아 이른 아침부터 뜨겁게 사랑을 나눈다. 9시만 넘어가면 꽃가루는 활력을 잃어버린다. 때맞추어 그 시간만 집중하는 셈이다. 오후 1~2시쯤에는 시들어버린다. 더는 벌을 받아들이지 않는다. 물론 꿀도 만들지 않는다. 이제부터는 애호박을 키우는 데 모든 에너지를 쏟아부을 테니 말이다. 꽃가루받이를 끝내고 축 처진 호박꽃에는 저녁 인사로 뭐가 좋을까?

- 호박 암꽃에 들어가 꿀을 빠는 여러 중매쟁이 벌들
- 호박 수꽃에 호박벌
- 호박꽃에 꿀을 찾는 개미들
- 호박 인공수정

호박꽃 비 피하기

우리 집 앞 애호박은 종자회사에서 개량한 애호박으로 비닐하우스에서 대량생산하는 호박이다. 애호박이 마당에서 비를 맞고 있는데, 꽃 한 송이가 하늘을 향해 활짝 피어 꽃잎과 꽃술이 고스란히 비를 맞고 있다. 같은 호박이라도 단호박은 또 다르다. 우리 단호박은 토종이다. 포천에 어느 할아버지가 조상 대대로 이어받아 키우던 품종이란다. 다 익은 단호박은 마치 럭비공처럼 생겼다. 이 단호박꽃은 넓은 잎에 가려 있다. 그것도 두세 잎이 겹쳐서 꽃을 비로부터 보호한다. 단호박잎이 엄청 넓어 그냥 얼핏 보아서는 꽃이 안 보일 정도다.

물론 꽃마다 다 그런 건 아니다. 나무를 타고 올라가면서 피는 단호박꽃은 잎으로부터 충분히 보호를 받지 못한다. 대신에 하늘을 향해 피지 않고 옆으로 핀다. 비가 와도 빗물이 꽃으로 들어가지 않고 옆으로 흘러내리도록. 그래서인지 비가 오는데도 이 꽃으로 꿀벌이 드나든다.

꽃과 잎의 크기를 재어보자. 단호박잎은 자그마치 40~50센티미터에 이른다. 꽃은 잎에 견주어 아주 작다. 암꽃이 13~15센티미터, 수꽃이 10~12센티미터 정도 된다. 잎이 꽃 크기에 견주어 대략 4배 정도. 애호박은 잎 크기가 25~30센티미터 정도라면 암꽃은 23~24센티미터, 수꽃은 20센티미터 정도로 크기가 거의 비슷하다. 그러니 눈에 잘 띄고 비도 잘 맞는다. 하지만 시장에 나오는 애호박은 비닐하우스에서 재배되니 비 걱정은 안 하는 모양이다.

또 다른 개량 애호박은 암꽃과 수꽃 크기가 거의 같다. 20~24센티미터 정도. 근데 놀라운 사실은 잎이 꽃보다 작다. 20센티미터 남짓. 게다가 이 호박은 암꽃이 수꽃보다 먼저 피고 많이 핀다. 수꽃 하나에 암꽃이 5개나 될까? 어찌 종자를 개량했는지 참 알다가도 모를 일이다.

- 넓은 잎 속에 꼭꼭 숨어 피는 단호박꽃
- 애호박에 된서리
- 비를 흠뻑 맞고 축 늘어진 애호박

호박꽃 보기

여름에 시골집에 가면 어느 집이나 호박 넝쿨이 한두 포기는 자란다. 6월부터 서리가 내릴 때까지 여름 내내 덩굴을 뻗어가며 계속 핀다. 꽃구경 삼아 시골에 가자. 참, 호박꽃은 아침 일찍 핀다는 걸 잊지 말자. 새벽 5시쯤부터 피기 시작하여 낮 1~2시면 진다.

암꽃은 달콤한 향기가 나며 넝쿨 하나에 한 송이 찾기도 쉽지 않지만, 수꽃은 넝쿨 여기저기 피어 있다. 박과답게 꽃대가 긴데, 수꽃이 외끈 꽃대라면 암꽃은 외끈 3개를 다시 꼰 듯 굵은 꽃대를 가지고 있다. 암꽃은 열매가 꽃 밑에 달리는 씨방하위. 꽃이 필 무렵 암꽃의 꽃받침 아래에는 아기 주먹만 한 애기호박이 달려 있다. 이게 꽃가루받이를 하고 자라기 시작하면 '아줌마 엉덩짝'만 한—우리나라에서 나오는 열매 가운데 가장 큰— 열매를 달 몸이다. 꽃잎은 주황색 통꽃잎이 반쯤 다섯 갈래로 갈라져 종 모양을 하고 있다. 크기가 손바닥만 하다. 꽃 앞쪽은 주황색이 코팅하듯 맨들맨들하게 반짝거린다면, 뒤쪽은 꽃잎 뼈대를 이루는 푸른 줄이 선명하다.

꽃 한가운데, 그러니까 열린 종 모양의 안쪽—꽃잎이 갈라지지 않은—으로 가면 솜털이 보송하게 나 있고 더 안으로 들어가면 물기가 있는데 이 물기를 핥아보면 달큰하다.

그 안에 주인인 암술마님. 가운데 줄이 있는 암술머리가 3개로 암술을 받치고 있는 꽃받침 밑바닥이 달큰한 꿀맛이 난다. 이 맛에 새벽부터 온갖 벌이 호박암꽃에 들락날락하는 거겠지. 사람한테까지 맛을 보여줄 정도니 호박은 통이 크기도 하다.

수꽃은 별 내음이 없고 수수하다. 크기도 암꽃보다 작다. 꽃잎은 같으나 꽃 가운데 수술대 아래 셋으로 갈라진 꿀샘이 있고 꽃이 한창일 때 수술이 벌어지고 휘어지며 꽃가루를 곤충들에게 묻힌다. 수꽃 꿀샘도 핥아보니 나름 맛있더라.

꽃말은 해독.

- 단호박 암꽃
- 단호박 수꽃
- 호박꽃이 진 뒤 축 처진 꽃잎

박꽃 · 어두운 밤에 하얗게 피어나

흰 꽃잎이 시폰처럼 폭신해

박꽃 이야기를 해보자. 박은 덩굴을 뻗으며 자라는데, 그 덩굴 마디마다 잎겨드랑이에서 긴 꽃대를 내고 그 위에 꽃을 올린다. 박꽃은 다른 꽃과 달리 해가 지면 위를 보고 피기 시작해 아침에 해가 뜨면 진다. 여름밤 지킴이인 셈이다. 밤에도 잘 보이게 뽀얀 흰색 꽃잎을 내민다. 암꽃이 수꽃보다 드물며 크기도 작고 또 꽃대도 짧다.

암꽃 지름 10센티미터 정도로 꽃잎은 흰색 통꽃으로 다섯 갈래로 깊이 파였다. 뒤쪽은 꽃잎맥이 연둣빛이다. 꽃잎은 폭신한 질감으로 여성옷감인 시폰 같다. 암꽃에서는 쌉싸름하면서도 부드러운 내음이 난다. 꽃 한가운데에 연둣빛 암술머리가 씨방에서 길게 올라와 세 갈래로 갈라져 있다. 꽃잎을 받치고 있는 꽃받침은 다섯 갈래로 하위씨방으로 이어져 있다. 씨방은 역시 부드러운 솜털로 덮여 있는데 그 무게를 이기지 못하면 꽃대가 허리를 구부리듯 90도로 구부러져 위를 향하지 못하고 옆을 향해 피기도 한다.

수꽃은 긴 꽃대에 다섯 갈래로 나뉜 흰 꽃잎은 같으나 꽃잎맥에 연둣빛이 좀 더 진하다. 수꽃은 암꽃보다 조금 더 크다. 꽃 앞쪽을 보면, 꽃잎 가운데 연둣빛 부드러운 솜털이 가운데로 가면서 더욱 짙게 모여 있는데 아마도 곤충을 유인하기 위한 게 아닐까 한다. 솜털 가운데 안쪽으로 꽃받침에 둘러싸인 수술이 3개가 있다. 꽃받침은 크고 뚜렷한 다섯 갈래로 여기에도 솜털이 잔잔히 나 있다.

여름밤 지붕 위에 하얀 박꽃이 피어 있는 걸 보면 '월하미인'이 따로 없구나 싶다. 박꽃을 가까이서 보면 흰 꽃잎의 끝선이 부글거리는 레이스 같다.

박 Gourd
박과 한해살이 덩굴성풀
학명 Lagenaria leucantha

박은 인류가 기원전부터 길러왔다. 우리나라에서는 신라의 시조인 박혁거세가 박에서 나왔다는 기록으로 보아 신라 이전부터 재배했을 것으로 추측된다. 『흥부전』에는 제비가 박씨를 물어다준 후에 흥부네 식구들이 먹으려고 박을 타는 장면이 나온다. 고려시대 이규보의 『동국이상국집(東國李相國集)』에 여섯 가지 채소를 읊은 시가 있다. 이 여섯 가지 채소가 바로 오이, 가지, 순무, 파, 아욱, 박.

- 해가 지면서 활짝 피는 조롱박꽃
- 밤 10시, 암꽃
- 암꽃과 수꽃이 나란히

호박과실파리란 놈이 나타난 뒤

호박, 수박, 오이, 참외 모두 박과다. 박은 당연히 박과. '초가집 지붕에 새하얀 박꽃이 ~' 노랫말도 그러려니와 어려서 본 박꽃이 너무 예뻐서 박을 기르곤 했다.

그러면서 박잎으로 전을 부치면 얼마나 맛있던지. 그리고 풋박을 따서 그 박속을 지져 먹거나 그걸 말렸다가 박고지나물을 해 먹으면 이 또한 얼마나 깨끗한 맛이 나는지를 알게 되었다. 하지만 언제부터인가 우리 집에 호박과실파리가 번성을 하면서 박과 인연이 사라지고 말았다.

호박과실파리는 우리나라에 들어온 지 얼마 안 된 파리로, 생김새는 벌처럼 생겨 그 꽁무니에 침같이 생긴 자루를 박과 어린 열매에 박고 그 속에 알이 슨다. 그러면 열매가 자라면서 그 속에 알이 깨어나 구더기도 함께 자라니 씨앗을 맺을 수 없다.

이 호박과실파리가 가장 좋아하는 열매가 박. 호박은 일찍 심어 길러 호박과실파리가 생기기 전에 열매를 맺은 뒤, 그 열매를 얇은 천으로 만든 자루나 종이봉지로 감싸면 피해를 막을 수 있다. 한데 박은 호박보다 더 늦게 암꽃이 핀다. 아직 박꽃이 피기도 전에 암꽃 아래 달린 씨방인 아기박이 호박과실파리한테 당하고 만다. 그러니 박을 기른다는 건 호박과실파리만 키우는 셈. 무언가를 심어 길러 씨를 받을 수 없으니……

호박과실파리

박꽃 보기

박꽃은 시골 농가에서는 보기 어렵고, 오히려 도시의 공원이나 관광지에서 관상용으로 많이 기른다. 텃밭에서는 7월에서 9월 말까지 핀다.

    꽃말은 밤의 고독.

- 　조롱박 암꽃
- ·　조롱박 수꽃
- ··　지고 나서 말라가는 박꽃

Rosaceae

장미과 집안

쌍떡잎식물 진정장미1군

장미과가 없었다면 우리의 먹는 즐거움은 지금 같지 않으리라. 장미과에 우리가 심어 기르는 과일나무가 대부분 들어 있으니까. 사과, 배, 복숭아, 자두, 앵두, 살구, 딸기류 그리고 모과까지. 봄이 오면 활짝 피어나는 꽃도 예쁘고, 그 꽃이 지고 난 뒤 열리는 열매 또한 예쁜 식물 집안이다.

이 책에서는 장미과 가운데 딸기만 다루었다. 봄에 매실나무를 시작으로 자두, 복숭아, 사과꽃들이 얼마나 아름다운가! 모두 다루자니 너무 방대하여 다음 기회로 미룬다.
그래도 아쉬워 한 글자 우리말을 가진 과일나무들만 간단히 다루었다(파트 4). 우리랑 함께 오래 살아왔고, 그래서인지 본디 모습을 많이 가진 나무들인 감나무, 뽕나무, 배나무……. 이 책을 엮는 과정에서 국립원예특작과학원과 소통하면서 그곳의 유전자원 포장 안에 토종과일나무가 있다는 걸 알게 되었다. 그러면서 장미과인 배나무(358쪽)도 다루었다. 기회가 되면 이들을 모두 만나보고 싶다.

딸기꽃 • 자유의지 북돋우는 이모작 인생이여!

납작 엎드려 칼바람 추위를

딸기를 떠올리면 나는 입에서 침부터 고인다. 고 새콤달콤함이란! 아내는 앞뜰에다 딸기를 심었다. 아이들이 집을 들락날락하면서 딸기를 그때그때 따먹으라고. 딸기는 제법 잘 자라, 꽃을 피우고 열매를 맺기 시작했다. 물론 겨우내 아들 녀석이 오줌을 누어준 덕분이긴 하지만. 집 뜰에다가 심은 딸기라 아무래도 자주 보게 된다. 딸기와 친하게 되었다. 언제 꽃이 피는지, 어떤 곤충이 날아드는지, 지는 모습은 어떤지.

딸기는 여러해살이 식물이다. 웬만한 칼바람 날씨에도 얼어 죽지 않고, 땅에 납작 엎드려 추위를 이겨낸다. 겨울에는 동전만 한 잎을 붉게 바꾸어가며. 그러다가 봄이 되면 새로 잎을 푸르게 내고, 새 삶을 시작한다. 하루하루만 보자면 크게 차이가 없는 거 같지만, 보름만 지나도 눈에 뜨이게 달라진다. 봄비라도 흠뻑 맞으면 그 푸름과 싱그러움이 춤이라도 출 듯하다. 어느새 꽃봉오리를 슬그머니 내민다. 그리고 또 며칠 지나면 하얀 꽃을 소박하게 피운다. 자신에게 언제 칼바람 추위가 있었느냐는 듯이.

이윽고 곤충이 날아들고 수정을 한다. 대규모 시설에서 딸기를 키울 때는 수정벌을 사람이 일부러 넣어준다. 하지만 자연 그대로 자라는 우리 집 딸기한테 날아드는 곤충을 보면 사진에서처럼 하늘소붙이류가 자주 보인다. 가끔 나비도 날아든다. 그런데 딸기는 이런 곤충 도움이 없어도 수정할 수 있다. 바람이 있어도 좋고, 이 바람마저 없으면 제꽃가루받이를 할 수도 있단다. 다만 꽃가루받이가 충실하지 않으면 모양이 특이한 딸기가 되곤 한다.

딸기 Strawberry
장미과 여러해살이풀
학명 Furagaria ananassa Duch

남아메리카가 원산지이다. 현재 우리가 먹는 딸기는 18세기 북아메리카 동부, 중부에서 자생하는 딸기와 남아메리카 칠레에서 자생한 딸기 간의 교배를 통해 생겨난 교배종이다. 한국에는 1900년대 초, 네덜란드로부터 일본을 거쳐 전해진 것으로 추정한다.

자연에서 딸기는 대부분 봄에 꽃을 피운다. 4월 초 정도면 꽃이 피기 시작하여, 5월이면 붉게 익기 시작한다. 그러니까 우리가 먹는 딸기는 5월이 제철이다. 그런데 이 딸기라는 녀석은 제철만으로는 성에 차지 않는지 호시탐탐 꽃 피울 기회를 노린다. 여름에 피는 녀석도 있고, 가을에 피는 녀석도 있으며, 심지어 서리를 맞고도 피는 녀석이 있다. 비록 광합성을 제대로 못 하고, 온도가 낮아 씨를 맺지 못할지라도 사랑만은 나누고 싶어 한다.

- 노지 자연재배 딸기밭
- 점점이 누런 깨 같은 게 씨앗

딸기도 여행을 떠난다?

식물이 꽃을 피우는 이유는 자식을 남기기 위해서겠다. 그런데 딸기는 조금 '극적'이다. 열매를 웬만큼 맺었다 싶으면 이제 딸기는 기는줄기(Runner)를 낸다. 이 기는줄기는 어미로부터 사방팔방으로 뻗어가다가 적당한 곳에 뿌리를 내려 독립한다.

이러한 과정을 지켜보면서 어쩌면 딸기는 딸기 나름의 자유의지를 갖는 건 아닌가 하는 생각이 든다. 그렇다. 자유의지! 사람에게는 자유의지가 무척 소중하다. 무언가를 자기 뜻대로 할 수 있다는 것만으로도 얼마나 좋고, 설레는가? 자유의지는 곧 선택을 뜻한다. 사람들은 대부분 직업을 선택하고 연인을 선택하며, 결혼을 할지 말지 선택한다. 어디 그뿐인가. 하루하루 순간순간이 거의 다 선택이라 하겠다. 그렇다면 식물들은 어떨까? 한곳에 뿌리 내리고, 평생을 살아가는 식물은 뜻대로 옮겨 다닐 수 없다. 그런데 딸기는 그만의 여행을 떠난다. 어떻게? 기는줄기로! 이때 딸기는 그야말로 'Runner', 자유여행자다.

씨앗은 어미 마음대로 떨어뜨리기 어렵지만, 기는줄기는 어느 정도 딸기 스스로 정해서 나갈 수 있다. 자신들의 종을 위해, 딸기들끼리 치열한 경쟁은 되도록 피하고, 피할 수 없다면 서로 사이 알맞은 공간을 선택하여 줄기를 뻗어간다. 그러다가 이 정도쯤이면 좋겠다 싶은 곳에 뿌리를 내려 어미로부터 독립해 새 삶을 살아나간다.

자, 이쯤이면 딸기 인생을 이모작이라 해도 되리라. 첫 인생은 꽃을 피워 수정을 하고, 열매를 맺는 삶이다. 사람으로 보자면 부부 인연을 맺어 자식을 남기는 거다. 이때는 되도록 곤충 도움을 제때 잘 받아야 딸기가 고루 붉게 익는다. 그렇지 않으면 한쪽으로 말려, 특이하게 영근다.

어쨌든 열매를 남긴 다음, 딸기는 두 번째 인생을 산다. 배우자나 중매쟁이 눈치를 볼 것도 없이 자기가 가고 싶은 곳으로 가며, 여기다 싶은 곳에서 새 삶을 살기 시작한다. 새 딸기는 어미 자신과 똑같은 유전형질을 갖는다. 생물학 용어를 따오자면 무성번식의 하나인 영양번식이다.

이쯤에서 딸기 한살이는 우리네 삶과 다시 겹친다. 요즘 우리 사회 중장년층도 인생 이모작이 삶의 화두라 하겠다. 인생은 길고 할 일은 많으며, 하고 싶은 일은 더 많은 세대. 딸기는 우리 사람에게 말없이 용기를 준다. 붉은 딸기를 먹을 때면 내 안의 자유의지도 붉게 물드는 걸 느낀다.

- 딸기는 기는줄기를 내어 번식한다
- 수분을 돕는 하늘소붙이류

딸기꽃 보기

딸기는 여러해살이로 생명력이 끈질기다. 이른 봄에 딸기 화분을 하나 사서 기르면, 꽃구경에 잘하면 꽃턱(꽃받기)이 차올라 딸기가 되는 것까지 볼 수 있으리라. 딸기꽃의 또 다른 특징은 겹꽃받침이다. 딸기를 먹을 때 겹꽃받침도 한번 살펴보고, 딸기를 반으로 갈라 씨방으로 가는 길도 살펴보자. 전체에 꼬불꼬불한 털이 있으며 잎자루가 길다. 잎은 크라운(Crown)에서 나오고, 작은 잎이 3개씩 달린다.

꽃은 꽃대에서 4~5월에 흰빛으로 피며 작은모임꽃차례를 이룬다. 우리가 먹는 열매는 씨방이 아니라 꽃턱이 자란 것이다. 그럼 씨방은? 빨간 딸기 겉에 누런 깨처럼 붙어 있는 게 바로 씨다. 딸기를 반으로 갈라보면 그 씨방으로 가는 길이 보인다.

꽃말은 애정, 존중.

• 수정이 끝난 딸기꽃
•• 끝까지 남은 수술
••• 씨앗으로 가는 탯줄이 하얗게 살짝 보임

더 알아보기

토종 씨앗과 '씨드림'

21세기는 유전자원의 전쟁이라고 한다. 우리가 평범하게 하루하루를 보내고 있는 사이, 어디선가 유전자원을 얻기 위해서라면 수단과 방법을 가리지 않고 싸우고 있다는 소리다. 지금까지 우리 지구가 가지고 있는 농업유전자원, 그러니까 지구인의 식량은 수천 년 동안 농부들이 꽃을 피워 씨를 받아 다시 심어 가꾸면서 이어져 내려온 것들이다. 그런데 다국적 종자회사는 농부들 덕에 확보한 씨앗을 가지고 육종을 했다고 농민들에게 비싼 값에 되판다. 이제 씨앗은 독과점상품이 된 것이다. 그렇다면 우리나라 정부는 농업유전자원을 어떻게 관리하고 있을까? 농촌진흥청 안에 농업유전자원센터가 있고 그 안에 종자은행이 있다. 유전자원과 김창영 박사님의 안내로 종자은행을 둘러볼 행운을 가졌다.

종자은행은 시설 면으로는 세계 6위로, 보유 유전자 수는 154,695종이다. 냉장보관소, 로봇이 운영하는 냉동보관소 그리고 씨앗 상태로 보관할 수 없는 감자, 마늘 같은 작물의 생장점보관소를 둘러볼 수 있었다. 산골에 사는 내가, 아무런 직함도 없는 아줌마가 어떻게 그런 시설을 다 둘러볼 수 있었을까? 다 믿는 구석이 있어서다. 바로 '씨드림'이다. 우리 토종 씨앗을 지키려는 이들이 모인 씨드림. 처음 시작은 2007년 전국여성농민회총연합(이하 전여농)이 토종 씨앗에 관심을 가지면서 자문위원을 몇 분 모았다. 그때 모인 이들이 2008년 가을, 씨드림이라는 이름을 짓고, 인터넷에 카페(http://cafe.daum.net/seedream)를 열었다.

씨앗 때문에 모였으니 씨앗을 서로 나누는 자리도 마련하면서 시작했다. 그사이 10년이 흐르다 보니 여러분들이 관심을 가지고 활기차게 활동을 한다. 교육, 홍보, 지역 모임들까지. 더 발전하여 씨앗도서관을 만드는 지역 농민들도 있다. 이런 토종 씨앗은 우리 땅과 우리 몸에 잘 맞는다. 개량종들은 유용한 특성만 사람이 따로 골라냈다면, 토종은 유전자의 다양성을 지니고 있다. 이 다양성이 지구별을 살릴 수 있는 열쇠가 되고 있단다.

우리는 이렇게 거창한 생각을 가지고 토종 씨앗으로 농사를 짓는 건 아니다. 농사지을 때마다 씨앗을 사서 짓는 것보다, 내 손으로 씨앗을 받아 짓는 게 좋아서다. 씨앗을 받아 다시 심으면서 곡식을 처음부터 끝까지 모두 만날 수 있었다. 물론 돈도 절약된다. 하지만 그 액수야 얼마가 되겠는가. 다만 씨앗을 돈 주고 사와 농사짓는 것과 견줄 수 없이 든든하다.

농촌진흥청 종자은행

씨드림에서 나눈 씨감자

Chenopodiaceae
&
Malvaceae

명아주과 아욱과 집안

쌍떡잎식물 진정장미2군

명아주과(또는 비름과)는 석죽목의 하위 과이다. 명아주, 비름류, 시금치, 근대가 여기 들어간다. 아욱과는 남, 북 양반구에 걸쳐 자라는 큰 과다. 우리나라에서는 목화, 아욱, 접시꽃, 무궁화가 있다. 잎은 보통 홑잎이지만, 손바닥 모양으로 갈라지는 것도 있으며 모두 어긋난다. 우리가 잘 아는 무궁화꽃을 떠올려보자. 큰 꽃잎이 방사대칭으로 둘러싼 가운데 긴 꽃술이 있다. 가운데 긴 꽃술이 아욱과의 특징인 한몸(단체)수술이다. 한몸(단체)수술이란 본디 여러 개인 수술이 모두 합쳐져 통 모양을 이루는 수술로, 그 한가운데서 암술대가 올라온다. 암술머리는 보통 5개로 갈라져 있다.

아욱, 비름, 근대는 무슨 특별한 맛은 없어. 시장에서 구하기 어렵다. 하지만 생명력이 강해 잘 자라며 우리와 함께 오래 살아온 채소다. 또 그걸 먹는다는 건 놀라운 생명력을 몸에 받아들이는 길이다. 맛 역시 채소 그 자체에 집중하다 보면 나름 깊이가 있다.

명아주과와 아욱과가 들어 있는 석죽목은 쌍떡잎식물 가운데 진화가 덜 된, 바꿔 말하면 야생성이 강한 식물이다. 곡식꽃에서 살펴봤듯이, 벼과 알곡을 대신할 수 있는 식량자원인 메밀, 퀴노아, 아마란스 모두 석죽목이다.

시금치꽃 · 임을 기다리는 고운 암술이여!

암시금치 수시금치가 따로?

시금치는 아이들 몸에 좋다고 소문이 난 채소다. 추위에 강해 영하 10도 정도는 끄떡 없을 뿐 아니라 추위를 달게 받는다. 겨울을 나는 식물의 잎은 겨울에 얼지 않으려고 자기 몸에 당분 함량을 높인단다. 맹물보다는 설탕물의 빙점이 낮은 원리다. 겨울을 나며 시금치 잎이 달콤해진다. 한겨울 추위를 견디느라 잎 일부가 허옇게 마르기도 하지만 봄이 오면 싱그럽게 되살아난다. 시금치가 한껏 맛있어진다.

아무리 맛있어도 다 먹지 않고 드문드문 남겨놓으면 4월 중순부터 꽃이 피기 시작한다. 시금치꽃은 매우 특별하다. 암수딴그루여서다. 암시금치, 수시금치가 따로 있다는 말이다. 벼과, 콩과 같은 곡식이나 배추나 상추 같은 채소는 꽃 한 송이에 암수가 함께 있다. 또 암꽃과 수꽃이 따로 있는 오이나 호박도 한 포기 안에 함께 달리지 않는가.

시금치 꽃이 그다지 예쁜 건 아니다. 꽃잎도 없고 꽃송이도 자디잘다. 하지만 봄에 새로 심은 다른 곡식이 아직 어린 때, 사람 허벅지만큼 길게 자란 시금치 줄기에 눈길이 간다. 그걸 자세히 보면 작디작은 꽃이 있다. 수꽃은 줄기 위쪽에 다발로 모여 달리는데, 꽃송이는 꽃덮이조각(花被片) 4개가 처음에는 연둣빛이었다가 나중에는 시금치 뿌리와 비슷한 붉은색이 돈다. 이게 수꽃인 걸 확인할 수 있었던 건 꽃가루 때문. 흔드니 연노랑 꽃가루가 날린다.

시금치 Spinach
명아주과 시금치속 한해 또는 두해살이풀
학명 Spinacia oleracea L.

아르메니아를 원산지로 추정된다. 우리나라에는 고려 말에 시금치 이야기가 나온다. 우리가 먹는 시금치는 뿌리잎이 동그랗게 모여 나는 로제트 상태. 로제트는 풀들이 겨울을 나기 위해 땅에 바싹 드러누워 있는 모습을 말한다. 뿌리는 고기와 같은 육질이고 연한 붉은색이 도는 중심 뿌리가 있다. 시금치를 먹을 때 이 뿌리 부분을 함께 먹으면 좋다.

그 곁에 '또 다른 꽃이 있네' 한다면 그게 바로 암꽃! 암꽃은 잎겨드랑이에 3~5개가 모여 있는데, 꽃잎은커녕 꽃덮이조각조차 없다. 오로지 보이는 건 흰 솜털. 이러니 누가 꽃이라고 알려주기 전에는 알아차리기 어렵다. 그래도 이 암꽃마다 암술대가 있고 꽃 밑에는 씨방을 보호할 작은꽃싸개가 있단다. 겉모습에 에너지를 쓰지 않는 실용 만점의 시금치다.

그렇다면 이 암수는 언제 결정되나? 시금치를 심으면 맨 먼저 가늘고 긴 떡잎이 2장 나오고 떡잎과 90도 각도에서 본잎이 나와 가장자리가 파여 들어가며 자라 시금치 이파리 모양이 날 때, 그때 암수가 결정된다고 한다. 암수 비율은 1대1. 우리가 시금치나물을 먹을 때 아직 성징이 겉으로는 나타나지 않았지만, 분명 암·수그루인 시금치를 한데 섞어서 먹는다는 소리다.

• 왼쪽은 수시금치, 오른쪽이 암시금치
•• 추위에 강한 시금치

수시금치
두 종류 시금치 씨앗. 뿔모양과 둥근 모양

뿔 달렸다고 뿔시금치

시금치는 크게 동양종과 서양종으로 나뉘는데 그 차이가 크다. 동양종은 추위에 강한 겨울시금치다. 이 씨앗에는 날카로운 뿔과 같은 돌기가 2개 있다. 마치 황소 뿔처럼. 눈으로 보기에도 위협적이지만 막상 찔리면 흉기도 그런 흉기가 없다. 땅에 떨어진 걸 모르고 발로 잘못 밟으면 신발 밑창조차 거침없이 파고든다. 때문에 씨앗을 거두고 갈무리할 때 아주 조심해야 한다. 여기 견주어 서양종은 무 씨앗처럼 둥근 모양으로 봄여름에 기른다. 그동안 농사지으며 여러 씨앗을 보았지만 같은 작물의 씨앗 모양이 이렇게 다른 건 또 처음이다.

뿔시금치는 잎이 얇고 깊이 파여 있고 뿌리는 짙은 붉은색이 돈다. 추위에 강해 겨울 영하 20도의 눈밭에서 푸르게 살아 있다. 추울 때는 땅바닥에 바싹 달라붙어 지내던 시금치 이파리가 봄이 오면 슬슬 일어서며 이파리가 먹음직스럽게 자란다. 이때가 시금치가 가장 맛있을 철. 하지만 이것도 잠시. 해가 길어지면 부지런히 꽃대를 올리고 씨를 맺는다. 이 씨앗이 바로 뿔 모양이다.

시장에서 파는 시금치 씨앗은 동그랗다. 그렇다고 완전히 서양종은 아니고, 서양종과 동양종의 중간 형태로 개량된 시금치란다. 이 개량종 시금치는 여간해서는 꽃을 피우지 않는다. 우리가 먹는 건 시금치의 뿌리에 붙은 뿌리잎으로 시금치가 영양생장기(배추 한살이 207쪽 참조)일 때다. 여기서 줄기가 올라오기 시작하면서 생식생장기로 접어든다. 이파리가 뻣뻣해져 한마디로 쇠어버린다. 시금치의 뿌리잎을 오래 뜯어먹기 위해 종자회사에서는 시금치가 해의 길이에 둔감하게 육종을 한단다. 그러다 보니 꽃이 잘 피지도 않고 피더라도 늦게 피는데 그러면 씨가 여물기 전에 장마가 겹쳐 씨를 받기 어렵다.

끝내기 전에 잠깐, 올해 시금치 농사는 어떤가? 우수 비가 오신다기에 밭에 갔더니 시금치가 앙상하다. 아무리 겨울을 나고 볼품이 없다고 해도 그럴 수 없다. 불과 며칠 전에 김도 싹 매주었는데……. 가만 살펴보니 누가 잎을 말끔히 뜯어 먹은 듯하다. 고라니 짓이다. 맛있는 건 야생의 동물들이 먼저 알아차린다.

• 토종 뿔시금치잎
•• 암시금치 한 포기가 꽃 필 무렵

시금치꽃 보기

시금치꽃 보기는 쉽지 않다. 시장에서 파는 대부분의 시금치 씨는 꽃을 되도록 안 피우게 개량되었다. 꽃대가 올라오면 뻣뻣해 사람이 먹을 수 없으니까. 토종 시금치씨를 구해 가을이나 이른 봄밭에 뿌리면 4월 중순부터 피기 시작해 5월 한 달 내내 핀다. 시금치는 봄이 와 해가 길어지기 시작하면 뿌리잎 한가운데서 줄기가 자라기 시작한다. 줄기잎이 어긋나기하면서 위로 올라갈수록 점차 작아지며 아래서부터 위로 층층이 꽃을 피운다.

꽃은 식용식물 가운데 특이하게 암수딴그루이다. 풍매화로서 꽃에 별다른 투자를 하지 않는다. 수꽃은 꽃덮이조각은 4개로, 처음에는 연한 황록색이었다가 나중에는 붉은빛을 띤다. 수꽃에는 4개의 수술이 있는데 꽃밥은 노란빛이다. 암꽃은 줄기 잎겨드랑이에서 3~5개씩 달리며, 암술대는 4개이고 꽃 밑에 씨방을 보호하는 작은 꽃싸개가 있다. 열매는 작고 2개의 가시가 있다.

꽃말은 활력.

• 시금치 암꽃
•• 시금치 수꽃

노처녀(?) 시금치 이야기

우리한테는 20여 년간 땅을 갈지 않은 밭이 있다. 기계 대신 호미 한 자루를 들고 지난해 자란 식물의 밑동이 있는 곁에 새로 씨를 심으며 가꾸어왔다. 이러다 보니 색다른 걸 가끔 보게 된다. 자연의 신비라고 할까.

한번은 옥수수 밭에 김을 매는데 시금치 한 포기가 저절로 자라는 게 보였다. '허허, 그놈 참 어디서 굴러 와, 저 알아서 싹을 내다니!' 감탄을 하며 뽑지 않고 그냥 두었다. 딱 한 포기 외딴 시금치는 혼자서도 우쭐우쭐 자라, 드디어 5월 초 꽃을 피웠다. 보니 암그루다. 그 상태에서 한 달 정도를 지켜보았다.

이 암시금치가 수정을 하자면 수그루가 필요하다. 하지만 우리가 먹기 위해 키우는 시금치 밭은 외딴 시금치하고는 제법 떨어져 있다. 그마나 중간에 작은 산굽이까지 있다. 웬만한 바람에도 수정이 쉽지 않을 것이다.

5월 말, 다른 시금치 암꽃은 꽃가루받이를 끝내고 씨를 맺어가는데 이 외딴 시금치는 그렇지가 않다. 이때쯤이면 시금치 수꽃은 대부분 지고, 수시금치 잎은 하루가 다르게 단풍이 든다. 반면에 암시금치 잎은 아직 푸른빛이 제법 돌아, 씨앗이 잘 영글도록 돕는다.

여기에 견주어 외딴 시금치는 수정조차 못 했으니 여전히 잎과 줄기가 싱그럽다. 암술 역시 꽃가루받이를 기다리는 태가 확연하다. 지치지도 않고 아침마다 단장을 하고 임을 기다리는 듯……

그 모습이 짠하여 마음 같아서는 나라도 수꽃을 가져다가 꽃가루받이를 시켜주고 싶은데, 이맘때 수꽃들은 거의 말라버린 상태니……. 임을 만나보지 못하고 하루하루 늙어가는 처녀시금치. 그럼에도 참 곱기만 하다. 아니, 그렇기에 더 고운지도 모르겠다.

6월 초, 시금치 밭의 암시금치는 씨앗이 다 영글었다. 그렇다면 외딴 시금치는 어떨까. 이럴 수가! 싱그러움을 그대로 간직한 처녀 시금치여! 하얀 암술을 꼿꼿이 하고서, 여전히 임을 기다리고 있다. 꽃이 핀 지 얼추 한 달도 더 지났다.

그러면서 좀 더 자세히 들여다보았다. 그사이 일부가 수정되었는지 씨방이 제법 통통하니 굵어졌다. 수십 만 꽃가루 가운데 바람 따라 몇 개나마 운 좋게 산굽이를 돌아 멀리 떨어진 외딴 시금치에까지 닿은 셈이다. 그런데 그 곁에 여전히 하얀 암술 수십 개가 보인다. 아직까지 수정이 안 된 상태. 이제는 더 이상 남아 있는 꽃가루가 없다. 자식을 가져보지도 못하고 사라지게 생겼다.

작물을 제대로 돌본다는 게 참 어렵다. 어쩌면 자식 키우는 일보다 더 어려운 거 같다. 작물은 사람과 달리 말조차 없으니 말이다. 외딴 시금치를 통해 사랑, 그 근원을 조금이나마 더 엿본 거 같다.

다 영근 시금치와 아직 싱그럽게 수정을 기다리는 노처녀 시금치

근대꽃 Wiss chard
비름과의 두해살이풀 · 학명 Beta vulgaris var. cicla L

유럽 남부가 원산으로 밭에 심는 채소식물이다.

원줄기에서 가지가 벌어지며 1미터가 넘게 자란다. 꽃 필 무렵 한 포기가 제법 우람해, 명아주의 사촌이라는 걸 실감할 수 있다.

꽃은 겨울을 나고 이듬해 5월 말에서부터 6월 내내 핀다. 포(苞) 겨드랑이에 황록색으로 피는데 작은 꽃이 모여 1개의 덩어리처럼 되며, 원뿔 모양을 이룬다. 열매는 크게 자란 꽃턱과 꽃덮이로 된 딱딱한 껍질 속에 1개씩 들어 있다. 수술은 5개이며, 암술대는 2~3개이다.

우람한 근대 한 포기

근대꽃

근대꽃 자세히

아욱꽃 · 눈보라 맞으며 생명이 다하는 그날까지

그로기 상태에서 다시

식물 한살이에서 큰 갈림길은 서리다. 그것도 된서리. 여름부터 가을까지 꾸준히 피고 지는 웬만한 꽃들도 서리 앞에서는 맥을 못 춘다. 이를테면 오이, 호박 같은 작물은 서리가 내리면 동작 그만! 잎이 끓는 물에 데쳐낸 듯, 시들어 말라버리니 꽃을 본다는 건 언감생심 꿈도 못 꿀 일이다. 이렇게 된서리는 웬만한 식물들한테 저승사자나 다름없다.

물론 된서리에도 강한 채소가 있다. 배추는 영하 4~5도를 견디고, 상추 역시 추위에 강한 편이다. 시금치는 혹독한 겨울을 로제트 상태로 난다. 밀, 보리 역시 추운 겨울을 난다. 하지만 된서리 맞고도 꽃을 피우는 식물은 아주 드물다. 배추, 상추, 밀, 보리는 겨울을 나고 봄이 와야 꽃이 핀다. 자연에서조차 늦가을 된서리를 견디는 꽃으로는 산국과 개망초 정도다.

그런데 아욱은 된서리를 맞고도 꽃을 피운다. 보통 아욱꽃은 6월과 7월에 많이 핀다. 하지만 장마가 끝나고 새로 싹이 난 가을아욱은 서리가 올 무렵 꽃이 한창이다. 아욱은 된서리를 맞으면 아침에는 주춤한다. 센 주먹을 맞고 정신을 못 차리는 권투선수처럼 그로기 상태. 그러다가 햇살이 올라오면 조금씩 기운을 회복하며 다시 싱싱하게 살아난다.

아욱 Curled mallow
아욱과 한해살이풀
학명 Malva verticillata L

중국 원산으로 고려시대 이전인 통일신라시대에 들어온 거로 추정하고 있다. 고려시대 이규보의 『동국이상국집』에 나오는 여섯 가지 채소(오이, 가지, 순무, 파, 아욱, 박) 가운데 하나. 줄기는 곧게 서며, 원뿔 모양. 1년에 여러 차례 심을 수 있는데 심는 시기에 따라 꽃은 6월부터 11월까지 볼 수 있다.

그럼 꽃은? 햇살이 웬만큼 올라도 꽃은 꼼짝 않는다. 한낮 햇살도 좋고 따스할 때 잠깐 피었다가 다시 꽃잎을 닫는다. 한번은 12월 초에 아욱꽃이 피었는데 눈보라가 치는 게 아닌가. 눈보라 속 꽃이라니!

아욱 한 포기가 잘 자라면 사람 키보다 크다. 얼추 2미터가량 자란다. 줄기 밑동은 웬만한 지팡이보다 굵다. 또 곁가지도 많이 뻗고, 잎도 큼지막하니 데쳐서 쌈을 싸 먹어도 좋다. 사람이 두 팔을 벌려 안아야 할 정도로 한 그루 품이 넓다. 그럼에도 꽃은 참 작다. 콩알보다 조금 큰 정도. 잎겨드랑이마다 여러 송이 꽃이 하얗고 소박하게 핀다.

아욱과 꽃은 독특한 모습을 갖는다. 수술 여러 개가 암술대 둘레에 한 덩어리로 뭉쳐 있다. 이를 전문용어로 '한몸(단체)수술'이라 한다. 아욱꽃은 작아서 그걸 보기 어렵고, 아욱과로 꽃이 제법 큰 무궁화, 접시꽃, 목화꽃을 보면 또렷이 알 수 있다.

그럼 암술은 어디 있는가? 아욱은 수술이 먼저 나온다. 그다음 암술이 수술 덩어리 한가운데를 뚫고 위로 솟아난다. 꿀샘이 발달하고 꽃가루도 좋아, 곤충이 꽃가루받이를 돕는다. 암술머리는 여러 가닥이 파마한 것처럼 고불고불하다. 이 모습을 확대해서 보면 꽃가루를 잘 받기 위해 마치 교태를 부리는 것 같다.

눈보라 속 아욱꽃
막 핀 꽃과 꽃가루가 다 사라진 꽃

2미터 넘게 자라는 아욱

씨앗마다 자기 리듬으로

아욱은 번식에서도 놀라운 적응력을 갖는다. 키가 2미터 남짓 자란 아욱은 한 그루만 해도 잎겨드랑이마다 여러 송이 꽃이 피고, 꽃 한 송이가 지고 나면 꼬투리 하나에 씨앗이 11알 남짓 생긴다. 꼬투리 속에서 뺑 돌아가며 씨앗이 촘촘해 마치 무슨 보석단추 같다.

이 씨앗이 다 영글면 어떻게 흩어져 나갈까? 몇 해 전에 집 앞 텃밭에 아욱 몇 포기를 심은 적이 있다. 그해 가을, 씨앗을 잘 받아두었지만 뿌릴 일이 없었다. 이듬해 여기저기서 저절로 씨가 싹이 터서 자라는 게 아닌가. 사람은 그저 먹을 양만큼 남기고 너무 많다 싶으면 풀 뽑듯이 뽑아버리면 된다.

더 경이로운 건 새싹들끼리 돋아나는 거리와 시기다. 씨앗마다 적당한 거리를 갖고 싹이 트고, 그 시기도 아주 제각각이다. 아욱 한 포기가 남기는 씨앗이 수백 또는 수천 개나 되지만, 이 씨앗들이 한곳에 빼곡히 몰려서 나기보다 적당한 거리를 두고 드문드문 한 포기씩 자란다. 싹 트는 시기도 그렇다. 이른 봄에 싹이 트는 씨앗도 있지만 여름에 싹이 돋기도 하며 심지어 가을에 싹이 돋기도 한다. 탁월한 종족 보존능력이다. 한겨울 빼고는 그 존재감이 늘 빛난다.

그럼 어떻게 아욱은 이렇게 저희 알아서 멀리까지 씨앗을 퍼뜨릴까? 내가 추측한 바로는 큰 키와 바람이다. 2미터가 넘는 큰 키에 잎이 넓으니 센 바람이 불면 줄기의 탄성이 높아진다. 이 탄성을 이용하여 씨앗을 아주 멀리 보내게 된다. 조금 극적인 비유를 들자면 이렇다. Y자형 나뭇가지에다가 고무줄을 묶어 새총을 만든 다음, 줄을 팽팽히 당겼다가 놓으면 작은 돌멩이를 아주 멀리 보낼 수 있지 않나. 이렇게 씨앗이 고루 흩어진다. 이래저래 아욱은 매력 덩어리다. 아, 겨울이 깊어지기 전에 된서리 이겨낸 아욱된장국을 한번 먹어야겠다.

- 꼬투리 속 아욱 씨앗
- 아욱은 저희가 알아서 적당한 거리와 적당한 시기를 두고 싹이 난다
- 된서리 맞고 웅크린 아욱꽃

아욱꽃 보기

아욱은 한번 심으면 그 자리에 씨가 떨어져 해마다 다시 나올 만큼 야생성이 살아 있다. 1년에 여러 차례 심을 수 있는데 심는 시기에 따라 꽃은 6월부터 11월까지 볼 수 있다. 더운 아열대에서 왔지만 오랜 세월 우리 땅에 적응해왔다. 11월 새벽 서리에 얼었다가도 한낮 햇살에 꽃을 피운다.

코끼리같이 커다란 잎겨드랑이에서 콩알만 한 꽃 한 송이가 맺히고 그 둘레에 있는 가지 끝에 다른 꽃이 작은모임꽃차례로 맺히니 꽃을 알아차리기 어렵다. 작다 해도 꽃자루, 꽃받침, 꽃잎이 다 있는 갖춘꽃으로 꽃받침 5장에 꽃잎이 5장이다. 꽃받침 밑부분에 다시 꽃받침 모양의 것이 붙은 덧꽃받침이고 꽃잎은 끝이 연보랏빛으로 물드는 흰색이다. 작은 꽃잎 한가운데 한몸(단체)수술이 있는데 파마머리처럼 꼬부라져 뒤엉켜 있다. 수술이 먼저 꽃가루를 날리면 뒤이어 암술이 단체수술 사이를 뚫고 나온다. 작은 꽃이 지고 나면 꽃받침 속에 씨가 11알씩 맺히는데 이걸 달여 마시면 동규자차. 이때 '규'자는 아욱이 해바라기한다는 뜻이란다.

속담에 '가을 아욱국은 문을 걸어 잠그고 먹는다'더니 아욱은 가을에도 새잎을 낸다. 그 부드러운 새잎이 얼마나 맛있겠는가. 영양도 좋아, 아이들한테 좋다는 시금치보다 단백질, 지방, 칼슘이 2배 이상 들어 있단다. 하지만 요즘 자라나는 아이들이 아욱국을 알까?

꽃말은 억측.

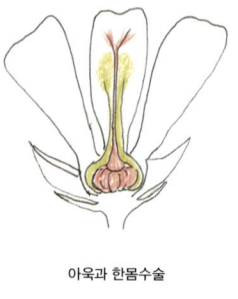

아욱과 한몸수술
● 암술 ● 수술

- 당아욱꽃
- 같은 아욱과인 접시꽃

Brassicaceae 십자화과(배추과) 집안

쌍떡잎식물 진정장미2군

십자화과(十字花科)는 말 그대로 꽃이 열십자 모양(十)이다. 꽃잎 4장이 낱낱이 떨어지고(갈래꽃), 4개의 꽃받침조각마다 꽃잎이 하나씩 달려 열십자(十)를 이룬다. 최근 학계에서 십자화과를 '배추과'로 통일하였단다. 우리네 밥상에 빠질 수 없는 배추, 무, 양배추, 갓, 겨자와 같은 채소들이다. 십자화 꽃에는 암술 1개와 수술 6개가 있는데, 꽃을 그냥 들여다 봐서는 수술 4개와 가운데 암술 하나만 보인다. 그건 수술 4개는 길어 눈에 보이고, 2개는 꽃받침을 이고 있는 모양으로 구부정하게 숨어 있기 때문이다.

이 십자화과 꽃은 봄 들판을 아름답게 꾸며준다. 노란 꽃, 흰 꽃, 보라 꽃……. 또 맛도 좋아 벌과 나비가 많이 날아든다. 그런데 무·배추꽃을 본 적이 있나? 무, 배추는 우리 밥상에서 빠질 수 없는 식물이고 김장철에도 도시 근교만 나가도 무, 배추밭을 만날 수 있는데, 꽃 보기가 어렵다. 왜 그럴까?

아래 '배추 한살이' 그림을 보자. 모든 식물은 자기 몸이 자라는 영양생장기를 거쳐, 꽃 피고 씨 맺는 생식생장기로 마감한다. 벼나 콩은 씨앗을 먹기 위해 기르니 영양생장기만이 아니라 생식생장기까지 한살이를 마쳐야 사람이 거두어 먹는다.

하지만 우리가 먹는 무, 배추, 갓, 양배추는 모두 영양생장기만 채우면 뽑아 먹는다. 이때가 먹기 가장 좋은 때. 실하면서도 부드럽다. 그러니까 우리가 먹는 무, 배추는 소년기 무, 배추다. 만일 배추가 꽃을 피우려고 꽃대를 올리는 순간, 그러니까 생식생장을 시작하면 배추 한가운데서 꽃대가 올라오니 배추를 먹을 수 없다. 당연히 상품으로서도 가치가 사라진다.

김장배추라면 8월에 심어 11월에 뽑아 김장한다. 석 달이면 배추 농사가 끝난다. 이 배추가 겨울을 나야 이듬해 봄에 꽃이 피고 초여름에 씨를 맺는다. 씨를 받으려면 이렇게 두 해에 걸쳐, 열 달 가까이를 가꿔야 한다. 그런 데다가 포기배추는 종자회사에서 육종한 품종이니 그 씨를 받아 다시 심어봐야 소용이 없다. 어차피 씨를 다시 사다 써야 한다. 그 결과 농가는 배추씨를 받을 생각조차 안 하고 갈아엎는다.

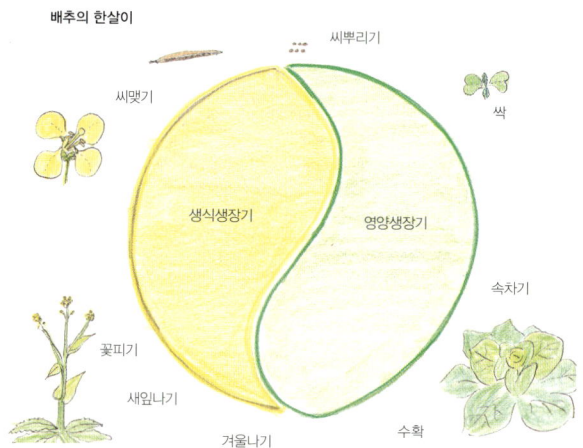

배추의 한살이

배추꽃 · 봄봄봄을 만끽하는

안정보다는 새로움을

봄 하면 떠오르는 꽃, 보기도 좋고 맛도 좋은 꽃이 뭐가 있나. 분홍치마 같은 진달래꽃과 더불어, 나는 노란 배추꽃이 떠오른다. 배추꽃을 잘 모른다면 유채꽃을 떠올리면 된다. 유채는 배추와 한 집안으로 모양이 구별하기 어려울 정도로 꽃 모양이 같다.

이 노란 배추꽃은 맛도 좋다. 배추꽃이 피는 4월 중순, 곡우 무렵에는 아직 텃밭 채소가 귀할 때다. 아직 어린 상추 몇 잎 따면서 배추꽃도 한 움큼 딴다. 배추꽃은 달짝지근하면서도 약간 매운맛이 난다. 또 아삭하니 씹히는 식감이 좋다. 봄을 깨우는 맛이라고도 하겠다. 혀가 살고 몸이 깨어나는 그런 맛. 또한 배추꽃은 꽃차례를 따라 아주 많이, 또 오래도록 피니 음식에 고루 넣어 먹어도 좋다. 푸른 푸성귀 한편에 노란 배추꽃을 올리면 봄철 아침 밥상이 환하다. 나들이 주먹밥에 배추꽃을 곁들이면 잡지화보에서 쏙 빠져나온 듯한 도시락을 쌀 수 있다.

내가 배추꽃을 좋아하는 이유가 하나 더 있다. 배추는 십자화과로 사랑을 좀 특별나게 한다. 한 식구끼리는 쉽게 사랑하지 않으려 한다. 전문용어로 말하자면 '자가불화합성(自家不和合性)'이라고 한다. 안정된 삶보다는 변화하는 환경에 맞서 늘 새롭고자 하는 성질이라고 할까.

배추 Kimchi cabbage
십자화과 두해살이풀
학명 Brassica rapa var. glabra

원산지가 중국이라 그동안 'Chinese cabbage'로 불렸지만, 최근에는 'Kimchi cabbage'로 바꾸려 노력하고 있다. 배추는 겨울을 나면서 저온을 겪으면 이듬해 봄에 꽃을 피우는 두해살이다.

꽃차례 따라 오래도록 핀다

좀 더 설명을 해보자. 배추꽃은 갖춘꽃으로 한 꽃 안에 암술과 수술이 함께 있다. 하지만 한 꽃에서는 물론이고, 같은 포기에 있는 꽃끼리는 수정하지 않으려 한다. 어쩔 수 없이 수정하게 되면 부모 때보다 세력이 약해진다. 싹이 잘 트지 않으며, 싹이 트더라도 다른 식물들과 치열한 생존경쟁에서 살아남기가 어렵다. 만일 강제로 3~4대까지 계속 제꽃가루받이를 시키면 배추는 단호히 거부한단다. 구차하게 목숨을 이어가느니 아예 대를 끊고자 한다. 마치 배추라는 종의 존엄을 지켜야겠다는 결기가 느껴질 만큼.

반대로 자연상태에서는 교잡이 쉽게 일어난다. 그 역사를 한번 보자. 오래전 지중해에서 중국으로 건너온 '숭'이라는 채소가 중국에서 자연교잡을 해, 원시형 배추가 되었다. 이 배추가 속이 차는 결구배추로 발전한 건 청나라 초기. 다시 이 배추가 지금처럼 속이 꽉 찬 포기배추가 된 건 1950년대 육종한 결과다. 지금은 더 발전하여 봄배추와 여름배추까지 나왔다. 그러니까 배추는 우리나라가 근대사회로 접어든 100여 년 사이 엄청 변화, 발전하고 있는 채소다.

오늘날도 배추는 자신과 비슷한 갓이나 유채하고도 쉽게 사랑을 하여 꽃가루받이를 한다. 이렇게 교잡이 일어나면 그 배추는 '사람 기준'으로 봤을 때 안 좋은 배추다. 육종가들은 이런 교잡을 방지하기 위해 온갖 노력을 한다. 하지만 배추는 저희 스스로를 믿는다. 사람을 포함한 자연환경이 또 언제 어떻게 변할지 알 수 없지 않은가. 하여, 배추는 한 집안끼리 사랑을 거부하고, 다양한 유전자를 가짐으로써 그 어떤 환경에서든 살아남기 위한 진화적 본능을 꾸준히 살려가려 한다.

- 밭 한편에 만발한 배추꽃
- 갓 피기 시작한 배추꽃

배추김치를 언제부터 먹었을까?

배추는 우리 민족의 밥상에 떼려야 뗄 수 없는 일등 채소다. 배추김치 없는 밥상을 상상할 수 있는가? 거기에 보답하듯 배추네 집안은 넓다. 포기배추, 엇갈이배추, 겨울을 난다고 해서 월동초……. 뿌리를 주로 먹는 뿌리배추와 순무, 거기에 갓도 한 집안이다. 그리고 촌수가 멀지만 따지고 올라가면 지구 반대편에서 자라는 양배추나 브로콜리하고도 피가 이어지고, 기름을 짜는 유채도 있다. 이 모두 떡잎도 비슷하고 꽃도 비슷하다. 과연 사람이 밭에서 가꾸어 먹는 채소에서 배추네 집안은 단연 명문가라 할 수 있겠다.

배추의 영어 이름이 'Chinese cabbage'다. 궁금해서 토종 씨앗 전문가인 안완식 박사한테 여쭈어보았다. "배추의 원산지는 모두 중국입니다. 다만 품종의 분화과정에서 각각 다른 특성을 지니게 된 것이지요. 배추 종자가 팔리기 시작한 것은 아마도 1900년대 초가 아닐까 합니다. 우장춘 박사가 일본에서 귀국해서 1950년대 이후 배추육종의 전환점을 가져왔지요."

또한 시어머니에게도 여쭈어보았다. "나 어릴 때는 보통 속이 안 차는 조선배추를 길러서 먹었어. 지금과 같은 포기배추가 있긴 있었는데, 그건 (낙동강) 갯밭에서 길러 팔았는데, '청국배추'라 했지."

우리 친정어머니도 일제 치하에 시골서 살 때는 못 먹다가, 6·25 전쟁 뒤 서울로 와서 담가 먹기 시작했다고 한다. 반면 제주도에서 자란 우리 이웃은 어려서 배추김치가 없었다고 한다. 그렇다면 지금 우리 밥상에서 뺄 수 없는 포기배추김치의 역사는 길게 잡아야 100년이 넘는 정도고, 요즘처럼 어느 집이나 포기배추김치를 먹기 시작한 건 불과 50~60년밖에 안 되었다는 소리다. 그사이에 전 국민이 사랑하는 김치, 아니 세계에 자신 있게 내놓을 수 있는 김치로 발전시켰단 말인가.

배추장다리

배추꽃 보기

꽃을 피우려면 긴긴 겨울을 얼어 죽지 않고 살아남아야 한다. 포기가 찬 배추들은 영하 4도면 냉해를 입고, 추운 겨울을 나며 대부분 얼어 죽는다. 그럼, 어떻게 해야 하나? 김장철에 배추를 뿌리째 뽑아 움에 잘 묻어두었다가 봄에 다시 심든가, 9월 말 배추 씨를 뿌려, 포기가 차지 않은 로제트 상태에서 겨울을 나게 한다. 그러면 봄에 잎이 다시 살아나며 꽃대를 올려 4월 초부터 꽃 피기 시작해 5월 하순까지 봄밭을 환하게 꾸며준다. 노란 배추꽃은 눈길을 확 잡아챌 만큼 유혹적이다. 향기는 덤덤한 편.

꽃 피는 과정을 자세히 보자. 배추 속에서 올라오는 긴 중심꽃대를 '장다리'라 한다. 장다리가 쭉 올라와 그 끝에 첫 꽃망울을 맺는다. 이 첫 꽃망울이 자라면 이게 꽃 한 송이가 아니라, 여러 꽃들이 한군데 모여 있는 꽃차례라는 걸 알 수 있다. 식물학에서는 원뿔모양(총상)꽃차례라고 한다. 배추꽃은 이렇게 작은 꽃들 여러 송이가 한군데 모여 꽃송이로 핀다.

첫 꽃송이가 피면 뒤이어 장다리를 중심으로 곁꽃대가 돌려 자라 꽃대마다 꽃송이를 피워 올린다. 그러면 꽃핀 꽃대에서 다시 곁꽃대가 자라나 층층이 꽃대를 올리고 꽃을 피운다. 완전히 노란 꽃의 합창이다.

꽃말은 쾌활.

- 눈을 어디에 두어야 할지 모를 배추꽃
- 힘겹게 겨울을 난 배추
- 배추꽃 암술, 수술 자세히

갓꽃
• 사월에 만나는 노란 꽃밭

갓만의 매력은?

봄 햇살이 부르는 남도로 가면, 방긋방긋 웃고 있는 노란 꽃밭을 만날 수 있다. 누군가 심어 가꾼 노란 꽃밭도 있지만 저절로 자란 꽃밭도 있다. 이 노란 꽃밭에는 유채꽃만이 있는 게 아니다. 갓꽃밭도 있다. 둘 다 가을에 씨만 떨어지면 저절로 살아나 봄에 꽃을 피운다.

유채와 갓은 배추과 자매지간으로 얼핏 보면 그게 그거 같다. 하지만 갓은 갓만의 매력을 가지고 있다. 바로 톡 쏘는 매운맛. 이게 배추인지 갓인지 알고 싶으면 꽃대궁을 꺾어 맛을 보면 된다. 배추가 달큰하다면 갓은 매콤하다. 갓은 이파리부터 꽃까지 매콤하게 톡 쏘는 맛이 있다.

전북 부안 사람들은 콩나물잡채를 해 먹는단다. 당면에 무치는 잡채와 달리, 콩나물을 주재료로 해서 무, 미나리, 다시마, 당근, 사과, 배를 넣고 무쳐내는데 색깔도 아름답고 맛도 아삭거린다. 이 콩나물잡채는 톡 쏘는 매운맛이 있는데, 이 맛의 장본인이 바로 갓씨다. 갓은 씨까지도 매콤하다.

갓은 십자화과로 배추와 한살이가 같다. 우리가 먹는 갓은 보통 청소년기 때다. 씨에서 싹이 트면 뿌리에서 잎이 돌려나는데 가장자리에 톱니가 있고 길쭉하다. 배추잎이 줄기를 감싸고 있다면 갓잎은 줄기를 감싸지 않고 잎자루에 달려 있는 점이 다르다.

갓 Leaf mustard
십자화과 두해살이풀
학명 var. juncea

중앙아시아가 원산이다. 무관심이라는 꽃말처럼 언제 들어와서 기르기 시작했는지 무관심하다.

갓은 포기가 차지 않으니 그대로 두면 겨울을 난다. 봄이 오면 뿌리잎 한가운데서 장다리가 솟아나고 4~5월에 노란 꽃이 핀다. 아래에서 위로 곁가지가 새로 나면서 계속 피워 올라가는 원뿔모양(총상)꽃차례이다. 배추와 꽃 피는 규칙이 같다. 굳이 견주자면, 배추와 유채꽃은 꽃잎 4장이 대각선으로 모여 있다면 갓 꽃잎은 더 길쭉하니 작고 다 떨어져 있다.

갓에 대해서는 알려진 게 별로 없다. 김장철에 한번 관심을 받지만 보통 때는 있는 줄도 모르고 지나가서일까. 하지만 김장을 담가본 주부들은 안다. 갓이 들어간 김치와 들어가지 않은 김치의 차이를. 양념이란 참 오묘하다. 아주 적은 양으로도 맛을 살릴 수 있으니 말이다. 오늘 하루 내 삶에 '양념' 같은 존재는 뭐였을까?

갓은 배추와 자연교잡이 잘 일어난다

밭 한 귀퉁이 갓꽃

갓꽃 보기

도시농부들이 가꾸는 상자텃밭이나 화분에서도 갓은 잘 자란다. 늦가을 갓씨를 뿌리고 싹을 틔워 겨울을 나면, 봄에 장다리가 올라와 꽃을 피운다. 남도에서는 야생화처럼 갓꽃을 만날 수 있다. 중부 지방에서는 4월에 볼 수 있다.

갓은 배추와 자연교잡이 잘 일어난다. 그래서 배추나 갓의 씨를 받으려면 서로 뚝 떨어진 밭에서 꽃구경을 해야 한다.

꽃말은 인도의 옛이야기를 따라 무관심.

막 피어나는 갓꽃

양배추꽃 · 꼬불꼬불 줄기 끝에

우연일까? 끌어당김일까?

이 우주에는 '끌어당김의 법칙'이 있단다. 그래서 사람은 자신이 끌어당긴 것을 얻는다. 우리 부부가 곡식꽃, 채소꽃에 오랫동안 몰두하다 보니 그 에너지가 모여 이렇게 책까지 쓰게 되었다.

무와 배추는 씨를 받아 다시 심으니 꽃을 피우는 수고를 아끼지 않는데, 양배추 꽃은 본 적이 없다. 그러다 올해 양배추 꽃구경을 하고 있다.

양배추는 없으면 궁금하고, 그렇다고 많이 먹는 건 아니어서 봄에 시장에서 모종을 몇 포기 사다 심곤 한다. 배추와 같이 심어도 양배추는 생육기간이 길다. 배추를 다 먹고 난 뒤 여름 장마철이 다가와야 양배추 철이 돌아온다. 그러면 부랴부랴 양배추를 뽑아 먹고 말았는데……. 한번은 양배추를 뽑지 않고, 속이 동그란 양배추만 도려내어 먹고, 겉잎 몇 장을 그냥 두었더니 새로운 경험을 했다. 이 양배추가 가을이 되자, 주먹만 한 미니 양배추 여러 개를 다시 달았다. 그렇게 해서 가을에 다시 한번 양배추를 맛보다가 몇 포기를 그냥 남겨놓은 채 겨울을 맞았다. 그런데 이 양배추가 이듬해 봄까지 살아남았다. 어렵사리 겨울을 나느라 줄기 생김새도 꼬불꼬불.

이게 과연 꽃이 필까? 식물이 꽃을 피우려는 노력은 정말 장하다. 두 해에 걸쳐 꼬불꼬불 목숨을 부지하던 게 언제냐는 듯 꽃대를 올려 꽃을 피우더라. 우리 사람이 식물을 가꾸어주는 게 아니라, 식물의 덕에 사람이 목숨을 부지하고 살고 있다는 걸 알려주려는 듯이.

양배추 Cabbage
십자화과 두해살이풀
학명 Brassica oleracea var. capitata

지중해가 원산이다.

• 꽃차례 따라 하나둘 핀다
•• 어렵사리 겨울을 난 양배추 밑동

양배추꽃 보기

길쭉하고 노란 꽃잎이 4장인 갈래꽃. 꽃받침 역시 4장. 가운데 암술이 1개, 수술은 6개다. 겨울을 나고 두 번째 해, 5월이 되면 노란 꽃을 피운다. 꽃을 먹어보았을 때 배추꽃이 들큰하다면 양배추 꽃은 달다.

꽃말은 이익.

양배추꽃

더 알아보기

배추꽃, 양배추꽃, 갓꽃 세쌍둥이 구별법

제주도 유채밭 덕에 노란 봄꽃이 방긋방긋 웃으면 다 유채인 줄 안다. 유채는 씨를 받아 기름을 짜려고 기르니 꽃을 피울 뿐, 유채, 배추, 양배추, 갓은 모두 가까운 사이로 꽃이 비슷하다. 배추꽃, 유채꽃은 정말 꽃만 봐서는 구별하기 어렵다. 이건 이파리를 보고 구별하는 게 좋다. 이 둘 다 잎이 줄기를 감싸고 있는데, 유채잎은 가늘고 길며 잎의 가장자리가 울퉁불퉁하다. 배추잎은 가운데가 넓고 가장자리가 미끈한 편이다.

배추꽃, 양배추꽃, 갓꽃을 아래 사진으로 살펴보자. 배추꽃은 진노랑에 꽃받침이 짧고 연하며 이파리 위에 여러 송이가 모여서 난다. 노란 암술 1개에 노란 꽃밥 6개. 꽃의 맛은 배추뿌리 맛으로 들큰하며 향긋하다.

양배추꽃은 이파리 하나에 꽃이 하나씩, 송이로 모여 피는 배추꽃에 견주어 드문드문 핀다. 그러다 보니 꽃이 크고, 꽃받침이 길고 날씬하다. 노란 암술 1개, 갈색 꽃밥 6개. 꽃잎은 연노란색이고 꽃의 맛은 달콤해서인지 곤충이 많이 찾아온다.

갓은 청갓과 보라갓이 있어 보라갓잎은 붉은색이 돈다. 갓잎은 잎가장자리가 잘게 갈라져 있다. 갓꽃의 어린 꽃봉오리는 송이로 모여 있으나 하나씩 피면서 자란다. 넷으로 나뉜 노란 잎이 배추꽃잎보다 갸름하고 둘씩 짝을 맞추고 있는 듯 보인다. 꽃은 가장 작은데 가는 꽃받침이 활짝 펼쳐져 있다. 그러다 보니 꽃이 지면 꽃받침도 함께 사라진다. 갓꽃은 한입 먹어보면 매콤하다.

배추꽃

양배추꽃

갓꽃

무꽃 • 몸뚱이가 동강 나도 피는

생각지도 않게 피는 꽃

앞에서 본 김선우 시인의 「무꽃」을 다시 떠올려보자. 여러 날 집을 비운 뒤 돌아와 문을 여는데 누군가 놀다 간 흔적이 보인다. 숨 고르고 찬찬히 살펴본 시인은, 버리기 아까워 사발에 담아놓은 무 토막에서 꽃대궁이 돋아난 걸 알게 된다. 보통 무꽃 보기가 흔한 일은 아니지만, 이렇게 생각지도 않게 꽃을 보여주는 게 무다. 동강 난 무라 가지를 무성하게 뻗지 못하고, 꽃도 옹색하겠지만…….

무는 배추와 함께, 십자 모양 꽃을 피우는 십자화과 채소다. 배추와 한살이가 같아, 우리가 먹는 무와 무청은 영양생장기 끝에 한껏 몸이 불어난 상태다. 이 무가 겨울을 나고 봄을 맞아야 생식생장기로 들어가 꽃대를 올린다. 4월 말이나 5월에 피기 시작하여 줄기 따라 한 달가량 계속 핀다. 배추꽃이 노랗게 방긋방긋 웃는다면, 무꽃은 흰 꽃잎 끝이 연한 보랏빛으로 살짝 물드는데, 소박하기 그지없다.

이 꽃을 보자면 먹는 걸 참아야 한다. 그렇다고 밭에 그냥 남겨두면 되나? 중부지방에서는 영하로 계속 떨어지니 얼어 죽고 만다. 그러니 꽃을 피우고 씨앗을 받으려면 따로 노력해야 한다. 가을무를 밭에서 뽑아 저장할 때 이듬해 꽃을 피우고자 하는 무는, 생장점까지 바짝 자르지 않고 잎만 조심스레 떼어내 땅속에 묻어 보관한다. 이렇게 겨울을 나면 이듬해 봄에 생장점에서 새싹이 새로 노랗게 돋는 걸, 봄에 밭에다가 다시 심어야 한다. 물론 가을무를 아파트 베란다처럼 따뜻한 곳에 두면 이듬해 봄, 훨씬 빨리 꽃을 볼 수 있으리라.

무 White radish
십자화과 한해살이 또는 두해살이풀
학명 Raphanus sativus

원산지는 이집트. 중국에는 기원전부터 재배된 것으로 추정한다. 『본초강목』에서 무의 특징을 뿌리가 흰 것, 붉은 것, 긴 것, 둥근 것 등으로 구별하고 있음을 보아도 이때(B.C. 400)에 이미 품종이 분화되었음을 알 수 있다. 우리나라에는 고려시대에 약제의 자급자족을 목적으로 간행된 『향약구급방』(1236년)에 많은 채소류가 기록되어 있는데 그중 무가 등장하고 있어 삼국시대부터 기르기 시작한 걸로 추정한다.

그런데 무가 꽃을 피우면 다 씨앗을 맺을까? 아니올시다. 꽃을 피우지만 씨앗 받기는 어렵다. 무는 배추와 같은 십자화과로 '자가불화합성'을 가진다. 그러니까 자기 꽃가루로는 수분이 되지 않는다. 수술과 암술 각각은 생식능력을 제대로 가졌는데도 제 꽃가루로는 씨앗을 만들지 않는다. 그리고 배추보다 씨앗이 굵다. 그러다 보니 씨 맺는 게 늦어지고 장마와 겹치면 꽃대가 꺾여 씨를 채 영글지 못하고 만다.

어찌어찌 씨를 맺었다 해도 그 씨를 잘 받기도 어렵다. 배추씨 꼬투리는 가늘고 길며 잘 벌어진다. 그래서 씨가 다 맺히면 커다란 포대자루에 꽃대를 쓱 베어 담아 바람이 잘 통하는 데 걸어두면 씨앗을 얻을 수 있다. 한데 무씨 꼬투리는 짧고 굵으며 그냥 벌어지지 않는다. 잘 말려서 꼬투리를 톡톡 두들겨 일일이 씨앗을 얻어내야 한다. 그러니 장마철에 잘 말리는 게 어디 쉬운가? 아차 하는 사이 꼬투리 속에 곰팡이가 피면…….

흐드러지게 핀 무꽃

무꽃은 꼬투리를 맺으면서 줄기 따라 오래도록 피고 진다

앞에는 무꽃, 뒤에 노란 꽃은 배추꽃

십자화과(배추과) 집안

호랑나비를 부르는

무꽃은 네 갈래로 갈라진 흰 꽃잎 끝이 보랏빛으로 곱게 물들어 곤충을 부른다. 꽃 가운데 눈에 보일 듯 말 듯 암술이 1개, 암술을 감싸고 있는 수술이 4개, 그 곁에 예비용 짧은 수술 2개가 더 있다(네긴 수술). 또 꽃받침이 튼실해 그 속에 깊은 씨방을 가졌다.

    무꽃에는 나비가 온다. 흰나비, 노랑나비, 호랑나비, 긴꼬리제비나비까지……. 보통 곡식꽃이나 채소꽃은 흰색이나 노란색인데 이들은 벌을 부르는 색이다. 그래서 곡식이나 채소의 꽃에는 벌은 오지만 나비가 앉는 걸 보기 어렵다. 그런데 무꽃에는 나비가 온다. 봄날, 마당 한편에 무꽃이 피고, 거기 호랑나비가 날아들면 꽃구경에 숨이 멈춰진다.

무꽃에 날아든 호랑나비

무꽃 꽃차례

무꽃 보기

땅이 송곳 꽂을 만큼 없어도 무꽃은 볼 수 있다. 겨울에 먹다가 남겨둔 무에서 새순이 돋아나는 게 있거든, 그걸 화분에 심거나 접시에 물을 살짝 담고 담가두라. 무순에서 장다리가 올라와 꽃을 피울 것이다. 사람이 기울이는 노력만큼 꽃은 더 예쁠 수밖에.

꽃말은 계절이 주는 풍요.

무꽃. 암술 1개에 수술 6개인데 2개는 작다

토막 난 무에서 꽃이 피다

무, 총각무, 열무 세 쌍둥이 견주어 보기

총각무는 작은무 계통이다. 재래종인 서울봄무에서 개량하여 육성한 무로서 1970년대 중반부터 전국으로 확대되었다. 무는 추위에 아주 약하지만 총각무는 제법 강하다. 가을에 총각무를 다 뽑지 않고 몇 포기 두었더니 그 가운데 절반 정도가 얼어 죽지 않고 겨울을 났다. 영하 17도 추위를 자연상태에서 견딘 것이다. 무로서는 상상할 수 없는 생명력이다. 그러더니 봄에 꽃대를 올리고 5월에 꽃을 활짝 피운다. 작은 것들이 아름답다고 하더니 추위에 살아남은 총각무꽃이야말로 아름답기 그지없다.

  열무는 '어린 무(young radish)'를 말한다. 열무는 봄부터 여름까지 뿌리보다는 이파리를 먹는다. 그래서인지 열무는 봄에 심었다가 다 뽑지 않고 몇 포기 놔두면 6월에 꽃대가 올라와 꽃을 피운다. 열무꽃은 무꽃보다 가늘지만 꽃잎 끝에 물든 보랏빛이 좀 더 진하다.

  무, 총각무, 열무 이 세 가지 꽃을 견주어 보자. 모두 무 집안 식구들이라 언뜻 보아서는 똑같아 보인다. 셋 다 푸른 암술 1개에 노란 꽃밥이 6개. 꽃받침이 긴데 꽃받침은 꽃잎이 떨어질 때 같이 떨어져 나간다.

  무꽃은 흰 꽃잎 끝이 보랏빛으로 연하게 물들고 꽃잎에는 나비 날개에 그려진 것 같은 푸른 잎맥이 있다. 총각무꽃은 무꽃보다 좀 작으나 거의 같다. 잎맥에 그려진 나비날개 무늬가 보랏빛이고 잎 가장자리도 진한 보랏빛으로 물들어 좀 더 붉게 보인다. 열무꽃 역시 보랏빛으로 물들지만 무꽃잎에 새겨진 잎맥 그림이 거의 사라졌다.

무

총각무

열무

왼쪽부터 열무, 총각무, 무 뒷면

PART 3

채소꽃 2
국화군

감자꽃

감자를 심은 지 딱 두 달
하얀 감자꽃 피어
바람에 자꾸 말을 건다

어리석은 마음은 그간
감자꽃을 수없이 피우고 지웠건만
일생에 한번 피는 꽃에게
몇 말의 햇볕이 필요했고
이슬의 명멸은 또 얼마나 바쳐졌을까

까치 한 마리
감자밭에 앉아 나를 바라보다가
그것도 모른다며 내 눈빛을 냉큼 쪼아먹고
푸드드득 날아오른다

황규관

Pedaliaceae

참깨과와 꿀풀과 입술꽃

쌍떡잎식물 진정국화1군

우리가 기름을 짜서 먹는 참깨와 들깨. 참깨에서는 참기름을 짜거나 깨소금을 볶는 참깨가 나오고, 들깨는 그 이파리가 깻잎이고 열매로 들기름을 짜고 들깨가루를 내어 음식에 넣어먹기도 한다.

참깨는 학자에 따라 꿀풀과에 넣기도 하고 따로 참깨과로 나누기도 한다. 자라는 모양새가 다르긴 하지만, 입술 모양의 꽃을 갖는 게 같다. 루소는 그의 책에서 꿀풀과 광대수염꽃에 대해 이야기한다.

"축 처진 두 입술 모양을 한 홑꽃잎으로 이루어져" 있다고 했다. 또한 "이 입술 모양의 꽃들은 한 쌍은 길고 한 쌍은 짧은 네 개의 수술들이 거의 같은 높이를 한 채 자리를 잡고 있다. 그 한 가운데서 암술도 찾을 수 있는데, 색은 수술들과 같지만 수술처럼 끝에 꽃밥을 달고 있는 것이 아니라 그 끝이 갈라져 있기에 쉽게 구분이 된다"*고 한다.

* 장 자크 루소, 진형준 옮김, 『루소의 식물 사랑』, 44-45쪽.

참깨꽃 • 벌들의 황홀경

참깨꽃 즈려밟고

"열려라, 참깨!" 『알리바바와 40명의 도둑』에 나오는 주문이다. 보물을 감추어둔 굴의 문을 여는 마법의 열쇳말. 주문치고는 참 잘 지었다는 생각이 든다. 참깨를 알고 보면 신통방통한 게 한둘이 아니니 말이다.

참깨는 심고 나서 싹을 틔우기가 어렵다. 싹이 나도 하도 여려 시들기도 잘한다. 하지만 그 고비만 넘기면 하루가 다르게 부쩍부쩍 자라면서 꽃을 피운다. 아래서부터 위로 가지런하게 자라면서 차근차근 피어난다. 맨 아래쪽은 이미 피어 씨앗이 다 영글었는데도 맨 위는 아직도 꽃을 피운다. 이 무렵이면 참깨는 사람 허리 이상 자란다.

잘 자란 참깨 한 포기만 해도 멋진데 수천 수백 포기가 같이 자란 모습은 장관이다. 참깨꽃이 한창일 때 밭에 들어서면 눈에 띄는 것이 있다. 밭을 하얗게 수놓은 꽃들. 꽃이 피었다가 져, 바닥에 떨어진 모습이다. 발을 옮겨 다니기가 미안할 정도. 그만큼 참깨는 빠르게 성장하면서 꽃을 피우고 꽃잎을 떨군다. 참깨꽃 한 송이는 금방 피었다가 지지만, 참깨 한 그루로 보자면 거의 두어 달가량을 피고 지고 한다.

이따금 참깨꽃이 즐비하게 떨어진 밭을 지나다 보면 김소월 시 「진달래꽃」이 떠오른다. 진달래꽃 대신에 참깨꽃으로 바꾸어 혼자 흥얼거려본다. '가시는 걸음걸음 놓인 참깨꽃을 사뿐히 즈려밟고 가시옵소서.'

참깨 Sesame
참깨과 한해살이풀
학명 Sesamum indicum L.

서아시아 원산. 통일신라시대에 기록이 있어 우리나라에서 오래전부터 길러왔다는 걸 알 수 있다. 기름을 얻기 위해 기르는 작물이다.

또 하나 장관은 벌들이 나는 모습과 소리다. 수백 마리 꿀벌이 참깨꽃마다 들락 날락한다. 윙윙거리는 날갯짓 소리는 참깨를 홀리고 사람마저 홀리는 황홀경 그 자체다. 사실 참깨는 제꽃가루받이를 기본으로 한다. 암술 하나에 수술 4개가 빙 돌아가며 견고하게 에워싸고 피어난다. 딴꽃가루받이는 5% 남짓. 하지만 참깨는 찾아오는 중매쟁이한테 지극정성을 다한다.

- 꽃잎이 즐비하게 떨어진 참깨밭
- 막 땅을 뚫고 나오는 참깨싹

아래에서 위로 차근차근 마디마디 꽃을 피우고 꼬투리를 맺는다

꿀벌과 맞춤으로

중매쟁이 가운데서도 꿀벌한테 맞춤형이라 하겠다. 참깨꽃은 종 모양 통꽃으로 아래를 향해 달린다. 통꽃은 꿀벌 한 마리가 들어갈 정도의 크기. 이 꽃에 꿀벌이 내려앉을 착륙장도 있다. 착륙장 역시 꿀벌 한 마리 정도가 앉으면 딱 좋을 크기로 입술처럼 튀어나와 있다.

꿀벌이 착륙장 꽃잎에 앉고 나면 그 앞으로 안내표시(honey guide)를 해두었다. '이쪽으로 오세요'라는 듯한 기하학적인 문양. 참깨꽃은 겉보기에 연분홍이나 우유 빛깔이다. 그런데 안내표시는 벌이 좋아하는 노란색으로 화살표를 해두었으니 맞춤 '길안내'라 하겠다.

화살표 따라 곧장 가면 꿀샘이 나온다. 그런데 참깨 꽃술은 좀 독특하다. 암술과 수술이 꽃 가운데 있지 않고 꽃잎에 바싹 붙어 있다. 그것도 벌이 들어가는 방향에서 위쪽에. 벌이 꿀 찾아 들어가면서 등짝에 꽃가루를 묻히게끔.

잠깐 서서 지켜보면 꿀벌마다 움직임이 제각각이다. 꽃가루가 왕성할 경우는 착륙장에 앉자마자 꿀샘으로 가는 게 아니라 등을 돌려 다리로 꽃가루를 먼저 취한다. 아니면 꿀을 빨고 나서 꽃을 빠져나오며 꽃가루를 모으기도 한다. 또는 꿀만 빨고 뒷걸음치듯이 꽃을 그냥 빠져나올 때도 있다. 하지만 그 어떤 움직임이든 꽃가루받이를 돕는다. 꽃 구조 자체가 꿀벌한테 딱 맞춤이니까.

그래서인지 꿀벌이 참깨꽃을 사랑하는 것도 예사롭지 않다. 하루로 보면 꽃은 아침 6시쯤 피기 시작하여 9시쯤에 활짝 핀다. 7시쯤이면 막 꽃잎이 벌어지는 참깨꽃. 그 앞에서 꿀벌이 꽃으로 들어가려고 날갯짓을 하며 서성이는 모습을 곧잘 보게 된다. 꿀벌이 외친다. "피어라, 참깨!" 우리 눈에 보이지 않을 정도로 빠른 꿀벌 날갯짓과 느리게 벌어지는 참깨꽃잎이 마치 영화의 한 장면처럼 서로 대화를 나누는 듯한 모습이다.

참깨꽃 한 송이가 지고 나면 꼬투리 하나가 영근다. 그런데 이 꼬투리 속에는 60알 남짓 씨앗이 들어 있다. 그러니까 단 한 번의 사랑으로 참깨는 많은 자식을 남기는 셈이다. 그야말로 황홀한 사랑이다. 우리 속담에 '깨가 쏟아진다'는 말이 있다. 참깨를 털어보면 이 말을 실감한다. 고소하면서도 하얀 깨가 꼬투리 속에서 끝없이 쏟아져 나오니 말이다.

참깨는 잘 알다시피 대부분 식용기름을 얻기 위해 기르는 작물이다. 그 고소함이란! 깨가 쏟아지는 재미만큼이나 향과 맛이 좋다. 참기름을 먹다 보면 새삼 궁금하다. 왜 깨는 자신을 이렇게 고소하게 만들어 사람을 유혹하는가. 이제 나도 참깨 앞에서 벌처럼 주문을 외어본다. "피어라, 참깨!"

· 꼬투리 속 깨알
·· 꼬투리를 가로로 자른 모습
··· 벌 안내 표시

참깨꽃 보기

참깨꽃은 밭꽃 가운데 아주 예쁜 꽃이다. 하지만 무척이나 여린 꽃으로, 예쁘게 단장을 하고 벌이 나타나기를 기다렸다가 벌이 들어와 꽃가루받이를 하면 맥없이 시든다. 벌들이 많이 사라져 잘 안 보이는 요즘에도 여름날 아침에 참깨밭에 가면 어디서 나타났는지 벌을 볼 수 있다.

씨앗을 뿌린 뒤 40일쯤 지나면 꽃이 피기 시작한다. 줄기 아래에서부터 위로 올라가며 피는 무한꽃차례. 계절로는 6월 말에서 8월까지 두 달 동안 피며, 색깔은 품종에 따라 연분홍 또는 우윳빛으로 여러 가지다. 참깨꽃을 그려보면 이 꽃이 얼마나 순한 꽃인지 알 수 있다. 잔 솜털이 곱게 덮인 선도 순하고, 색도 한없이 순하게 물들어 있다.

수술은 4개가 꽃통에 붙어 있다. 암술은 1개이고 암술머리가 두 갈래 또는 네 갈래로 갈라져 있다. 꽃받침은 5개이며 꽃잎은 통 모양(筒狀)이고 다섯 갈래로 갈라져 있다. 양방향 대칭인 꽃으로 넓으면서도 아래를 향한 꽃입술을 가지고 있다. 이 꽃잎술은 꿀벌이 내려앉기 좋도록 착륙지점을 만들어준다.

꽃말은 기대.

- 암술 하나를 수술 4개가 견고하게 둘러싸고 있다.
-- 참깨꽃에 날아드는 벌

들깨꽃 · 온몸으로 향기를

일찍 심으나 늦게 심으나 9월 초에 꽃을 피워

나이 들어 결혼한 어느 부부의 이야기를 들었다. 두 분의 첫 만남은 여자가 남자네 집으로 찾아가서였다. 처음 만난 남자 몸에서 향긋한 내음이 나서 좋더란다. 알고 보니 그때 남자분은 들깨를 털다가 손님을 맞은 거였다. 이렇게 들깨는 온몸에 향긋한 향을 지니고 사람에게까지 나눠준다. 한데 반전은 이 들깨향을 좋아하는 게 우리나라 사람뿐이란다. 중국만 해도 들깻잎을 먹지 않고 서양인들은 들깨향이 불편해 들기름을 공업용으로 쓴다나……. 어느 나라에서 태어나 자랐느냐가 얼마나 중요한지 새삼 느끼게 한다.

들깨는 우리가 깻잎으로 먹는 식물이다. 시장에 나오는 깻잎은 이 들깨에서 이파리가 넓고, 많이 오래도록 달리도록 개량한 잎들깨. 기름을 짜려고 기르는 일반 들깨 이파리도 향긋하고 맛이 좋다.

들깨의 잎은 모종밭을 만들어 가꾸어 여름 장마철에 옮겨 심는다. 이 들깨 모종도 나물거리. 모종을 옮겨 심어 들깨가 자라면 이파리를 따서 한참 먹는다. 꽃대가 올라올 무렵이면 이파리가 쉰다. 꽃 피는 놈한테서 이파리를 따면서 괴롭히면 좋지 않으니 이때는 잠깐 이파리 먹는 걸 쉰다. 그러다 자디잔 들깨꽃이 지고 열매가 익으면 들깨를 베기 전에 다시 깻잎을 딴다. 이 깻잎은 날로는 못 먹고 장아찌용으로 겨우내 밑반찬이 된다.

잘 익은 들깨를 베었다가, 가을볕을 맞으며 깻단을 거꾸로 잡고 탈탈 털면 꼬투리 속에서 들깨 알이 솔솔 빠진다. 주위는 온통 들깨향. 나중에 털어온 들깨를 펼치면 그 속에 온갖 벌레들이 고물고물 모여 있다. 꽃 필 때도 온갖 벌레들이 모여든다. 정작 들깨는 제꽃가루받이를 해 벌레를 불러들일 일이 없는데도 꿀과 향을 나눈다.

들깨 Perilla
꿀풀과 한해살이풀
학명 Perilla furtescens var. japonica Hara

우리나라와 동아시아가 원산지이다. 꿀풀과는 수술에 특징이 있다. 수술 4개 중, 가운데 2개는 길고 2개는 짧다. 들깨 사촌으로 자주색 잎과 꽃대를 가진 차조기가 있다.

들깨는 일찍 심으나 늦게 심으나, 해가 짧아지기 시작하는 9월 초에 꽃이 핀다. 줄기 끝과 잎겨드랑이 여기저기서 사람 손가락 길이만 한 꽃대를 올린다. 그 꽃대 하나에 작은 꽃이 돌아가며 빼곡히 붙어 아래 꽃부터 하얗게 피기 시작한다. 꽃이 피면 푸른 들깨밭이 하얗게 물들고 그 향내는 더욱 진해진다. 며칠 뒤, 땅 위에 먼저 피었다 진 하얀 꽃잎이 쫙 깔린 걸 볼 수 있다. 이 꽃대를 따서 튀기면 향긋한 들깨송아리튀김.

꽃대 하나에 수없이 달린 깨알같이 작은 꽃 한 송이를 보자. 하얀 통꽃으로 가장자리가 입술 모양으로 갈라져 있는데 아랫입술꽃잎이 좀 길어 벌레 착륙장 노릇을 한다. 항아리 같은 꽃 속을 돋보기로 들여다보면 수술 4개가 씨방에 서 있다. 그리고 저 안에 씨방 4실이 엿보이는데 씨방 가운데서 암술이 길게 올라와 갈고리 모양으로 서 있다. 이 씨방을 튼실한 꽃받침이 둘러싸고 꽃잎이 떨어져도 씨방을 지킨다.

들깨가 9월 초에 꽃을 피우는 건, 낮의 길이가 짧을 때 꽃을 피우는 단일성 식물로서 긴 밤잠을 좋아해서다. 잎들깨 농가에서는 들깨에서 꽃대가 올라오면 끝이니까 밤잠을 재우지 않으려고 밤에 불을 환하게 밝힌다. 도시 근교를 밤에 다닐 때 비닐하우스 안에 밝게 불을 밝힌 곳이 바로 잎들깨 하우스. 들깨나 사람이나 밤잠을 잘 자기 힘든 세상이다.

들깨꽃에 찾아온 곤충들

낮의 길이가 짧아지는 때 꽃을 피우는 단일성 식물인 들깨
수정이 끝난 꽃잎이 여기저기

들깨꽃 보기

텃밭에 들깨 모종을 몇 포기 구해다 심어놓고 여름내 이파리를 따 먹다가, 9월이 되어 밤이 길어지면 꽃이 피는 걸 보자. 꽃이 피고 나면 열매가 다 맺도록 놔두었다가 잎이 낙엽 들면 베어서 며칠 말린 뒤 바닥에 신문지를 깔고 탈탈 털어보자. 들깨 쏟아지는 맛을 느낄 수 있으리라.

 꽃말은 정겨움.

들깨 꼬투리와 알

들깨꽃 자세히

들깨 사촌 차조기

Solanaceae

가지과 집안

쌍떡잎식물 진정국화1군

가지과는 쓰임새가 참 많다. 가장 많이 진화한 식물군답게 현대인이 좋아하는 채소가 있고, 의약품으로 쓰이기도 한다. 대표적인 가지를 비롯하여 고추, 토마토, 감자, 그리고 담배 역시 가지과다.

가지, 고추, 토마토가 얼마나 비슷한지는 길러보면 안다. 맨 먼저 떡잎이 똑같아 구별하기 어려울 지경이다. 두 번째로 암술과 수술 그리고 꽃받침이 함께 있는 통꽃이다. 꽃잎은 방사상으로 대칭을 이룬다. 이 셋은 줄기에서 마디가 갈라지며 마디마다 잎겨드랑이에서 꽃대가 나와 꽃이 핀다. 꽃대 하나에 고추와 가지는 한 송이씩, 토마토와 감자는 여러 송이가 차례차례 핀다. 또 계속해서 새 마디가 자라 마디마다 꽃대를 내어 끝도 없이 꽃을 피운다. 농촌진흥청 연구에 따르면 고추 한 포기가 최대 1,000개에 이르는 꽃을 피울 수 있다고 한다. 그렇게까지는 아니더라도 고추 한 포기를 심으면 여름부터 늦가을까지 계속 따 먹을 수 있다. 세 번째로 가지과 꽃의 특징은 수술이다. 수술 여러 개가 세로로 길게 서서 암술대를 감싸듯이 모여 있고, 꽃밥은 2실로 세로로 터지거나 맨 위로 난 구멍이 열리며 꽃가루를 날린다. 수술이 모여 감싼 그 한가운데로 암술머리가 나온다.

하지만 이 모든 것보다 가장 큰 매력은 꽃받침이다. 꽃받침은 네 갈래 혹은 여섯 갈래로 꽃이 지고도 끝까지 남아 열매를 보호하고, 꽃이 진 다음에도 한동안 더 자라기도 하는 꽃받침도 있다. 누굴까? 한번 알아보자.

꽃잎은 1장으로 된 통꽃으로 꽃잎 가장자리가 갈라지고(고추, 토마토) 꽃잎 조각은 서로 가장자리가 겹치기도(가지, 감자) 한다. 씨방이 꽃잎 위에 있는 상위씨방으로, 꽃이 지고 나면 씨방이 드러나며 든든한 꽃받침의 보호 아래 열매가 자란다.

고추꽃 • 무명 머릿수건을 쓴 조선아낙 같은

내 손에서 새 생명이 시작되는 기분!

고추는 매력이 넘치는 먹을거리다. 야들야들하면서 톡 쏘는 풋고추, 붉은 기운만큼 확 달아오르는 붉은 고추. 얼마나 매력적인지 남미에서 태어난 고추가 고향을 떠나, 전 세계에 퍼지는 데 50년밖에 안 걸렸단다. 그렇게 퍼진 고추는 태국의 쥐똥고추, 인도의 귀신고추, 헝가리의 파프리카, 미국의 할라페뇨……. 이렇게 그 땅에 맞게 모습을 바꾸면서 살고 있다. 고추는 자기가 자라는 곳에 적응을 잘하는가 보다.

고추는 따뜻한 남쪽 나라 출신이라 따뜻한 곳을 좋아해서 16~30도 정도에서 잘 자라며, 이보다 추운 곳에서는 제대로 자라지 않는다. 그러니 온대지방인 우리나라에서 기르자면 정성을 많이 기울여야 한다. 그러니까 4월 중순에 씨를 넣으면 5월에 싹이 터 여름에 자라, 가을바람이 불기 시작해야 하나둘 붉어간다. 그러다 보니 고추가 익을 만하면 10월. 하지만 이렇게 해서는 많이 딸 수 없다.

고추를 더 많이 따기 위해 모종을 기른다. 따뜻하게 보온을 한 상태에서 미리미리 씨를 넣어 기른다. 마을 어른들이 한 해 농사 가운데 가장 먼저 시작하는 일이 바로 고추 농사다. 바깥이 꽁꽁 언 1월 말, 2월 초에 벌써 고추씨를 넣는다. 그때부터 아침저녁으로 문안 인사드려가며 모종을 돌본다. 밤에는 추우니 보온해주지 않으면 얼고, 낮에는 뜨거우니 시원하게 해주지 않으면 삶아진다. 이렇게 기른 고추 모종은 5월 초, 서리가 사라지자마자 밭에 심는다. 심지어 커다란 비닐하우스를 짓고 거기서 고

고추 Chili pepper
가지과 한해살이풀
학명 Capsicum annuum L.

고추의 고향은 남미 불가리아 고원지대로 추정하고 있다. 원래는 여러해살이이지만, 우리나라에서는 서리가 오면 죽어 한해살이다. 언제부터 우리나라에서 심기 시작했는지는 확실하지 않다. 다만 고추가 고향을 떠나 세계에 퍼지기 시작한 게 15~16세기로 일본, 중국과 교류가 잦았던 임진왜란 전후로 추정하고 있다. 한번 들어온 뒤 우리 민족과 잘 어우러져, 임진왜란 때 들어왔다고 하면 '그것밖에 안 되었어?' 하고 놀라는 이도 있다.

추를 기르기도 한다. 그러고는 말목을 박고 끈으로 층층이 묶어준다. 고추 몸에 비해 열매가 많이 달리니 의지할 수 있도록 해주는 거다. 그리고 고추가 익으면 고추밭 고랑을 기다시피하며 하나하나 손으로 따서 말린다.

처음 몇 년 고추 농사를 배울 때는 뭐가 뭔지 몰랐다. 고추밭에 가도 고추를 들여다볼 겨를이 없이 그저 일하기만 바빴으니까. 그러다 고추 농사가 뭔지, 내가 기르는 고추 하나하나가 눈에 보이기 시작할 무렵, 토종 고추인 칠성초가 우리 집으로 왔다. 이웃이 멀리까지 가서 어렵사리 구해온 고추를 하나 준 거다.

칠성초는 그 전에 우리가 기르던, 그러니까 종자회사 고추와 생김새부터 달랐다. 배가 불룩 튀어나와 배불뚝이고, 살이 두껍다. 크기도 개량종의 절반 남짓. 길러보니 맛이 우리 입맛에 알맞을 정도로 매콤하고 향기롭다.

농사의 반이 모종 농사라, "까짓 거 모종을 사다 심지" 하면 반은 그냥 먹고 들어간다. 우리처럼 100포기 남짓 기르는 경우는, 마을 어르신이 심고 남은 고추 모종을 그냥 얻어올 수도 있다. 하지만 토종 고추를 기르려니 비닐하우스를 치고 몇 달 모종을 기르곤 한다.

이렇게 모종을 기르다 보면 온갖 어려움에 부닥친다. 모종이 어릴 때는 눈에 잘 보이지 않는 벌레가 떡잎을 갉아 먹는다. 모종이 조금 자랄 만하면 두더지가 밤이면 밤마다 밭을 파헤쳐 아기고추 모종들이 뿌리가 들려 고생한다. 어느 해인가는 씨앗에서 싹이 잘 안 터서 뒤늦게 다시 넣기도 했다. 갑자기 기온이 큰 폭으로 떨어지면 이불까지 덮어주며……

그러면서도 계속 해왔다. 가을이면 잘 익은 고추를 보면 씨 하고 싶고, 봄이면 고추 가운데 가장 잘생긴 놈을 골라 그 태(胎)자리에서 황금색 씨앗을 하나하나 고르는 시간이 좋아서다. 그러다 안철환 님이 지은 책*에서 고추 직파농사를 하는 걸 보고 직파농사로 옮겨가고 있다. 고추를 적게 따더라도 자연스레 기르면 고추도 좋고 나도 좋지 않겠나!

---

* 안철환, 『호미 한자루 농법』, 들녘, 2016. 1장 참고.

고추는 오래도록 꽃이 핀다
추운 날, 씨껍질을 달고 싹이 난 고추

붉은 열매 하얀 꽃

뜨거운 여름 햇살을 달게 받으며 고추가 자그마한 꽃을 피우고 그 꽃 끝에서 아기고추가 나타난다. 고추꽃은 줄기 마디에 있는 잎겨드랑이에서 하얀 꽃이 한 송이씩 아래를 보며 핀다. 사진을 찍어 확대해 보면, 고추꽃의 안방 사정을 훔쳐본 기분이다.

꽃잎이 하나로 된 통꽃이지만 꽃잎 끝이 대여섯 갈래로 갈라져 있는데 수술의 숫자도 여기에 맞추어 5~6개다. 꽃받침 역시 끝만 얕게 대여섯 갈래로 갈라져 있다. 꽃밥은 노란색이며, 암술은 1개이다. 꽃받침을 보자. 고추는 가지과로 그 특성이 하나 더 나온다. 가지과 꽃받침은 씨방을 감싸고 있는 상위씨방이다. 수술이 꽃잎에 붙어 있어 꽃잎이 떨어지면 수술도 함께 떨어지고, 꽃받침과 씨방이 남아 있다. 이 씨방이 자라 고추(열매)가 되는데, 꽃받침은 고추와 한몸으로 자라나며 고추를 딸 때까지 싱싱하게 달려 있다.

열매에 싱싱한 꽃받침이 붙어 있는 게 얼마나 되나? 열매채소인 호박(박과) 오이(외과)는 꽃받침 아래 씨방이 있는 하위씨방, 꽃이 지면서 꽃받침도 따라서 진다. 나무 열매에서는 감 정도다. 그래서 가지 꼭지, 감 꼭지가 약이 되는가! 토마토 꽃받침은 먹을 수 없지만, 고추 꽃받침은 먹을 수 있고 영양도 담뿍 담겨 있단다.

꽃잎이 시들어 오그라지면서 그 자리에 푸른 아기고추가 모습을 드러낸다. 풋고추를 보면 꼭지라 부르는 부분이 꽃받침, 그 위에 길게 달린 게 꽃자루. 이걸 알고 풋고추를 먹을 때 받침까지 먹어본다. 아삭!

- 고추꽃에 찾아온 벌
- 고추꽃 진 뒤
- 토종 칠성초

씨고추 한 알을 얻기 위해

붉게 익은 고추를 따서, 햇살에 말리면 향긋하면서도 구수한 내음이 난다. 그 가운데 가장 잘생긴 놈을 씨로 골라 들면, 아들이 장가를 가는 듯 흐뭇하다. 고추 농사로 한 해를 시작하고 고추를 다 거두어들이면 한 해 농사도 끝난다.

여기서 잠깐, 씨 받는 이야기를 해보련다. 뿌리채소를 제외한 대부분의 씨앗은 수분함량이 낮을수록 보관이 잘된다. 또 씨앗을 말릴 때는 되도록 반그늘에서 자연바람으로 말리는 게 좋다. 나는 씨고추를 하나하나 실에 꿰어 처마 밑에 말린다. 이렇게 씨고추를 자연건조를 하려면 9월 말은 넘은 뒤에 따는 게 좋다. 더운 여름에 딴 고추를 자연건조하다 보면 겉은 말라도 고추 속은 곰팡이가 피기 십상이다.

자, 그렇다면 이제 중요한 요령은 9월 말까지 고추를 건강하게 기르는 일이다. 물론 농약은 안 치고. 날씨에 따라 어느 해는 10월 말까지도 건강하게 잘 자라는 해가 있지만, 궂은 날이 계속 이어지는 해는 9월에 접어들기도 전에 병이 돌기도 한다. 이렇게 씨고추를 받아보면 농사를 제대로 하고 있는지 아닌지 스스로 알 수 있다.

아니면 아예 10월 중순 고추 포기를 뿌리째 뽑아 거꾸로 매달아 말린 다음 씨를 받기도 한다. 만일 이렇게 하기가 어렵다면? 검붉게 잘 익은 고추를 따서 며칠 동안 바람에 후숙시킨 뒤, 반을 갈라 바싹 말려야 한다.

봄이 다가오면 처마에 매달린 씨고추 가운데 다시 3~4개를 고른다. 그 속을 열면 태자리에 올망졸망 붙어 있는 황금 동전같이 생긴 씨앗들. 태자리 하나에 씨앗이 얼추 1백 알이 넘는다. 눈으로 보기에는 다 좋은 거 같다. 하지만 물에 담그면 완전히 다르다. 가라앉는 충실한 놈만 쓴다. 씨가 되는 길은 이렇게 정성과 시간이 필요하다.

참고로 이 씨앗을 장기보관하고 싶으면, 잘 말린 씨를 밀폐용기에 습기제거제와 함께 냉동실에 넣으면 된다. 그다음 중요한 게 씨앗을 꺼내 쓸 때다. 냉동실에서 밀폐용기를 꺼낸 뒤, 씨앗을 곧바로 꺼내면 안 된다. 밀폐용기째 천천히 실내온도와 같이 녹인 뒤 용기를 열어 씨앗을 꺼내야 한다.

- 씨고추 말리기
- 태자리에 올망졸망 달린 고추 씨앗

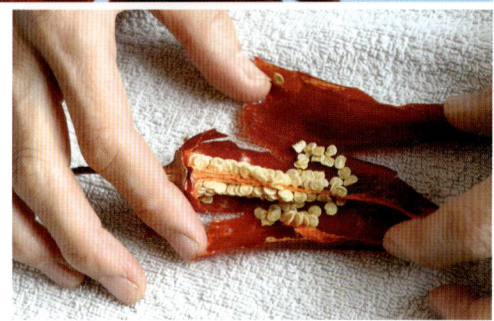

고추꽃 보기

5월 초 고추 모종을 사다 길러본다. 화분에 한 포기만 심어도 꽃이 제법 많이 핀다. 꽃은 6월부터 서리가 내릴 때 까지 고추가 자라면서 계속 피는데, 오전에 핀다. 제꽃가루받이를 주로 하나, 아침에 고추밭에 앉아 일하노라면 벌이 들락거리는 걸 볼 수 있다. 파프리카나 피망의 꽃도 고추꽃과 비슷한데 더 통통하고 크다.

꽃말은 세련.

활짝 핀 고추꽃

가지꽃 • 온몸이 보랏빛으로 물들어

꼭지, 아기를 꼭 지켜주는 꽃받침

우리네 여름 반찬거리로 없어서는 안 될 감자, 풋고추, 토마토, 가지……. 이 가운데 감자, 고추, 토마토가 아메리카 한 고향 출신. 가지만은 고향이 인도로 이름이 'Brinjal'. 우리나라에는 신라시대 기록이 있는 거로 보아 천 년도 넘는 시간을 우리와 함께 살았다.

동남아만 가도 그 종류가 여러 가지더라. 흰가지, 노란가지, 동그란가지……. 하지만 우리나라 대표 가지는 길쭉하고 진한 보라가지다.

가지 싹은 처음에는 고추, 토마토와 똑같이 푸르다. 그렇게 푸르던 가지가 꽃이 필 만큼 자라면 온몸이 보랏빛으로 물든다. 이파리, 줄기, 꽃받침 그리고 꽃잎까지. 잎겨드랑이 사이에서 비스듬히 고개를 아래로 숙인 가지꽃. 이 꽃을 들여다보면 강렬한 보랏빛 꽃잎 안에 진노란 수술이 대단하다.

꽃받침 역시 장관이다. 진한 보랏빛 꽃받침은 어린 가지 열매와 한동안 함께 자란다. 아기가지를 잘 보호하기 위해서다. 사람으로 말하자면 아기를 폭 감싸는 포대기처럼. 그러니까 꽃받침은 꽃만 보호하는 게 아니다. 가지 꽃받침은 아기열매까지 보호한다.

그러고도 한 걸음 더 나아간다. 이 꽃받침은 우리가 나중에 열매로 만날 때는 꼭지가 된다. 고추 꽃받침은 고추 꼭지. 가지 꽃받침은 가지 꼭지. 고추나 토마토 꼭지는 손쉽게 딸 수 있지만, 가지 꼭지만은 칼로 도려내야 하지 않는가. 또 가시로 무장을 해, 함부로 손대기 어렵게 한다. 이 얼마나 놀라운 지혜인가. 그래서인지 가지꼭지는 약성이 좋다. 이를 모아 차나 한번 끓여 마셔볼까?

가지 Eggplant
가지과 한해살이풀
학명 Solanum melongena

인도가 원산. 우리나라에는 신라시대부터 기른 걸로 추정하고 있다.

흰 열매나 노란가지도 보랏빛 꽃을 피울까? 흰가지를 한 번 길러본 적이 있는데 이 가지 역시 보랏빛 꽃을 피우긴 하더라. 다만 온몸이 보랏빛으로 물들지 않고 꽃잎도 연한 색을 띠었다. 전체적으로는 연한 푸른색에 잎의 가운데 잎맥만 살짝 붉은 기운이 도는 정도였다.

가지꽃은 왜 고개를 숙이고 있을까? 비 오는 날, 그 답을 알 수 있었다. 꽃잎이 보랏빛 우산이 되어 꽃술을 지켜주고 있구나! 마치 우산을 펴는 것처럼 팽팽하게 꽃잎을 펼친다. 거의 수평에 가깝게 꽃잎을 펼치기 때문에 비가 와도 끄떡없다. 참으로 아름다운 '꽃잎 우산'이다. 꽃잎 끝마다 빗물 한 방울 들이지 않겠다는 결기가 느껴질 정도로 팽팽하다. 가지꽃은 빗속에서도 우산을 쓰고 서로 사랑을 나눈다. 그래서 장마철에 토마토나 고추가 잘 안 달릴 때도 가지는 주렁주렁 열매를 다는구나. 여름이면 길고 긴 장마가 있는 우리 땅에 맞는 가지. 가지야, 올여름 장마철도 잘 부탁한다.

가지는 꽃이 진 뒤에도 한동안 꽃받침이 자란다
주렁주렁 가지와 가지꽃
꽃봉오리, 꽃, 가지

비오는 날 가지꽃, 보랏빛 꽃잎 우산

가지꽃 보기

텃밭에 고추, 방울토마토만이 아니라 가지도 몇 포기 심어보자. 보랏빛에 감탄할 수 있다. 꽃은 5월 말부터 서리 내릴 때까지 볼 수 있다. 물을 줄 때 가지꽃도 관찰해보자. 열매가 아직 어릴 때 뚝 따서 바로 먹으면 약간 아릿하면서도 달큰한 새로운 맛을 즐길 수 있다.

5장의 꽃잎과 꽃받침이 합쳐져 통꽃을 이루며 진노랑 수술이 5개이다. 가끔 수술이 6개 또는 7개인 경우도 있다. 수술은 꽃잎에 붙어 서서 둥글게 모여 가운데 암술대 하나를 단단히 감싸고 있다. 암술머리는 2개. 씨방은 꽃의 위쪽에 달린다.

꽃말은 진실.

가지 꽃술 자세히

토마토꽃 • 저 뜨거운 햇살을 향하여

기지개를 켜듯, 다이빙을 하듯

세계에서 가장 많이 먹는 채소는? 바로 토마토다. 어느덧 우리 일상에서도 없어서는 안 될 채소로 자리 잡았다. 우리 식구 역시 토마토를 좋아한다. 과일로 먹기도 하고, 토마토된장샐러드나 토마토달걀볶음처럼 반찬으로 먹기도 하며, 토마토소스를 만들어 양념으로도 먹는다. 이 토마토소스만 있다면 달걀볶음도 색다르고, 파스타가 먹고프면 면만 삶으면 끝이다. 보기도 먹음직스럽고 맛도 좋다.

그런데 토마토를 기르는 일은 생각보다 어렵다. 아니, 까다롭다고 해야겠다. 추운 거는 당연히 안 되고, 너무 더워도 안 된다. 또 장마철에 비가 며칠 연이어 오면 걱정부터 앞선다. 비 그치고 밭에 가보면 어제까지 싱싱하던 토마토잎이 시들 때가 가끔 있다. 장맛비에 뿌리부터 상한 거라 백약이 소용없다. 그 김에 토마토를 더 깊이 공부하게 된다.

알고 보니 토마토는 빛을 참 좋아하는 식물이다. 꽃이 필 무렵에는 그 모습을 맨눈으로도 생생하게 볼 수 있을 정도로. 토마토꽃에는 꿀이 없고 꽃가루조차 그리 활발하게 나오지 않는다. 오죽하면 꽃가루받이를 돕기 위해 꽃이 필 무렵 토마토를 줄기째 흔들어주라 할까.

그럼, 토마토는 자기 나름 꽃가루받이를 잘 하기 위해 어떤 노력을 할까? 먼저 기본 상식부터 알아보자. 토마토꽃은 꽃 가장자리가 별처럼 가늘게 갈라져 있지만 꽃잎이 1장인 노란 통꽃이다. 꽃대 하나에 여러 송이가 차례차례 핀다. 꽃 한 송이를 자세

토마토 Tomato
가지과 한해살이풀
학명 Solanum lycopersicum.

남미 안데스 산맥 고원지대가 원산지로 고향 땅에서는 여러해살이지만 우리나라는 한해살이. 키는 1~2미터 남짓 자란다. 곁가지를 많이 내며, 줄기가 땅에 닿으면 그곳에서 뿌리가 나온다.

히 들여다보면 수술 6개가 빙 둘러붙어 있다. 가지나 고추는 빙 둘러서 있는 것 같지만 하나하나가 자유롭다면, 토마토는 '좌우로 밀착'한 듯 틈이 없이 붙어 있다. 그럼 암술은 어디 있을까? 수술 한가운데로 암술이 나오는데, 처음 피기 시작할 때는 수술만 보이고 암술은 아직 나오지 않았다.

이때 중요한 건 햇살. 햇살을 잘 받아야 꽃가루가 충실하게 된다. 아침 햇살이 오르고 점점 빛이 강해지면 토마토는 꽃잎을 움직인다. 오므렸던 꽃잎을 아침부터 조금씩 펼치기 시작한다. 햇살이 강해지는 9시쯤에는 꽃잎을 꽃술과 직각이 될 정도로 펼친다. 보통 다른 꽃들은 이 정도면 활짝 핀 상태로 더 이상 펼치지 않는다.

그런데 토마토꽃은 그렇지가 않다. 햇살 따라 계속 움직인다. 꽃잎을 점점 뒤로 젖힌다. 기지개를 켜듯, 만세를 부르듯이 젖힌다. 그러다가 한낮이 되면 꽃잎을 최대한 뒤로 젖힌다. 꽃술이 햇살을 남김 없이 받고자 한다. 이때 모습을 한 발 물러나서 보면 마치 수영선수가 물속으로 다이빙하기 위해 두 손을 머리 위로 가지런히 모으고 물을 향해 들어가려는 자세에 가깝다.

암술은 이렇게 꽃가루가 영근 상태를 점검하면서 서서히 수술 한가운데를 뚫고 나온다. 이 과정에서 꽃가루받이를 하는 거다. 벌 역시 이렇게 꽃잎을 활짝 뒤로 젖힌 꽃들을 찾아다닌다.

토마토싹
토마토꽃은 5월부터 9월까지 오래도록 피고 진다

해를 품은 채소

어렵사리 꽃가루받이를 끝내면 토마토꽃은 이제 꽃잎을 닫는다. 꽃잎 빛깔이 노란빛에서 흙빛으로 바뀐다. 꽃이 져서 아쉬운 순간이지만, 꽃잎 꽁무니에는 어느새 콩알만 한 아기토마토가 꽃받침 보호 아래 모습을 드러낸다. 그래서 토마토꽃은 지고 나서도 예쁘다. 아기토마토는 하루가 다르게 쑥쑥 자란다. 토마토가 햇살을 아주 좋아해서일까. 다 익으면 겉도 붉지만 속도 붉다. 토마토에는 붉은 색소인 리코펜이 유난히 많다. 리코펜은 항산화 작용이 뛰어나고 항암효과가 있으며 노화방지에도 도움이 된단다. 유럽 속담에 "토마토가 붉게 익으면 의사 얼굴이 파래진다"는 말이 있을 정도다.

햇살을 좋아하지만 습한 날씨를 견디지 못하는 토마토한테 우리나라 여름 장마는 고난이다. 그래서 토마토는 비가림 재배를 많이 한다. 여기 견주어 야생성이 좀 더 강한 방울토마토는 텃밭에서도 기르기 쉬운 편이다.

여건이 된다면 작은 텃밭이나 하다못해 화분에라도 방울토마토 두어 포기를 길러보길 권한다. 꽃 보는 재미도 좋지만 열매는 꽃보다 더 화려하다. 이글거리는 텃밭에서 갓 따낸 붉은 토마토. 그런 토마토를 한입 베어 물면 해를 먹는 기분이다. 덜 익은 열매를 따서 후숙한 토마토하고는 견줄 수 없는 맛.

- 꽃이 진 뒤 시든 꽃잎 꽁무니에 아기토마토가 자란다
- 토마토 첫 열매
- 방울토마토는 야생성이 강해 풀 가운데서도 꿋꿋하다

토마토꽃 보기

아파트 베란다에서도 작은 상자에 방울토마토를 두어 포기 기르는 이가 많다. 5월에 모종을 심으면 땅에 자리를 잡자마자 꽃을 하나둘 피우면서 계속 자란다. 5월 하순부터 피기 시작해 여름 내내 핀다. 집 안에서도 꽃구경을 하기 좋다. 꽃은 보통 5월부터 피기 시작하여 9월까지 이어진다. 꽃대는 처음에는 8~9마디에서부터 생기고 그다음부터는 3마디 간격으로 달린다. 꽃대마다 다섯 송이 내외로 꽃이 핀다. 꽃 한 송이 크기는 2센티미터 남짓. 꽃잎은 여섯 조각으로 갈라진 통꽃이며, 꽃받침은 6개. 열매는 과육과 물이 많고 속에 씨가 들어 있는 장과로서 6월부터 붉은빛으로 익는다.

꽃말은 '완전' 완성된 아름다움.

방울토마토 꽃이 피는 모습
a.m. 7:11
a.m. 8:17
a.m. 9:16
p.m. 12:20

감자꽃 · 자주 꽃 피면 자주감자

세계사에 커다란 파장을 준 감자

모내기를 끝내고 차를 타고 가는데 논 옆, 작은 감자밭에 감자꽃이 환하게 피어 있었다. 봄 들꽃과 나무 꽃이 다 진 초여름 들판을 감자꽃이 예쁘게 꾸며주고 있었다. 차에서 내려 감자밭을 보니 감자꽃이 두 가지다. 권태응 시인의 동요집, 『감자꽃』에 나오듯이 '자주 꽃 핀 건 자주감자 하얀 꽃 핀 건 하얀 감자.'

꽃의 빛깔이 다르다는 건 감자의 종류가 다르다는 이야기다. 원래 감자의 고향은 남아메리카 안데스 산맥이다. 이 감자가 유럽으로 들어온 건 1600년대. 감자가 유럽으로 갔을 때는 한창 종교분쟁으로 마녀사냥을 하던 시기인데, 당시 영국 사람들 눈에는 감자가 악마로 보였단다.

감자는 다른 곡식과 다른 점이 많다. 보통의 곡식이나 채소는 열매를 맺고 그 열매가 씨가 된다. 한데 감자는 우리가 먹는 그 모습 그대로가 씨가 되어 여기서 싹이 난다. 어미 몸에서 일부가 분리되어 새로운 개체가 생겨나는 영양번식을 하는 거다.

감자는 땅에서 캐니 뿌리일까? 아니다. 덩이줄기다. 감자에 볕을 쪼이면 푸르게 바뀌며 광합성을 하는 게 그 증거. 감자를 땅속에 심으면 덩이줄기에서 땅속으로 기는줄

감자 Potato
가지과 한해살이풀
학명 Solanum tuberosum

남아메리카 안데스가 고향. 우리나라에는 1824년~1825년 순조 때에 들어왔다. 감자에는 눈이 있는데, 여기서 어린 싹이 돋아나 덩이줄기가 달렸던 식물과 똑같은 식물로 자란다(무성번식). 따라서 마음에 드는 감자가 있으면 그걸 다시 심으면 똑같은 감자가 나온다. 하지만 이렇게 어미 몸을 그대로 복제하는 무성번식은 유전인자가 같아 환경변화에 적응하는 힘이 떨어진다. 전염병이 돌면 속수무책이다. 만일 한 감자에 병이 돌면 감자 전체에 피해를 줄 수 있다. 그래서 꽃을 피우고 씨를 받아 심는 유성번식이 필요하다. 씨감자개량사업소에서 유성번식으로 감자를 개량해 신품종을 만든다.

기가 뻗어 나와 기는줄기의 끝부분에 새로운 감자가 달린다. 이런 감자의 특징이 당시 영국사람 눈에는 이렇게 보일 수도 있었나 보다. '땅속에 시체처럼 파묻으면 갑자기 생기를 띠고 개체수를 늘려가 얼마 뒤 관능적인 곡선을 지닌 벌거벗은 감자가 나온다.'*

이 악마와 같은 감자가 식량이 된 거는 루이 16세 때. 약제사 파르망티가 굶주린 파리 시민을 위해 베르사유 궁전 채소밭에 기르면서부터다. 프랑스에서 식량으로 인정받은 감자는 다시 영국으로 돌아가 영국 식민지였던 아일랜드 소작농들의 식량이 되었다. 한데 감자에게 약점이 있었으니 바로 병에 약하다는 점이다.

1845년과 1846년 아일랜드에서 감자역병이 돌아 농사가 망했다. 뒤이은 대흉작으로 굶주림을 못 이겨 아일랜드인들은 정든 고향땅을 버리고 신대륙 이민선에 몸을 싣게 된다. 그 수가 250만 명. 감자는 이처럼 세계사에 커다란 파장을 일으켰다. 곡식 하나가 세계사를 바꿀 수 있구나!

차례차례 감자꽃 •
감자싹이 자란다   ••

* 빌 로스, 김소정 옮김, 『진기한 야채의 역사』, 눈과 마음, 2005, 19쪽.

모내기를 마칠 무렵에 감자꽃 한창

자연의 생명을 지키며 함께 사는 일

한창 모내기를 하는 중에 일본 교토에 사시는 스치다 다카시 님이 우리 동네에 오셨다. 1973년부터 '쓰고 버리는 시대를 생각하는 모임'을 만들고 농산물직거래 단체인 안전농산물공급센터를 이끌어오신 분이다. 다카시 님은 농부로서 도시 소비자들에게 안전한 농산물을 보내주는 게 얼마나 중요한지 강조하셨다. 또한 농업을 살리자고 당부하고 또 하셨다.

나도 그 말에는 기본적으로 공감하지만 농부의 역할만 강조하는 게 못마땅하여 한마디 했다.

"도시 사람들도 농산물이 얼마나 소중한지 한번 겪어봐야 한다."

이 말에 그분은 내 나이가 몇인지 되물었다. 그러면서

"전쟁을 안 겪어봐서 그런다. 그 말에는 기본적으로 공감을 한다. 하지만 모두가 먹을 게 없는 상황은 너무 끔찍하다. 그러니 함께 살자."

우리나라는 대대로 농업 국가였다. 3, 40년 전만 해도 우리나라 국민의 대부분이 농사를 지었고, 식구들 먹을거리를 중심으로 골고루 심었다. 거기에 견주면 지금 우리나라 농촌은 '뒷방 늙은이'가 되었다. 많은 사람들이 식량을 자기 손으로 길러 먹는 게 아니라 시장에서 사다 먹듯, 우리나라에서 기르지 않는 식량은 외국에서 사 오면 그만이다. 이러다 식량을 외국에서 사 오기 어렵게 되면 어떻게 살까? 이러다 어느 해 곡식 하나가 우리나라 역사를 바꾸는 일이 벌어질 수도 있지 않을까?

다카시 님의 '함께 살자'는 말을 떠올린다. 농부들이 더욱 열심히 그리고 더욱 안전하게 농사를 지어야겠다. 그러나 그것만으로 될까?

감자 농사를 지어 도시로 보내다 보면, 감자 굵기가 조금만 달라도 뭐라고 한다. 감자밭에서 나오는 감자는 작은 것부터 굵은 게 섞여 있는 게 자연스러운 일이다. 자연의 생명은 공장에서 만드는 물건과는 다르니까 말이다. 그런데 한 가지 굵기만 달라고 하면 다른 건 어떻게 하나? 그것도 생명이긴 마찬가지인데……. 굵은 감자는 납죽납죽 썰어서 요리에 넣어 먹고, 중간 크기 감자는 쪄 먹고, 잔 감자는 조려 먹거나 구워 먹고. 이렇게 감자 농사를 짓는 사람들은 자연이 준 그대로 감사하게 먹는다.

도시에서 정해진 수입으로 살다 보면 감자 한 상자도 쉽게 사기 어려울 수도 있다. 하지만 감자가 싸다 비싸다 생각하기에 앞서 우리 목숨 줄이라는 걸 잊지 말았으면 좋겠다. 올여름도 덥다고 한다. 하지에 캔 감자를 맛있게 드시며 여름을 이겨나가길 빈다.

• 자주감자 자주꽃. 분홍감자 분홍꽃
•• 꽃과 함께 햇감자 수렁수렁

감자꽃 보기

이른 봄, 싹이 나기 시작한 감자를 화분에 심으면 감자에서 싹이 나고 꽃이 핀다. 5월 말에서 6월 초 모내기철에 감자밭에 가면 감자꽃을 볼 수 있다.

3~4월에 감자를 밭에 심으면 덩이줄기에서 땅 위로는 싹이, 땅속으로는 기는줄기가 뻗는다. 줄기가 자라 잎과 뿌리에서 영양을 받는 만큼 땅속 기는줄기 끝부분이 부풀어 올라 새로운 감자를 단다. 땅속 기는줄기에 새끼 감자가 달리면, 감자는 꽃을 피운다. 그 시기가 5월 말에서 6월 초. 잎겨드랑이에서 긴 꽃대가 올라온다. 꽃대 꼭대기에서 가늘고 짧은 꽃대가 여러 개 다시 달리고 거기 꽃이 하나씩 달리는데, 꽃대의 맨 위에 달린 꽃이 먼저 피고 점차 아래 꽃이 핀다. 이걸 '작은모임꽃차례'라 한다.

꽃잎은 감자의 종류에 따라 빛깔이 여러 가지다. 또 줄무늬가 있는 꽃도 있다. 색은 달라도 꽃 모양은 같다. 끝이 오각별 모양으로 갈라진 통꽃이다. 꽃 가운데 씨방이 있고 거기에 푸른 암술이 1개, 그 암술을 둘러싼 노란 수술이 5개. 꽃받침은 5개.

과연 꽃향기는 있을까? 뜻밖에도 알싸한 향이 좋다. 감자는 꽃이 잘 피지만 씨앗을 잘 맺지는 못한다. 품종에 따라 다른데, 꽃이 피지만 아예 수정을 하지도 못하고 꽃잎이 떨어지는 경우가 많다. 수정이 되었다면 꽃이 진 뒤에 방울토마토 모양의 작은 풀빛 열매가 달린다. 농가에서는 꽃이 피면 감자알로 갈 영양이 꽃으로 간다고 다 따주니 이래저래 씨앗 보기가 어렵다. 꽃이 피고도 열매를 맺지 않는 것은 개량과정에서 수많은 교잡이 일어나고 그 과정에서 임신능력을 잃어버린 것이다.

감자는 가지과라 28점무당벌레 피해가 크다. 이 벌레가 잎을 갉아 먹으면 감자가 제대로 안 자라니 한번 생기면 이듬해 밭을 바꿔주어야 한다.

꽃말은 당신을 따르겠습니다.

- 감자꽃 지고 나서
- 감자잎을 갉아먹는 28점무당벌레애벌레와 알
- 암술 하나에 수술 5개

Apiaceae

미나리과 (산형과) 집안

쌍떡잎식물 진정국화2군

미나리과는 북반구의 온대에 많은 식물이다. 미나리, 고수, 당근이 있다. 한반도에 자생하는 나물이자 약초인 어수리, 반디나물, 방풍나물, 참나물, 당귀, 바디나물이 바로 이 과다.

여러해살이풀로서 줄기는 굵고 곧게 서며, 잎은 어긋난다. 이 과의 특징은 꽃차례다. 한번 미나리과 꽃차례를 알고 나면 어디서 무슨 풀을 보든 미나리과인지 아닌지 한눈에 알 수 있다. 작은 여러 개의 꽃들이 우산살처럼 달리고(우산모양꽃차례), 대부분 이들이 다시 우산살처럼 모여 꽃모양을 이룬다. 이걸 겹우산모양꽃차례라 한다. 꽃대 중심으로 이 꽃차례를 보면 꽃대가 방사상으로 뻗어나가다, 끝에서 다시 한번 작은 꽃대가 방사상으로 뻗어 그 끝에서 작은 꽃이 핀다.

당근꽃 · 몽글몽글 복슬복슬 부케

소중하지만 잃어버렸던 그 무엇

사람들에게 당근 하면 떠오르는 이미지는 대부분 주황색 뿌리 부분일 테다. 그만큼 우리는 당근을 '먹는' 데 익숙하다. 그럼, 꽃은? 우리 식구가 가을에 당근을 가꾼 다음, 다 캐지 않고 남겨둔 적이 있었다. 그 몇 포기가 추운 겨울을 나고 이듬해 봄까지 살아남았다. 땅이 녹자, 이 녀석들이 잎을 새로 내더니 5월부터 꽃대를 위로 올리는 게 아닌가. 당근 처지에서 보자면 사춘기. 불끈불끈 솟아나는 모양새를 보아하니 하루가 다르다. 6월 초가 되자 사람 허리 가까이 솟고, 그 끝에서는 어느새 앙증맞은 꽃차례를 보여준다. 이게 정말 내가 먹던 그 당근이란 말인가. 한마디로 경이로웠다. 뿌리에 저장해둔 모든 에너지를 한꺼번에 끌어올리는 것 같았다.

곧이어 꽃을 피운다. 하얗고 소박한 꽃을. 처음으로 본 당근꽃은 많은 느낌을 갖게 했다. 우선 반가웠다. 꽃 색깔이나 향기를 떠나, 소중하지만 잃어버렸던 그 무엇을 다시 되찾은 느낌이랄까. 씨앗이 있다는 건 곧 꽃이 피는 걸 전제로 하지 않는가. 너무나 당연한 걸 까마득히 잊고 있던 나 자신이 부끄러웠다.

당근은 꽃차례가 오밀조밀 복스럽다. 하얀 꽃 한 송이는 작다. 이 작은 꽃 수십 개가 모여 자그마한 우산모양(산형)꽃차례를 이루며, 다시 이들 우산모양꽃차례 수십 개가 모여 겹우산의 모양을 이룬다. 가까이서 보면 마치 바람개비로 매스게임이라도 하는 거 같다. 조금 떨어져 보면 몽글몽글 솜사탕 같다. 향기도 은은하다. 꽃에는 먹을 게 많은지 온갖 곤충이 꼬인다. 배추흰나비, 노린재, 풍뎅이, 등에, 개미…….

당근 Carrot
미나리과 두해살이풀
학명 Daucus carota L.

원산지는 아프가니스탄. 우리나라에는 언제부터 길렀는지 확인되지 않지만, 당나라에서 들어왔다고 '당'근이라 하는 걸로 봐서 통일신라와 발해로 나뉘었던 때로 추정한다. 1미터 높이로 자라며, 뿌리는 원뿔 모양인데 그 길이가 10~15센티미터 정도이다.

당근꽃은 6월부터 피기 시작하여 7월까지 약 40일쯤 핀다. 밭을 오고 가며 이 꽃을 자주 보다 보니 어느 순간, 남성 이미지와 겹친다. 뿌리를 남자성기라고 치면 줄기가 위로 꽂꽂이 솟는 건 발기된 상태. 수많은 흰 꽃은 정액. 이렇게 연상이 이어지니 새삼 당근이 예사롭지가 않다.

보통 씨앗 하나 심어서 얼마나 거둘까? 벼는 이삭 하나에 꽃이 100개에서 200개가량 핀다. 벼 한 포기가 5~6개 정도 가지치기를 했다고 치면 한 알의 볍씨는 얼추 1천 송이가량 꽃을 피우는 셈이다.

• 바람개비처럼 피어나는 당근꽃
•• 이제 막 싹이 튼 당근

꽃과 씨앗을 위해 몸이 갈라 터지는 아픔

당근 꽃대는 중심 줄기 하나가 먼저 올라오고 곧이어 그 둘레로 곁가지들이 자라난다. 당근마다 다르기는 하지만 환경이 좋다면 대략 8~9개 남짓 가지치기를 한다. 중심 줄기를 기준으로 그 둘레 가지들이 반원에 가깝게 뻗는다. 이 가지마다 다시 2차·3차 가지가 나오는데 이 가지마다 다시 꽃대가 나오고 겹우산모양꽃차례를 이루며 꽃이 핀다. 조금 정신이 없을 정도다.

중심 줄기에서 가장 먼저 나오는 꽃차례가 가장 커, 가장 많은 꽃을 피운다. 얼추 3,000~4,000송이. 2차·3차 가지로 갈수록 송이 수가 적다. 그렇다 하더라도 곁가지마다 피는 꽃차례가 많다 보니 한 포기 전체 꽃수를 헤아리기가 쉽지 않다. 자료를 찾아보니 5만에서 15만 송이로 나온다. 아마도 우리가 먹는 채소 가운데 한 포기로만 보자면 가장 많은 꽃을 피우지 싶다.

도대체 무슨 힘이 어디서 나오기에 이렇게 많은 꽃을 피워낼 수 있을까? 새삼 땅속뿌리가 궁금하다. 조심스레 한 포기 당겨보았다. 아, 우리가 먹던 그 당근이 아니다. 곱고 미끈하고 예쁘게만 보던 그 모습이 아니다. 세로로 갈라 터진 모습이 처절하다. 아기를 낳을 때 살이 찢어지는 아픔을 겪는 건 우리네 어머니만이 아닌 셈이다. 말 없는 당근도 수많은 꽃을 피우기 위해 땅속에서 아프게 온 힘을 쏟고 있는 것이다.

이렇게 한 생명이 수많은 꽃을 피우는 모습을 보노라면 그 생명력을 닮고 싶어진다. 어쩌면 당근을 즐겨 먹다 보면 그 생명력도 얻는 게 아닐까? 내가 잘 아는 누군가가 초여름에 결혼을 한다면 당근꽃으로 부케를 만들어 주고 싶다.

- 겹우산모양꽃차례로 핀 꽃
- 꽃을 피우며 갈라 터진 뿌리
- 당근 꽃대를 힘차게
- 당근 한 포기가 여러 개로 곁가지를 왕성하게 뻗은 모습

당근꽃 보기

당근꽃을 보려면 겨울을 난 당근을 화분에 심으면 된다. 씨앗까지 받으려면 중심 줄기에서 피는 꽃대를 지주대로 묶어주고, 나머지 곁가지들은 정리하는 게 좋다. 당근은 자기꽃가루받이를 하지 않으니 두세 포기를 같이 길러야 한다. 씨앗도 향긋해 약재나 향신료의 원료다.

당근꽃은 겨울을 나고 6월에 하얗게 겹우산모양꽃차례로 핀다. 5개의 꽃잎과 꽃받기와 수술이 있다. 암술은 2개인데 꽃이 작아, 꽃잎이 지고 나야 간신히 보인다.

벌레 같은 당근 씨앗
자잘한 당근꽃 위에서 곤충들이 잔치를 즐긴다

꽃이 진 뒤 모습

미나리꽃 Japanese parsley
미나리과 여러해살이풀 · 학명 Oenanthe javanica

우리 땅, 습한 곳에서 저절로 잘 자란다. 땅을 기는 줄기를 가지고 있으며 향내를 풍겨 맛내기 채소로 쓴다. 줄기 끝에 가까운 잎겨드랑이의 반대쪽에서부터 꽃대가 자라나 작은 꽃이 무수히 뭉쳐 피어 우산 모양의 꽃차례를 이룬다. 하얀 꽃은 5장의 꽃잎과 5개의 수술을 가지고 있다.

꽃말은 성의.

물에서 잘 자라는 미나리

미나리꽃 활짝

꽃이 진 뒤

다른 풀과 경쟁하며 자연에서 저절로 자라, 꽃을 피운 미나리

겹우산모양꽃차례

Campanulaceae

초롱꽃과 집안

쌍떡잎식물 진정국화2군

'초롱꽃과'. 이름이 예쁘지 않은가. 이름이 그렇듯 꽃도 예쁘다. 그뿐만 아니라, 추운 겨울이 있는 우리나라 산에서 저절로 자라는 풀이라 이 땅에 사는 사람들에게 꼭 필요한 성분을 담고 있다. 신토불이의 대표라 하겠다. 도라지, 더덕, 모시대, 만삼, 잔대가 이 초롱꽃과다.

꽃은 방사대칭 또는 좌우대칭인 양성화로, 꽃은 보통 통이나 종 모양이며 꽃잎 끝이 다섯 갈래로 나뉘어 있는데, 꽃봉오리 시기에는 각 조각들이 서로 붙어 있다. 씨방은 호박처럼 아래 있는 씨방하위로, 2~5개의 방으로 나뉘어 있다. 태자리에는 여러 개의 밑씨가 만들어진다. 암술머리도 둘에서 다섯 갈래로 나뉘어 있다.

도라지꽃 · 스스로 빛나 세상을 빛나게

심심산천 도라지

도라지꽃을 보면 강하게 끌린다. 나만 그런가. 우리 민족이라면 다 비슷하리라. 그 이유가 도라지꽃이 예뻐서만은 아닐 것이다. 도라지는 우리 민족과 함께 오래도록 살아왔다. 우리 부모, 부모의 부모……. 조상 대대로 우리 몸에는 도라지 피가 흘러서가 아닐까.

'도라지 도라지 백도라지 심심산천에 백도라지.' 눈으로 가사를 따라가면 속으로는 자신도 모르게 멜로디가 흐른다. 민요란 백성들이 아주 오래전부터 삶 속에서 불러오던 노래. 자연스레 노래와 한몸이 되니 절로 흥이 솟고, 으깨가 들썩인다.

도라지는 그 원산지가 중국 동북부에서부터 일본까지란다. 그렇다면 바로 우리 한반도가 중심. 도라지는 우리나라 야산에서 풀과 함께 자란다. 햇볕이 잘 드는 산언저리에서 있는 듯 없는 듯 자라다가 여름이면 예쁜 꽃을 피운다.

그런데 도라지를 실제로 키워보면 생각보다 어렵다. 도라지는 보통 3년을 기르는데, 첫해 그러니까 씨가 처음 싹이 튼 여름이면 김매는 일이 보통이 아니다. 도라지 싹은 바늘보다 여린 이파리인데 씨를 촘촘히 뿌려 싹도 촘촘히 올라온다. 그 사이사이에 풀도 역시 따라 올라온다. 그러면 사람 머리카락에서 새치 뽑듯 풀을 일일이 매주어야 하는데 한 번 매고 끝나는 게 아니라 계속계속. 그렇다고 도라지를 안 먹을 수는 없고……. 야생 도라지처럼 저절로 쑥쑥 자라주면 좋을 텐데 어림도 없다. 왜 그럴까? 도라지에 대해 공부를 하고 나서야 조금이나마 감을 잡게 되었다.

도라지 Balloon flower
초롱꽃과 여러해살이풀
학명 Platycodon grandiflorus

한·중·일이 원산지다. 뿌리를 약 또는 나물로 먹으며 맛은 약간 쓰다. 한방에서는 길경(桔梗)이라 하며 가래, 기침에 약효가 있다고 한다. 도라지 줄기는 하나 또는 여러 개가 모여 나며, 50~90센티미터 높이로 자란다.

산길을 걷다가 야생에서 피는 도라지꽃을 본 적이 있는가? 우리 동네 산에는 야생 도라지가 거의 없다. 20년 가까이 쏘다녔지만 딱 두 군데서 그것도 한두 포기 정도만 본 게 전부다. 도라지가 자생하는 군락은 드물다. 그 대신 도라지는 한번 살아남으면 여러 해를 산다. 겨울이면 잎과 줄기를 말리고 겨울잠을 잔다. 봄이 되면 새싹을 밀어 올리고 자라다가 6월에서 8월에 걸쳐 꽃을 피운다. 빛깔은 보라색이 많으며, 흰 꽃은 드물다.

도라지는 철저히 딴꽃가루받이를 한다. 종 모양 꽃봉오리가 벌어지면 그 한가운데 암술대를 꽃밥이 감싸고 있다. 5개 꽃밥이 잘 익으면 꽃밥마다 하얀 꽃가루를 낸다. 제 할 일을 마친 수술은 서서히 말라간다. 그제야 암술은 암술머리를 네다섯 갈래로 활짝 펼친다. 그래서 '트랜스젠더 꽃'이라 부르는 이도 있다. 왜 그럴까? 다른 꽃의 꽃가루를 받고자 해서다. 이렇게 철저히 딴꽃가루받이를 하는 이유는 두말할 것도 없이 야생에서 잘 살아남기 위해서다.

• 꽃잎이 벌어지기 시작한다
•• 도라지꽃

도라지꽃에 곤충들

수많은 인연들이 엮이어

수정되고 나면 꼬투리마다 씨앗이 영근다. 도라지씨는 아주 작다. 참깨씨보다도 작아 검은 점에 가깝다. 꼬투리 하나에만 이런 씨앗이 수십 알. 도라지 한 포기가 한 해에 남기는 씨앗은 수백 알. 여러 해를 살아 도라지 한 포기가 수천 알을 남기겠지만, 야생에서 살아남는 녀석은 정말 얼마 되지 않는다. 이를 뒤집어 생각해보면 야생에서 자라는 도라지란 얼마나 위대한 생명인가.

도라지는 뿌리가 뻗어가는 모양새도 환경에 따라 매우 다르다. 재배 도라지는 되도록 잔뿌리가 덜 나온 것들이 시장에서 인기가 좋다. 반면에 야생 도라지는 잔뿌리가 자연스레 발달한다. 주어진 환경에 자신을 최적화한다. 그래서 뿌리 모양도 아주 제각각이다. 도라지 타령을 그냥 따라 부를 때는 못 느끼던 감흥을 이제 나는 새롭게 느낀다. '한두 뿌리만 캐어도 대바구니 철철 넘누나.'

도라지는 기침에도 좋다. 겨울이 긴 우리나라에서 기침 해소병이 많다. 이 병이 낫고자 도라지를 정성스레 캤다면 아주 가는 뿌리 한 가닥까지 담아 대바구니에 철철 넘쳤을 테다. 어떤 도라지인가. 이게 어떤 인연인가! 이제 야생으로 자라는 도라지는 보는 것만으로 큰 위로를 받는다. 어렵사리 살아남은 귀한 생명. 도라지타령을 나대로 바꾸어본다. '한두 송이 꽃만 보아도 내 가슴이 사리 살살 녹는다.' 도라지와 함께 건강하고 싶다. 나는 도라지꽃을 이렇게 부르고 싶다. 스스로 빛나, 세상을 빛나게 하는 꽃이라고.

• 야생에서 저절로 자라서 피는 도라지꽃
•• 마치 탱고를 추는 듯한 도라지뿌리

도라지꽃 보기

도라지를 사랑하는 민족답게 공원에 도라지꽃을 많이 심는다. 6월에서 8월 사이 공원이나 수목원에서 도라지꽃을 찾아보자. 직접 길러보고 싶다면 2~3월 껍질을 까지 않은 1년생 도라지를 구해 노두(삼머리)가 싱싱한 걸 땅에 심으면 여름에 꽃구경을 할 수 있다. 이렇게 씨가 아닌 1~2년생 뿌리를 구해 심으면 기르기가 쉽다.

도라지꽃은 충매화로 6월에서 8월에 걸쳐 보라색 또는 흰색으로 핀다. 꽃잎은 종 모양 통꽃. 수술 5개와 암술 1개가 있는데 먼저 수술의 꽃밥이 터지고 나면 암술머리가 올라와 딴꽃가루받이를 한다. 씨방은 5실이다.

꽃말은 영원한 사랑.

마을 가까이 도라지밭

1 꽃봉오리가 처음에는 푸르다
2 푸른빛이 사라지고
3 보랏색으로 물이 든다
4 차례차례 벌어지기 시작한다
5 꽃잎이 활짝 피었다
6 꽃밥이 익어간다
7 꽃밥이 충만하다
8 꽃가루가 다 날리고
9 암술머리가 벌어지기 시작
10 암술머리가 활짝 피었다
11 수분이 끝나
12 꽃이 진다

더덕꽃 · 소중한 걸 소중하게

꽃봉오리 보호막에서

산을 지나가다 독특한 냄새가 난다. 이게 뭐지? 분명 아는 향기인데……. 맞다. 더덕 향기다. 더덕잎이나 줄기 어디라도 스쳤나 보다. 이 근처에 어디에 더덕이 있나? 두리번두리번. 결국 냄새 때문에 들통이 난다.

　더덕은 여러해살이라 겨울이면 지상부가 사라졌다가 봄에 다시 덩굴이 올라온다. 댕글댕글 이파리를 달며 구불구불 자라다 여름 뒤끝 더덕꽃이 피기 시작한다. 모두 땅을 내려다보면서. 더덕꽃은 먼저 푸른 꽈리 같은 꽃망울에서 시작한다. 이게 뭘까. 꽃이 핀 다음에야 알게 되었다. 바로 꽃받침이다. 꽃 크기에 견주어 꽃받침이 아주 큰 편이다. 꽃받침이 다섯 갈래로 갈라지며 활짝 벌어지면 그 속에 똑같이 닮은 푸른 꽃망울이 나온다. 그러니까 꽃받침은 꽃이 피기 전에는 꽃 전체를 꼭 감싸 안다가, 꽃보다 한 발 앞서 벌어진다. 그런 다음 꽃이 피는 동안 말 그대로 '든든히 받치고' 있다. 꽃잎이 지고 나서도 씨앗이 다 영글어 흩어질 때까지 한결같은 모습으로 받쳐준다.

　조금 더 구체적으로 살펴보자. 다음 페이지의 사진을 보면서. 사진2를 보면 마치 봉긋한 꽃봉오리 같다. 이게 꽃받침이다. 그 안에 꽃봉오리가 들어 있다. 두 손을 꼭 모은 것처럼 꽃받침으로 어린 꽃봉오리를 보호한다. 이때는 역할로 보자면 꽃받침이라기보다 '꽃봉오리 보호막'이다. 꽃이 필 때가 다가오면 꽃받침 역할이 또 달라진다. 단단히 모은 두 손(꽃받침)을 살그머니 펼친다. 아주 천천히, 다음과 같이 기도하듯. '활짝 피어 수정이 잘 되렴.' 그다음 꽃받침을 제대로 활짝 핀다. 하지만 아직 꽃은 덜 핀 상태. 이때부터 꽃이 활짝 피어 수정할 동안 꽃받침은 비가림 역할이다. 손바닥을 펼치듯 위에서 아래로 꽃을 받쳐준다.

더덕 Deodeok
초롱꽃과 여러해살이 덩굴식물
학명 Codonopsis lanceolata

한·중·일이 원산지이다. 한방에서는 '사삼'이라는 약재로, 인삼과 같은 사포닌이 들어 있다고 한다. 하지만 산채로 먹어도 맛있다.

- 덩굴을 감고 높이 오르는 더덕
- 두 손을 모은 것처럼 꽃봉오리를 보호하는 꽃받침
- 살짝 벌어진 꽃받침
- 꽃받침이 활짝 벌어지다

꽃받침에서 씨방받침으로

그러다가 수정이 되고 씨방이 부풀기 시작하면 꽃받침 방향이 서서히 바뀐다. 완전히 180도로. 손바닥을 뒤집듯이 아래를 향하던 꽃받침이 이제는 하늘을 향한다. 꽃이 핀 한 송이만 꽃받침이 아래를 향하고 꽃이 진 나머지 네 송이는 꽃받침이 모두 하늘을 향하고 있지 않은가.

그 이유를 미루어 짐작해본다. 중력을 거슬러, 꽃받침 방향을 완전히 바꾸는 데는 많은 에너지가 들 것이다. 꽃이 졌으니 이제부터는 씨방이 중요하다. 이때 꽃받침 역할은 '씨방받침'으로 바뀐다. 씨방 속 씨앗을 고루 잘 영글게 해야 한다. 씨앗이 영글수록 씨방은 점점 중력을 많이 받는다. 씨방을 제대로 받치자면 받침이 위로 향해야 한다. 아직 덜 여문 씨앗마저 중력으로 떨어져 나가면 안 될 테니까. 씨앗 하나조차 허투루 하지 않으려는 본능이라고 할까.

씨앗이 다 영글면 꽃받침은 또다시 한번 움직인다. 씨를 고루 멀리 퍼뜨리기 위해, 하늘을 보던 꽃받침이 서서히 일어선다. 씨방이 벌어지면서 속에 든 씨앗을 하나둘 떠나보낸다. 이때 중력만이 아니라 바람까지 이용한다. 중력만으로 씨앗을 퍼뜨리면 한 곳으로 씨가 몰린다. 그래서는 안 되리라. 가을부터 겨울까지 '씨방받침'의 기울기와 바람의 세기가 그때그때 다를 것이다. 이를 통해 한꺼번에 씨앗을 다 내보내지 않고 차례차례. 두루 골고루. 마지막까지 탈탈. 씨방 속 많은 씨앗들이 이런저런 인연 따라 제 살길로 휠휠 흩어지리라.

씨앗을 다 보내고 나면 꽃받침 역할은 끝일까. 아니다. 하나 더 남았다. 대부분의 꽃받침이 그렇듯이 땅으로 떨어져 거름으로 자신을 바친다. 이렇게 더덕 꽃받침을 보면 꽃을 '받친다'는 게 뭔지를 알 수 있다. 더 나아가 우리네 삶에서도 소중한 걸 받친다는 게 뭔지를 돌아보게 한다.

- 더덕꽃은 아래로 씨앗은 위로
- 너덕꽃
- 꽃이 지고 나서 씨앗을 품은 씨방

항아리 모양의 치맛자락을 살짝 들추어

다시 꽃으로 돌아가보자. 푸른 꽃망울은 꽃잎 끝만 다섯 갈래로 갈라진 항아리 모양으로 핀다. 꽃잎 끝은 조선 여인이 치맛자락을 들 듯 살짝 뒤로 말려 있는데, 그 부분이 검붉어 꽃 속이 심상치 않게 느껴진다. 꽃 속을 들여다보면 신비한 굴로 들어가는 듯하다. 검붉은 입구를 지나면서 항아리처럼 넓어지며 검붉은 점이 찍힌 실내로 안내한다. 실내에 들어서면 저 안에 주인의 방이 보인다. 실내 가운데는 암술이, 그 둘레에는 수술 5개가 방사대칭으로 자리하고 있다. 항아리 모양 때문일까? 3단 구조 때문일까? 방사대칭 때문일까? 봐도 봐도 마녀 궁처럼 신비하다.

이 마녀 궁에 누가 들어가나? 벌이 열심히 들락날락한다. 우리 사람은 꽃이 아닌 더덕 뿌리를 좋아한다. '사삼'이라는 약으로 쓰이기도 하지만 귀한 산채로 밥상에 오르기도 한다. 더덕을 자근자근 두들겨 무치면 더덕무침, 구우면 더덕구이. 그냥 날로 씹어 먹어도 향긋하기 이를 데 없다. 꽃이 톡 터지듯 갈라지며 피는 더덕은 도라지와 같은 집안이다.

• 꽃 세 송이가 차례대로
•• 더덕꽃 자세히

더덕꽃 보기

봄에 껍질을 까지 않은 더덕 가운데 싹이 돋으려는 더덕 뿌리를 심는다. 덩굴이 타고 올라가게 섶을 대주고 기르면 씩씩하게 자라다 8~9월에 꽃이 핀다. 꽃은 초롱꽃과답게, 덩굴에 거꾸로 달린 항아리 모양으로 핀다.

꽃말은 성실, 감사.

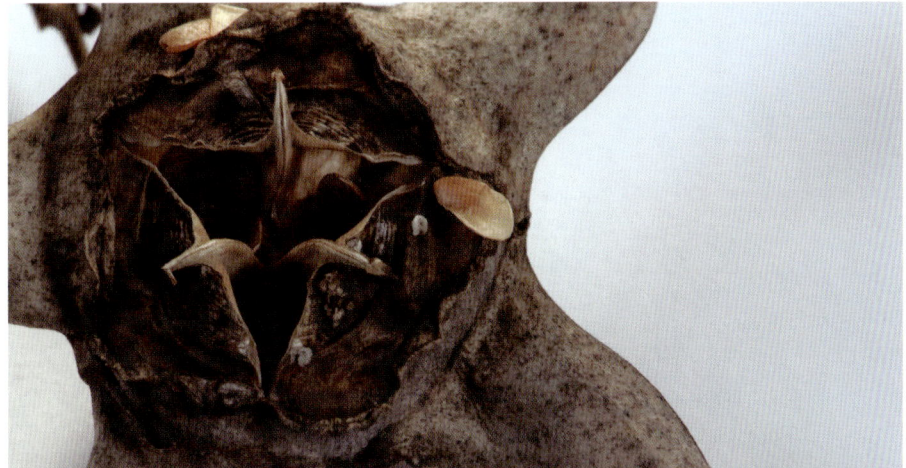

• 더덕 씨방 속 씨앗
•• 더덕꽃

Compositae

국화과 집안

쌍떡잎식물 진정국화2군

가을에 피는 국화. 우리가 추모식장에 놓고 가는 국화꽃 한 송이는 과연 그게 정말 한 송이일까? 곡식꽃, 채소꽃을 공부하기 전까지는 생각조차 해본 적이 없다. 그저 우리 눈에 보이는 대로 꽃 한 송이로 보았다. 그럼 여기서 먼저 국화과의 개성인 머리모양꽃차례에 대해 알아볼까?

머리모양꽃차례란 꽃자루가 없는 작은 꽃이 머리 모양으로 많이 모여 달려 마치 한 송이처럼 보이는 꽃차례를 말한다. 국화과 식물의 꽃은 모두 그렇다. 머리모양꽃차례의 또 다른 특징은 모인꽃싸개(총포)다. 이 모인꽃싸개가 작디작은 꽃을 머리 모양으로 모아줘 꽃 한 송이처럼 보이도록 한다. 그러니까 보통 한 송이라고 부르는 국화꽃은 식물학으로 말하자면 수십 송이가 모인 다발꽃이다.

이 머리모양꽃차례에도 다시 여러 종류가 있다. 가장 기본이 되는 건 해바라기. 해바라기 꽃을 보면 꽃 테두리에 노란 꽃잎이 뱅 돌려 있는데, 이게 혀모양꽃으로 꽃술이 없는 가짜 꽃이다. 그럼 암술과 수술이 있는 진짜 꽃은 중심에 벌집 모양 피보나치 수열로 뱅 돌려 모여 있는 통모양꽃이다.

국화과 머리모양꽃차례도 몇 갈래로 나누어볼 수 있다.
1) 상추(치커리아과)는 혀처럼 생긴 작은 꽃잎을 1장 달고 있는 깃털 같은 낱꽃이 모여 머리모양꽃차례를 이루고 있다.
2) 우엉(엉겅퀴아과)은 붉은 보라색 또는 드물게 흰색의 통모양꽃들로 머리모양꽃차례를 이루고 있다.
3) 뚱딴지(돼지감자)꽃, 쑥갓꽃, 해바라기는 국화아과로 비슷한 구조로 되어 있다. 가장자리에 혀모양꽃이, 안쪽에 통모양꽃이 핀다. 해바라기의 혀모양꽃은 암술·수술이 없는 가짜 꽃으로 꽃을 꾸며주고 있다. 하지만 비슷하게 생긴 쑥갓, 뚱딴지, 야콘도 그럴까? 한번 알아보자.

국화과(科) 식물은 세계적으로 1,100속(屬) 2만여 종(種)이 속한 큰 과다. 우리가 먹는 채소 가운데는 상추, 쑥갓, 우엉, 뚱딴지, 야콘 등이 모두 국화과로 모인꽃싸개가 있는 머리모양꽃차례를 하고 있다. 또 여러 종류의 국화는 말할 것도 없고, 들에 피는 개망초, 민들레, 씀바귀, 뜰에다 부러 심어 가꾸는 마거리트(marguerite), 백일홍……. 이런 꽃이 예쁜 식물을 보면 혹시 국화과가 아닐까? 살펴보자.

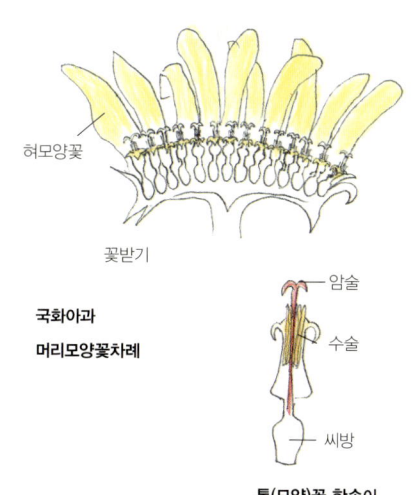

국화아과
머리모양꽃차례

통(모양)꽃 한송이

상추꽃 • 여럿이 모여 마치 하나처럼

상추가 국화과라고?

텃밭을 일굴 때 가장 만만한 게 상추다. 손수건 한 장 펼칠 정도 자그마한 밭에 상추 몇 포기 심으면 오늘 뜯어 먹어도 내일 가면 또 뜯을 게 있다. 한번 심으면 두어 달 잘 뜯어 먹을 수 있다. 맛이 편안하고 씹는 식감도 부드러워 모든 식구가 즐겨 먹는다.

상추가 늘 있다 보니 상추꽃도 자주 본다. 상추를 한창 뜯어 먹다 물릴 때쯤 꽃대가 올라온다. 그러면 잎이 뻣뻣해져 며칠 안 가면 어느새 꽃을 피우곤 한다. 지난해는 상추가 저 알아서 씨를 떨어뜨려 늦가을 싹이 났다. 저게 겨울을 나려나 하고 얇은 부직포를 덮어주었더니, 봄에 다시 붉고도 싱싱하게 살아나더라. 그 덕에 올봄은 상추를 이르게 뜯어 먹을 수 있었다. 심지도 않았는데 심은 것보다 일찍 먹을 수 있는 일명 공짜 농사, 얻어먹는 농사다.

그 상추가 6월 초 노란 꽃을 피우고 있다. 타오르는 듯 붉은 몸통에 샛노란 빛으로. 하지만 상추꽃은 그다지 눈길을 끄는 꽃은 아니다. 그저 꽃이 피었나 보다 하고 눈인사를 할 정도지만 이 상추는 좀 각별하게 느껴진다. 이심전심인지 남편이 한창 상추꽃 사진을 찍는가. 좀 전에 사진을 찍으려고 가니 꽃잎이 오므리고 있어 못 찍고 돌아왔다고 투덜댄다. 그다음 날 이른 아침부터 다시 도전. 새벽 5시 반쯤 피기 시작. 오전 8~9시쯤 활짝. 그러다가 1~2시간쯤 뒤에 진단다. 상추도 아침형 꽃이구나.

상추 Lettuce
국화과 한두해살이풀
학명 Lactuca sativa

지중해 동부가 원산. 기원전 4500년 벽화에 나오는 인류가 오랫동안 먹어온 식물이다. 우리나라에서는 고려시대 첫 기록이 나온다. 상추에는 우리가 흔하게 먹는 잎상추, 속이 차는 결구상추 그리고 샐러드용 상추가 있다.

상춧잎을 꺾으면 꺾인 곳에서 흰 젖 같은 유액이 나오는데 이게 사람 몸에 좋은 약 같은 성분이란다. 그래서 상추를 먹으면 잠이 잘 온다는 설이 있다. 상추는 약간 쓴맛이 도는데 어린잎인 뿌리잎보다 줄기에서 나오는 줄기잎이 더 쓰다. 또한 비닐하우스에서 충분히 물을 먹고 자란 상추보다 밭에서 고생하며 자란 상추가 더 쓰다.

남편이 집중을 하니 나도 덩달아 상추꽃이 궁금하다. 상추가 식물 계통도에 어디 있지? 누군가와 친해지려면 호구조사를 하듯 상추 집안 조사를 해보았다. 내가 예상하는 배추 쪽을 찾아봐도 상추가 없다. 그럼 어느 집안이지? 그러다가 국화과에서 상추를 찾아냈다. 상추가 국화과구나. 그런데 어째서 상추가 통꽃인가? 노란 잎이 하나하나 따로 떨어지던데.

부랴부랴 조사를 하니 상추꽃이 '두상꽃차례'란다. 이건 또 뭐야? 꽃차례를 공부한 메모를 찾아보니 '두상'은 머리모양이니 머리모양꽃차례. 여러 꽃이 꽃대 끝에 모여서 한 송이처럼 피는 꽃으로 국화나 민들레로 대표된다. 아하! 상추꽃이 그런 꽃이구나.

상추꽃에 달린 꽃잎 1장이라고 생각했던 게 그러니까 꽃 한 송이. 동전보다 작은 상추꽃 한 송이는 실은 꽃 한 다발. 하나하나는 힘이 약하니 하나로 모여 꽃이 되었구나.

상추꽃이 피었다 지는 모습.

곡식꽃, 채소꽃이 소중한 까닭

이렇게 속사정을 하나하나 알아가니 상추와 부쩍 가까워진 기분이다. 이 맛에 곡식꽃, 채소꽃에 열심이다. 상추에서 사람이 먹는 부위는 상추가 어릴 때 뿌리에서 돋아난 이파리인 '뿌리잎'이다. 그러니 우리가 만나는 상춧잎은 연하고 부드럽다. 그래서 시장에서 파는 상추 종자는 되도록 뿌리잎이 나는 기간이 길도록 개량되어 있다.

한번은 토종 상추씨를 얻어다 심어본 적이 있다. 이건 심으니 싹이 나고, 좀 과장해서 말하면 뿌리잎을 몇 번 따 먹고 나니 바로 뿌리잎 한가운데서 줄기가 올라오더라. 한번 줄기가 올라오면 잎이 그 줄기를 감싸고 잎이 어긋나기를 하면서 돌려난다.

농사라는 관점에서 보면, 상추에 이렇게 줄기가 올라오기 시작하면 이파리는 작아지고 맛은 떨어진다. 그러니 뽑아내고 거기에 다른 농작물을 심는 게 옳다. 하지만 그렇게 하면 우리는 상추의 어린 시절만 알고 만다. 상추의 한살이는 아직 한참 더 남았는데…….

뱅글뱅글 돌려나던 잎 한가운데서 줄기가 하나 올라온다. 그때부터 이파리는 점점 작아지며 마지막에는 새 혀처럼 작아지다가 꽃대를 어긋나게 올린다. 멀리서 보면 꽃대가 무슨 매듭처럼 보이는데 맨 위에 도르르 말린 꽃잎이 있다.

그 가냘픈 꽃이 얼핏 보기엔 꽃 한 송이처럼 보이지만, 꽃잎 1장으로 이루어진 작은 꽃들이 모여 핀 모두송이꽃차례인 거다. 그 꽃들이 꽃가루받이를 하고 나면 거기서 갓털 모양의 씨앗이 동그랗게 모여 달려 또 다른 꽃처럼 예쁘다. 이렇게 잎만 따먹을 때는 몰랐던 상추꽃을 만난다. 그 가늘고 여린 씨앗에서 올라온 상추가 우리에게 이파리를 주고 또 주는 힘 역시 상추가 약한 존재끼리 한데 모여 힘을 모으는 덕이 아닐까?

- 울긋불긋 상추 꽃봉오리
- 꽃 핀 상추
- 환한 상추꽃

상추 먹는 이야기

상추 이야기가 나온 김에 먹는 이야기를 좀 더 해보자. 상추는 시장에서 파는 부드러운 이파리를 쌈 싸거나 겉절이 해서 먹는 줄 알았다. 그것도 고기나 생선회를 싸서. 하지만 시골로 오니 어디 날마다 고기가 있나? 하지만 상추는 날마다 있다. 쌈장 고소하게 만들어 쌈장만 넣고도 맛있게 먹기 시작해, 요즘 우리 식구는 고기 쌈보다는 그냥 상춧잎 쌈을 더 즐긴다.

한데 음식에는 늘 고수들이 있게 마련인데, 그들은 이 상추로 김치를 담그거나 국을 끓인다. 상추 김치는 그냥 여린 상추잎으로 담가도 좋고, 꽃대를 잘라서 담그면 상추불뚝김치. 따라서 해보니 물김치로 담그는 게 좋더라. 국은 뭐든 넣고 끓이면 되는 된장국도 좋고, 마을 어르신들은 어죽에 상추잎을 넣고 끓이신다. 또 어느 분은 상추잎 한 켜, 날콩가루를 켜켜이 쌓아 소금으로 간을 해 콩가루탕을 끓이는데 이게 또 그렇게 시원하단다.

자연에 사는 이들은 상추만으로도 별의별 진수성찬을 다 만든다.

• 노지에서 겨울난 상추
•• 상추씨앗. 씨앗이 영글면 갓털이 바람을 타며 날아간다

상추꽃 보기

봄에 상추를 몇 포기 심어보자. 화분이나 상자에 흙을 넣고 상추 모종을 심는다. 이파리 채소에는 거름기운이 많이 필요하다. 거름을 따로 구할 수도 있지만 식구들 오줌이 참 좋다. 물론 오줌을 그냥 주면 안 되고 발효시켜 줘야 한다. 오줌을 발효시키는 건 간단하다. 플라스틱병에 담아 뚜껑을 꼭 막아놓으면 저 알아서 발효하니까. 처음에는 누렇던 오줌이 발효되면 아메리카노처럼 맑으면서 까맣게 바뀐다. 발효가 다 된 참 좋은 거름이다. 시간은 얼마나 걸릴까? 온도에 따라 달라지는데 한 달 정도. 그래도 오래 둘수록 좋다.

사람이 자기 오줌똥으로 기른 걸 먹지 않으면 온갖 병에 걸린다는 말이 있다. 우리 식구 오줌을 발효시켜 기른 상추. 그 상추는 어떤 맛일까? 발효오줌을 줄 때는 물에 연하게 타서 준다. 되도록 상춧잎에 닿지 않게 상추 둘레 흙에 뿌려준다. 그리고 맹물을 한 차례 더 주어 씻어주듯 마무리하면 된다. 상추 한 번 따 먹고 오줌 한 번 주고……. 줄기가 자라 꽃대가 올라오면 꽃도 보고 씨도 받자.

겨울난 상추는 5월 하순이면 피기 시작하지만, 봄 모종 상추는 6월 말에서 7월 초까지 꽃이 핀다. 상추를 몇 포기 놔두면 6~7월 노란 꽃이 피는 걸 만날 수 있다. 멀리서 보면 상추 줄기 맨 위에 있는 꽃대가 무슨 매듭처럼 보이는데 맨 위에 도르르 말린 꽃잎이 있다. 아침 일찍 노란 꽃잎이 잠시 펼쳐지는데 10원짜리 동전보다도 작다. 이게 꽃 하나가 아니라 낱꽃 20개쯤이 모여 피는 머리모양꽃차례다.

상추꽃 한 송이는 깃털 같은 낱꽃으로 혀처럼 생긴 작은 꽃잎을 1장 달고 있다. 낱꽃 하나에 수술은 5개, 암술 1개에 씨방도 1실. 하지만 돋보기로 들여다보지 않으면 너무나 작은 것들이 오글오글 모여 있어 뭐가 뭔지 구별이 안 된다. 대부분 제꽃가루받이를 하니 꽃이 피었나 싶으면 금세 진다. 그 참을 곤충들이 알고 제법 꼬인다. 꽃이 지고 나면 갓털을 단 작은 씨앗을 남긴다.

꽃말은 나를 해치지 마세요.

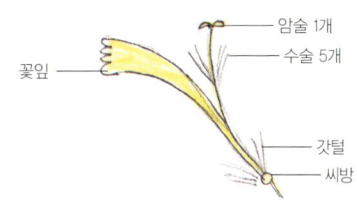

적치마상추 혀모양꽃

상추꽃 자세히

우엉꽃 • 고슴도치 모인꽃싸개가 포인트

엉겅퀴꽃과 비슷하지만

산골에서는 겨울에 돌아다니다 보면, 낭패를 볼 때가 있다. 발걸음을 한번 잘못 옮기면 신발이나 옷에 온통 가시들이 들어와 박힌다. 사냥감을 노리는 것처럼 달라붙을 존재를 기다리는 놈들이 곳곳에 있으니……. 도깨비바늘, 미국산 가막사리 그리고 우엉도 이들과 한패다.

우엉도 상추처럼 국화과다. 낱꽃 하나는 너무 작고 가늘어 꽃들이 한데 빼곡히 모여 마치 한 송이처럼 피는 꽃. 국화과 머리모양꽃차례(두상꽃차례)다. 우엉은 여러해살이 작물로 씨를 뿌린 첫해는 꽃을 보기 어렵다. 싹이 나고 2~3년 뒤, 6월에 꽃대가 올라와 7월 진한 보라색 머리꽃이 가지 끝에 달린다. 국화과 꽃이 그렇듯 가늘고 긴 꽃이 한군데 촘촘히 모여서 피는데 얼마나 모여 있나? 보통 70~80개가 모여서 한 송이처럼 핀다. 꽃 하나를 자세히 보면 보라색 꽃잎 가운데서 끝이 둘로 갈라진 암술머리가 솟아올라와 있고, 그 사이에 수술이 꽃밥을 터뜨리고 있는 통모양꽃이다.

모양만 놓고 보면 엉겅퀴꽃과 비슷하다. 꽃잎이 진한 보라색인 것도, 꽃이 가장자리부터 흰 꽃밥을 터뜨리기 시작해 가운데로 가면서 피는 것도. 그리고 이 꽃을 동그랗게 감싸 안는 꽃받침이 모인꽃싸개인 것까지. 하지만 엉겅퀴는 이파리에 가시를 세우고 있다면, 우엉은 모인꽃싸개가 고슴도치처럼 가시를 세우고 있다. 그것도 가시 끝을 낚시 바늘처럼 구부려가면서.

우엉 Burdock
국화과 엉겅퀴아과 여러해살이
학명 Arctium lappa

지중해와 서아시아 원산으로 중국 원난성에도 야생종이 있다. 중국, 일본에서는 오래전부터 먹었지만, 뿌리를 먹는 우엉은 우리나라에는 들어온 지 얼마 안 된 채소다. 토종으로는 뿌리보다는 이파리를 먹는 잎우엉이 있다.

여기서 잠깐 모인꽃싸개에 대해 알고 넘어가자. 꽃싸개(포)란 꽃자루 아래서 꽃이나 눈을 보호한다. 잎에서 변형된 기관이다. 이 포 가운데 여러 개의 꽃이 모인 꽃차례에서는 꽃싸개가 역시 밀집하는 수가 있다. 이걸 모인꽃싸개라 한다. 국화과 머리모양꽃차례인 우엉 역시 밑부분에 모인꽃싸개가 붙어 있다. 밤의 가시도 모인꽃싸개의 하나라 한다.

우락부락 우엉
왕관 같은 우엉꽃 머리모양꽃차례

왜 가시로 무장을 했을까?

우엉은 왜 가시로 중무장한 모인꽃싸개를 가지게 되었을까? 식물마다 자기 종을 이어가는 전략이 있다. 어디 한번 우리 스스로가 우엉이 되었다고 치고 상상해보자. 먼저 우엉 뿌리를 생각해보라. 우엉씨 하나가 떨어져 길게 뿌리를 내린다. 보통 1미터, 더한 건 1미터 50까지. 게다가 한해살이가 아닌 여러해살이다. 그러니 씨가 어미 둘레에 떨어지면? 어미도 새끼도 곤란하다. 되도록 어미한테서 멀리 떨어져 새 땅에 뿌리 박는 게 살아남는 길이었으리라.

공 모양을 한 모인꽃싸개는 꽃이 지고 나서도 씨앗싸개가 되어 씨를 소복이 담고 기다린다. 웬만한 바람에 끄떡도 안 하고 누군가가 나타날 때까지. 그러다 멋모르는 짐승이 어슬렁거리면 낚싯바늘 같은 가시를 걸어 매달려 움직인다. 언젠간 발각이 나면 그도 좋은 일. 그때 어그러지면서 그동안 담고 있던 씨앗들을 느긋하게 떨구면 되리라.

우엉은 곧은 뿌리가 흙 속으로 깊게 뻗어나가는데 이 뿌리가 우리가 먹는 우엉이다. 향긋하고 길고 알찬 뿌리. 낙동강 강변과 같이 모래밭에서도 잘 자라, 농부들은 굴착기로 캔다. 이 대단한 뿌리를 기르는 우엉. 그 힘은 꽃을 피우고 씨를 퍼트리는 이 일 하나에서도 남다르구나.

우

- 우엉꽃이 피기 시작
- 우엉꽃에 모여든 곤충들
- 스치는 인연으로 씨앗을 퍼뜨리는 우엉 갈고리

우엉꽃 보기

우엉은 뿌리가 곧고 길게 들어가야 하니 강가 모래땅에 많이 심는다. 그래서 산골에서는 보기 어렵다. 우리도 우엉을 심어놓고 캘 수가 없어 밭 한편에 내버려둔 덕에 해마다 꽃구경을 한다. 수십 개 작은 꽃들이 한데 모여 있으니 제꽃가루받이를 하기도 하지만, 벌과 나비를 불러들여 다른 꽃가루받이를 하려는 노력도 게을리하지 않는다. 우엉뿌리를 먹을 욕심만 버리면 이듬해 6월 말부터 7월 한 달 꽃구경을 할 수 있다.

꽃말은 인격자.

우엉꽃 한 송이
꽃을 반으로 가른 모습. 모인꽃싸개

쑥갓꽃 • 앙증맞은 작은 해바라기

이파리에서부터 꽃까지 예쁜이

톨스토이의 말년을 그린 영화 〈톨스토이의 마지막 인생〉(2009)을 보았다. 당시 러시아에 톨스토이즘운동이 활발했고, 그 정신에 따르는 공동체농장도 있었나 보다. 러시아 젊은이들이 모여 농사도 짓고 땔감도 하고. 어느 날 톨스토이가 그 농장을 찾으니 농장 아이들이 꽃을 한 송이씩 드리는데 그 꽃이 바로 해바라기였다.

6월 초, 우리 집 텃밭에 이 해바라기를 앙증맞게 줄여놓은 듯 피는 꽃이 있으니 바로 쑥갓꽃이다. 국화과인 쑥갓꽃은 유럽에서는 채소가 아니라 화초란다. 이 쑥갓이, 뭐든 다 먹는 중국으로 들어와 사람이 먹는 채소가 되었단다. 매운탕, 상추쌈 그리고 나물 무침까지, 우리 역시 쑥갓 하면 먹을거리라고 생각한다. 향긋하고 부드러운 채소, 쑥갓. 이 향긋한 채소가 꽃까지 예쁘니…….

수수한 곡식꽃이야 말할 것도 없고 채소도 꽃을 보려고 가꾸기는 쉽지 않다. 한데 쑥갓만은 이파리부터 꽃까지 모두 화초같이 예쁘다. 쑥갓꽃은 미니 해바라기. 그렇다고 크기만 줄여놓은 건 아니다. 앞서 국화과 소개에서 뚱딴지(돼지감자)꽃, 쑥갓꽃, 해바라기로 국화과 꽃들을 다시 나누어, 이 셋이 같은 구조로 되어 있다고 한 걸 떠올려보자. 쑥갓꽃의 가장자리에 노란 꽃잎을 달고 피는 혀꽃은 암꽃이고, 가운데 빼곡히 모여 피는 통꽃은 암수가 함께 있는 양성화다. 가만히 보면 해바라기는 혀꽃에 변화가 없이 가운데 통꽃이 부풀면서 꽃이 핀다면, 쑥갓은 처음에 모아졌던 혀꽃이 겹겹이 피면서 꽃받기가 뒤로 처지는 걸 볼 수 있다.

쑥갓 Tangho
국화과 한두해살이풀
학명 Chrysanthemum coronarium

지중해 연안이 원산. 쑥갓은 고향 땅인 유럽에서는 관상용일 뿐 먹지는 않는다. 이 쑥갓이 동아시아로 와서 채소가 되었고 중국에서는 오래전부터 기른 거로 보이지만, 우리나라에는 조선초기에 들어온 거로 추정한다.

이처럼 비슷하면서도 조금씩 다르지만 국화과 꽃들은 마치 작은 물고기가 함께 모여 커다란 물고기처럼 헤엄쳐 다니듯, 이렇게 힘이 약한 꽃들이 한데 모여 아름답게 살아간다. 사람이 모여 사는 공동체도 그러했으면 좋겠다.

• 밤과 새벽에는 꽃잎을 뒤로 한껏 젖힌다
•• 쑥갓꽃이 피기 시작
••• 어린 쑥갓

쑥갓꽃 보기

자그마한 화단을 가꿀 겸 봄에 쑥갓을 길러보자. 씨만 뿌리면 싹도 잘 나고, 별다른 병해충 없이 잘 자란다. 게다가 어릴 때는 위에 부드러운 부분만 꺾어서 나물로 먹다가 놔두면 저 알아서 예쁜 꽃을 피우니 이 얼마나 좋은가. 6월부터 한 달가량 피고 진다. 그리고 쑥갓꽃이 밤에 어떻게 자는지도 볼 수 있다. 또 꽃 한 송이가 며칠이나 피는지도 세어보자.

꽃말은 상큼한 사랑.

• 오전에 활짝 핀 쑥갓꽃
•• 쑥갓꽃이 진 뒤의 모습

뚱딴지(돼지감자)꽃 • 가짜 꽃으로 곤충을 불러들이는

사람 몸에 좋다고 인기

장날 튀밥집에 가면 사람이 많아 기다리는 줄이 길다. 2시간이든 3시간이든 한참을 기다려야 한다. 드디어 할머니 한 분만 튀기면 바로 내 차례. 한데 웬걸. 할머니 혼자 세 통이나 튀기시는데 이게 다 '뚱딴지'다. 뚱딴지를 얇게 썰어 말려 그걸 튀밥 기계에 넣고 옥수수차 만들 듯 볶으면 차가 되긴 하는데. 아이고, 저 많은 걸 언제 다 하셨나!

뚱딴지. 몇 년 전에는 보기 드물었는데 요즘은 사람 몸에 좋다고 인기다. 이눌린(inulin) 덕분에 당뇨약으로도 쓰인다. 또 골다공증에도 좋고 변비에도 좋다나. 나도 처음 뚱딴지를 보고 저걸 어떻게 먹나 싶었는데, 지금은 경칩에 개구리 깨어나면 뚱딴지 생각이 난다. 겨우내 얼었던 땅이 녹자마자 캘 수 있는데, 그맘때 싱싱한 게 얼마나 귀한가. 금방 캔 뚱딴지를 씹으면 아삭아삭한 맛이…….

우리가 먹는 뚱딴지는 땅속에 들어 있는 덩이줄기. 번식도 감자처럼 이 덩이줄기로 하지만, 감자 집안은 아니다. 오히려 해바라기 집안이라 가을에 꽃 필 때 멀리서 보면 해바라기인가 싶다. 과연 뚱딴지는 국화과에서도 해바라기와 가장 가까운 국화아과다. 뚱딴지꽃은 꽃의 전체 크기에 견주어 노란 혀꽃잎이 길고 진해 시선을 끈다.

긴 혀꽃잎이 뼹 돌려나는 가운데 참꽃은 빼곡히 모여 있다. 참꽃 꽃송이 하나는 긴 바늘 모양으로 암술, 수술이 함께 있다. 비록 겉보기는 바늘처럼 가늘지만, 별처럼

뚱딴지 Jerusalem artichoke
국화과 국화아과 해바라기속 여러해살이풀
학명 Helianthus tuberosus L.

북아메리카(캐나다)가 원산. 뚱딴지는 언제 들어왔는지 정확하지 않지만, 17세기 이후 들어온 거로 추정한다. 그동안은 제대로 키우지 않고 버려져 있다가 근래에 들어와 갑자기 인기가 높아졌다.

다섯 갈래로 나뉜 작은 통꽃으로 그 안에 수술대와 수술대 한가운데서 나오는 암술이 있다. 해바라기의 참꽃은 보름달처럼 튼실하다면 뚱딴지꽃의 참꽃은 빈약하다. 뚱딴지는 꽃으로 번식하지 않고 해바라기는 씨앗으로 번식하니 그럴까?

　이름이 왜 뚱딴지일까? 북아메리카가 원산인데 정작 영어이름은 '예루살렘 아티초크.' 다른 이름도 많다. 돼지감자, 캐나다(미국)감자, 당뇨고구마, 국화감자……. 이 뚱딴지가 요즘은 중국에서 맹활약하고 있다. 황사를 잡기 위해 사막 지역에 심고 있단다. 뚱딴지가 그렇게 생명력이 강한가? 그렇다. 봄에 덩이줄기를 땅속에 심으면 얼마나 왕성하게 자라는지 풀 걱정을 할 필요가 없다. 게다가 한번 심으면 캐서 먹어도 또 자라 여러 해를 산다. 실제 우리 동네 할매들이 뚱딴지를 캐는 곳은 밭이 아니라 도랑가나 길가 같은 버려진 땅이다. 야성이 힘이 되니 고맙다.

- 뚱딴지 기세가 좋다
- 여러 모양 뚱딴지
- 뚱딴지 캐기
- 피기 시작한 뚱딴지꽃

꽃이 핀 지 11일째 모습

뚱딴지꽃 보기

국화가 피는 9~10월. 길가나 밭둑에서 볼 수 있다. 잎은 어긋나다가 위로 올라가면 마주나고 줄기에는 잔가시가 있다. 국화과 꽃이니 모인꽃싸게 위에 머리모양꽃차례다. 진노랑의 혀꽃잎은 10~20장으로 길쭉하고 그 혀꽃이 빙 둘러싼 꽃 가운데 바늘같이 가는 참꽃 몇십 개가 모여 있다. 뚱딴지꽃의 또 다른 특징은 우엉처럼 겹겹이 둘러싼 모임꽃받침. 꽃을 만지고 나면 손이 향긋하다. 국화과 꽃한테서 나는 쌉싸름한 내음과 돼지감자에서 나는 구수한 내음이 섞여 있다. 그래서인지 뚱딴지꽃차도 유행이다.

꽃말은 미덕, 음덕.

뚱딴지꽃 자세히

야콘꽃 · 아직 이 땅이 낯설어

우람한 몸집에 달린 해바라기 미니어처

안데스 산맥에서만 계속 살다 80년대 들어 빛을 본 게 야콘이다. 전에는 전분이 적어 식량으로 가치가 없어 사람들 관심 밖이었단다. 그러다 사람들이 다이어트에 목매게 되면서 알려지기 시작했다. 우리나라에 온 것도 이맘때라고 한다.

아직 우리나라에 적응이 안 되어서인지 꽃 보기가 쉽지 않다. 야콘을 해마다 길러도 꽃이 피는 해가 있고 아닌 해가 있고. 또 꽃이 핀다고 해도 모든 야콘에 피는 게 아니고 몇 포기만 핀다. 우리 지역은 꽃봉오리가 맺힐 무렵 서리가 내려 홀딱 데쳐지곤 한다. 그러니 어쩌다 꽃이 보이면 무척 반갑다.

야콘은 내가 기르는 곡식 가운데 몸집이 가장 크다. 키만 보자면 수수가 더 크지만 수수는 가늘고 길다. 야콘은 키도 사람보다 큰 데다가 이파리도 넓고 커, 몸집이 우람하다. 하지만 거기서 피는 꽃은 500원짜리 동전만 한 해바라기 미니어처. 키가 무릎에도 못 미치는 쑥갓꽃과 비슷하려나 더 작으려나.

줄기는 붉은빛이 도는 푸른색으로 끈끈한 솜털이 있다. 줄기 끝에서 꽃대가 1~5개가 올라와 꽃대마다 차례차례 어긋나게 달리며 핀다. 꽃은 5~8개로 갈라진 모인꽃싸개 위에 머리꽃차례로 피어난다. 꽃 바깥에 노랗다 못해 주황빛 도는 혀꽃잎이 동그랗게 둘러싸고, 가운데는 통모양꽃이 들어 있다. 통모양꽃을 자세히 보면 하나하나는 끝이 다섯 갈래로 별처럼 갈라진 것처럼 보이는 수술대 한가운데서 암술머리가 쑥 나온다. 꽃의 구조는 뚱딴지와 같은데, 뚱딴지꽃은 혀꽃잎이 길다면 야콘꽃은 짧다.

야콘 Yacón
국화과 여러해살이(우리나라에서는 한해살이)
학명 Smallanthus sonchifolius

페루의 안데스 산맥 출신. 우리가 먹는 건 이 식물의 덩이줄기로 아삭아삭하고 단맛이 난다.

야콘꽃은 작지만 꽃이 피면, 이걸 나비와 벌은 알아준다. 야콘꽃이 드물게라도 피면 나비와 벌이 어떻게 알고 찾아와 오래 앉았다가 간다.

- 야콘 관아(씨눈)
- 싹이 난 야콘 관아
- 해바라기와 야콘꽃

땅속의 뿌리를 먹는 고구마와 야콘

아직 꽃에서 씨앗이 여무는 걸 본 적이 없다. 우리 지역이 추워서 씨가 영글지 못한 건지, 꽃으로 대를 잇지 않기 때문에 영글지 않는 건지 모르겠다. 고구마는 땅속 덩이뿌리로서 봄에 고구마를 땅에 묻어 거기서 나오는 싹을 심으면 땅속에서 고구마가 다시 달린다. 야콘 역시 같은 땅속 덩이뿌리이지만, 덩이뿌리와 줄기의 연결 부위인 관아(둥글고 작은 뿌리)로 번식한다. 야콘 생김새는 고구마 같지만, 속살은 양파처럼 프럭토올리고당(FOS)이 대부분이라 페루산 땅속 사과(Peruvian ground apple)라고도 불린다.

왼쪽 뚱딴지꽃, 오른쪽 야콘꽃

야콘꽃 보기

야콘은 덩치가 커서 텃밭에서 가꾸기 마땅치 않다. 그러니 야콘밭을 찾아가야 꽃구경을 할 터인데 야콘은 아직 희귀한 작물이다. 게다가 해마다 꽃을 피우는 게 아니니 꽃구경 한번 어렵구나. 만일 10월 선선할 때 야콘밭에서 꽃을 만날 수 있기를.

꽃말은 웰빙.

가을하늘 아래 드물게 야콘 꽃이 피었다

꽃구경이
어렵다는 꽃,
세 가지

쌍떡잎식물 진정국화2군

그간 농사지으며 철철이 밥꽃 구경을 했다. 그러다 아무리 열심히 농사를 지어도 꽃 보기 힘든 농작물이 있다는 걸 알았다. 그때의 마음이란…….

고구마. 토란. 생강. 이 셋은 본디 열대나 아열대 작물이라 우리나라 기후에서 꽃을 보기 어렵단다. 게다가 우리 집은 해발 400이 넘는 고랭지라 이들의 꽃을 보기는 더욱 어렵지 않겠나! 지금은 지레 포기한 상태다. 그래서 혹시나 내게 동남아를 여행할 기회가 오면 꽃구경을 하리라 마음먹은 적도 있었다. 뜻이 있으면 길이 있다고 했던가. 이 책을 쓰는 과정에서 놀랍게도 모두 볼 수 있었다. 어떻게 가능했을까? 함께 꽃바람이 나보자.

토란꽃 • 바람 바람 꽃바람

바람난 이야기

아주 오랜만에 피어, 평생 한 번 볼까 말까 한 꽃이라는 토란꽃. 아침을 먹는데 남편이 "토란꽃이 피었다네" 한다. "어디에?" "군산 동국사에" 그래서 "갑시다. 오늘 바로 갑시다".

동남아까지 가서 볼 생각도 했는데 까짓것 군산이야 못 가겠는가. 때는 2010년 8월 말. 우리 부부는 이렇게 바람, 꽃바람이 났다.

군산은 우리가 사는 같은 전북이지만, 꼬불꼬불 국도로 가야 해 대략 2시간이 걸린다. 전주를 지나 김제 들판을 가로질러 동국사를 찾아갔다. 군산 시내 작은 야산 자락 밑에 서 있는 동국사는 일본식 절이다. 절집 지붕도, 돌부처도, 절이 앉아 있는 자리도, 절집 구조 역시도 그렇다. 대웅전 옆에 현관이 있어 그리로 들어가면 마루 너머 정면에는 절 사무실, 오른쪽은 요사채이고 왼쪽은 대웅전으로 이어져 있다. 일제강점기에 일본인이 호남평야에서 나온 쌀을 실어가려고 맨 처음 자리 잡은 곳이 군산이었다는 걸 한눈에 보여주는 절집이다.

지금은 조계종 사찰이다. 먼저 대웅전에 가서 부처님께 우리가 농사지은 검은 쌀 한 봉지를 바치고 절을 드렸다. 그리고 토란꽃에 갔다. 한여름 성성한 토란잎 사이에 피어 있던, 딱 한 송이. 노란 칸나처럼 도르르 말린 꽃잎이 벌어지며 그 사이로 꽃술

토란 Taro
외떡잎식물 천남성과 여러해살이풀
학명 Colocasia esculenta Schott

인도, 인도네시아 등 열대 아시아가 원산. 우리나라에는 고려시대 들어온 거로 보인다. 베트남에 가보니 냇가나 나무 밑에 야생에서 여러해살이로 많이 자라지만, 우리나라 중부 지방에서는 가을에 뿌리를 캐 들였다가 봄에 다시 심는다.

사람이 오랜 세월 재배하면서 알뿌리로 번식을 시키니 꽃 피는 일이 드물지만 꽃도 피긴 핀다. 하지만 꽃에서 나온 씨앗으로 번식하지 않은 지 오래되었다. 낮의 길이가 짧아야 꽃이 피는 단일성 식물로서 우리나라에서는 가을 온도가 높아지면서 꽃을 피우곤 한다.

이 나온 듯 보였다. 꽃 크기도 아주 크다. 더 자세히 보니 곁에 토란꽃대가 있는데, 꽃대는 여럿 있어 앞으로 한동안 꽃을 피워 올릴 듯하다. 꽃을 보러 온 사람이 많았다. 다들 신기하다며 한마디씩 한다.

"심은 지 100년은 되었나 보지?"

"아니야, 토란은 가을에 캤다가 해마다 심잖아. 그렇지 않아."

"저 밑동을 봐, 저렇게 굵을 수가 있어? 아마 캐지 않고 겨울을 나게 했나 보지."

이런 말을 나누는 이들이 나이 지긋한 아주머니 아저씨들…….

- 토란꽃 자세히
- 토란잎을 돌돌 말아 싹을 내밀었다

토란은 고향 땅에서는 여러해살이

해마다 우리도 토란 농사를 짓는다. 우리가 먹는 알뿌리 하나가 씨 하나인 셈. 토란은 습한 걸 좋아해 물 차는 땅에 심는다. 봄에 감자 심을 때 심으면 감자꽃이 필 무렵에 싹이 나는 게으름뱅이지만 대신 한번 싹이 나면 그때부터 쑥쑥 자라며 넓적한 이파리를 피워 올리니 보기 좋다. 추석이 되면 토란대를 꺾어 먹거나 말린 뒤 토란뿌리를 캐서 알뿌리를 먹는다.

물론 이건 겨울에 땅이 어는 지역의 토란 농사다. 토란은 본디 여러해살이로 겨울이 없는 아열대나, 땅이 얼지 않는 제주도 같은 곳은 토란을 한번 심어놓고 먹고 싶을 때 캐 먹는단다. 이 토란도 그랬나 한번 확인해볼까. 스님께 물어보았다.

"무슨 소리? 올해 심었지요. 남들보다 일찍 2월에 심고 얼지 말라고 위에 두둑이 덮어두었다가 싹이 나올 때 걷어주었지요. 올해 날이 얼마나 무더웠어. 게다가 저 자리가 물이 차는 자리니 토란이 고향을 만난 거지." 그러면서 하시는 말씀이 "아마도 올해는 토란밭에 가면 꽃을 볼 수 있을지도 몰라. 하지만 사람들이 이파리 사이로 어디 들여다보나, 피어도 모르고 넘어갈 수 있지".

이 귀한 꽃을 본 김에 뽕을 빼자. 지금 활짝 피어 있는 조금 옆에 토란꽃이 진 게 보인다. 진 꽃술은 마치 부들꽃술 같다. "와, 향기도 좋네." 누군가 외쳤다. 그래서 체면 불고하고 발은 금줄 밖에 두고 몸을 쑥 집어넣어 꽃에 다가가 향기를 맡아보았다. 그러고 보니 꽃을 보고 향기 맡을 생각도 안 했구나!

이렇게 꽃바람 덕에 동국사에 다녀온 지 여러 해가 흘렀다. 그 몇 년 사이 토란꽃이 피었다는 이야기가 인터넷에 제법 올라온다. 한반도가 점차 더워지면서 남부 지방에서는 토란이 꽃을 피우는가 보다. 지구온난화를 실감할 수 있는 꽃이다.

• 열대식물답게 넓은 잎
•• 토란꽃이 진 뒤

토란꽃 보기

토란은 그늘에서도 잘 자라고 푸른 잎이 아름다워 화분에 심어 기르기 좋다. 푸른 잎을 방패처럼 들고 싱싱하게 자란다. 꽃을 보지 못한다 해도 화분에 토란을 한 포기 심어 길러보시길! 만일 인연이 닿는다면 꽃이 피리라.

 토란은 천남성과라 특이한 꽃을 피운다. 토란은 꽃자루가 없는 아주 작은 꽃들이 굵은 꽃대에 촘촘히 모여 피는데 이걸 '살이삭(육수)꽃차례'라 한다. 이렇게 커다란 꽃차례는 피기 전에 주머니 모양의 봉투같이 생긴 노란색 포로 둘러싸여 있다가, 그게 벌어지며 꽃이 피어난다. 우리 눈에 노란색 칸나 꽃잎처럼 보였던 건 꽃잎이 아니라 포로 '불염포'라 한다. 그 노란 불염포 속에 자잘한 진짜 꽃이 '살이삭꽃차례'로 뭉쳐 있다. 꽃차례의 밑 부분에는 암꽃, 그 위는 수꽃, 맨 윗부분에는 무성화가 달린다. 한자로 된 식물학의 용어는 알아들을 수가 없는 '암호' 같다. 우리말로 바꾸는 노력이 있어야겠다.

 꽃말은 당신에게 행운을.

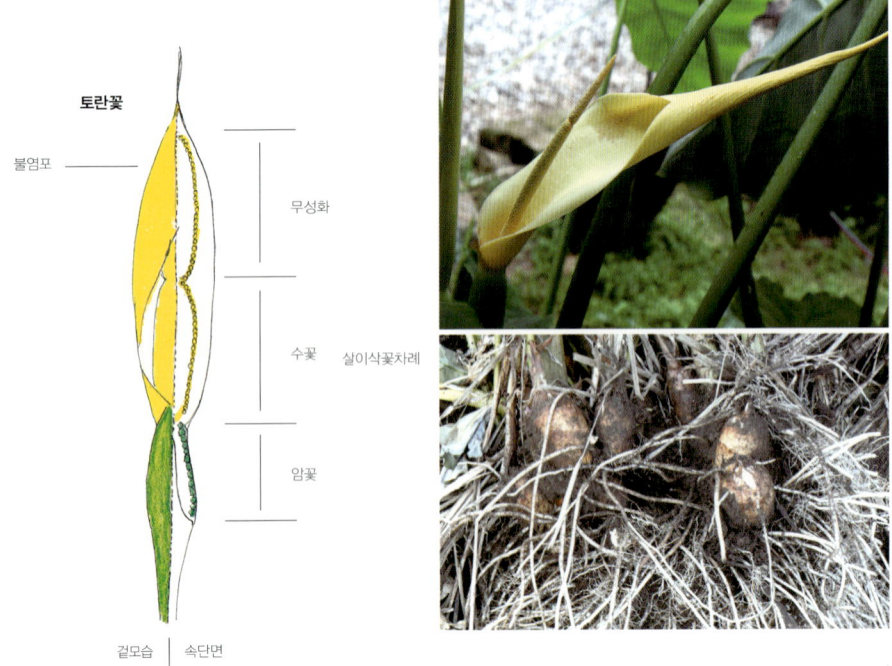

• 토란꽃
•• 엄청난 토란뿌리

고구마꽃 • 밭에 웬 나팔꽃이?

별명을 꽃고구마로

1945년 일제로부터 해방되던 그때, 고구마꽃이 전국에 피었다. 그래서일까. 꽃말이 '행운'인 게 그럴싸하다. 한동안 고구마 꽃이 피면 뉴스에 났다. 어떻게 생겼을까? 어디서 고구마꽃이 피었다 하면 또 거기로 달려가야 하나?

봄에 마을 할매들과 일하다가, 한 분이 "우리 집에 꽃이 피는 고구마가 있어. 사위가 가져다줬어." 그분께 그 씨고구마를 몇 알 얻어다 순을 길러 심었다. 아니나 다를까 정말 그 고구마에서 꽃이 주렁주렁 피는 게 아닌가. 멀리까지 갈 거 없이 우리 밭에서 꽃을 보니 나만의 비밀을 가진 양 뿌듯했다. 별명도 '꽃고구마'로 붙였다. 한데 그다지 맛있는 고구마가 아니었다.

이렇게 한번 고구마꽃을 보고 나니 여기저기서 고구마꽃이 피었다는 소리가 들린다. 그러다 보니 이제 고구마꽃은 뉴스거리가 안 되는지 조용하다. 고구마꽃이 이렇게 많이 피는 이유에 대해, 머릿속에는 당장 '지구온난화'가 떠오르지만 농진청 자료를 찾아보았다. '고구마는 낮의 길이가 짧은 중앙아메리카가 그 원산지인 단일성 식물이어서 일반적으로 우리나라에서는 꽃을 보기 힘들다. 꽃은 우리나라에서는 일반적으로 피지 않지만 품종 및 환경에 따라서 차이가 있는데, 가을 날씨가 온난하고

고구마 Sweet potato
쌍떡잎식물 진정국화1군 메꽃과 여러해살이 덩굴식물
학명 Ipomea batatas L

고구마의 원종은 멕시코나 베네수엘라로 추정하고 있으니 열대 아메리카가 고향. 우리나라는 영조 때 일본 통신사인 조엄이 대마도에서 구해 들였다 한다. "이 섬에 먹을 수 있는 풀뿌리가 있는데, 왜음으로 고귀마라고 하는 이것은 생김새가 산약(마)과 같고 토란과도 같아 일정치 않다."

고구마는 온대인 우리나라에 들어와 한해살이지만 열대에서는 여러해살이도 있단다. 줄기는 길게 땅 위로 기면서 뻗는데, 자르면 뽀얀 즙이 나온다.

주·야간 온도 차가 클 때 피는 편이다'라고 나와 있다. 어찌 되었든 특별했던 일이 더 이상 특별하지 않게 바뀌고 있구나.

우리가 먹는 고구마는 식물 고구마의 덩이뿌리다. 봄에 덩이뿌리를 흙에 묻어놓으면 거기서 움이 터서 새순이 자라고, 그 순을 서너 마디만큼 잘라서 심으면 땅속에 고구마가 자라 똑같은 고구마를 캐 먹을 수 있다. 이걸 '영양번식' 한다고 한다. 이렇게 자기 몸을 복제하는 영양번식은 대를 이어도 유전자가 똑같다. 호박고구마를 심으면 호박고구마가, 물고구마를 심으면 물고구마가 난다.

그 작은 순이 한여름 햇살을 받아먹고 넌출넌출 자라 땅속에는 새로운 덩이뿌리가 여러 개 달린다. 덩이뿌리는 손가락처럼 가늘기도 하고, 어린애 머리만큼 둥글고 크게 자라기도 하고, 사람 팔뚝처럼 가늘고 길게 뻗기도 한다. 고구마를 많이 잘 달리게 하려면 어떻게 심어야 할까? 고구마의 뿌리는 밭에 심은 순의 마디에서 나오는데 우리가 먹는 고구마가 뿌리이기 때문에 이왕이면 땅속에 마디가 많이 들어가게 심는 것이 좋다고 한다.

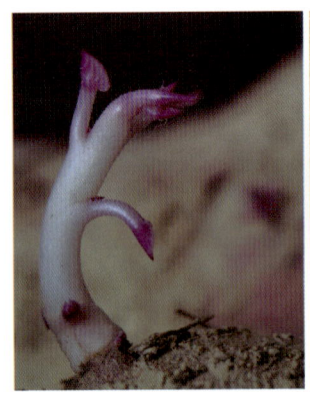  

싹을 길러 심는다 •
씨고구마와 싹 ••
고구마밭 •••

분홍 바람개비가 도르르 풀리며

꽃 이야기로 돌아가보자. 처음 꽃을 보기 전에는 어떤 꽃이 필지 궁금했다. 그러던 어느 날, 아이가 "고구마에 나팔꽃이 달렸네!" 한다. 고구마밭에 나팔꽃씨가 떨어졌나? 가서 보니 이게 고구마꽃. 잎겨드랑이에서 꽃대가 올라와 그 끝에 꽃이 여러 개가 달려 있다. 아침 해가 아직 뜨기도 전, 분홍바람개비처럼 생긴 고구마 꽃봉오리가 도르르 풀리며 해를 맞고 꽃잎이 열린다.

꽃은 5개로 갈라진 꽃받침 위에 축음기 나팔 모양의 통꽃이다. 꽃 속을 얼핏 보아서는 암술만 보이지 수술은 보이지 않는다. 근데 꽃을 가만히 펼쳐보면 좀 색다른 모습을 보게 된다. 가운데 암술이 있고, 수술은 5개인데 그 길이가 다 다르다. 가장 긴 수술 하나는 암술과 거의 닿아 있고, 그다음부터 그 아래로 길이가 조금씩 짧은 수술 4개가 암술대에 차례차례 꼭 붙어 있다. 앞뒤가 이러니 얼핏 보아서는 암술만 있는 걸로 보이는 게다. 굵은 암술 아래에 길이가 다른 수술 4개.

꽃잎은 자줏빛으로 꽃잎 가장자리는 연하고 가운데 암술로 들어가는 길은 진하다. 이 꽃잎이 맛있는지, 벌레들이 파먹어 성한 꽃잎을 찾기 어려울 지경이다. 품종에 따라 꽃 빛깔은 여러 가지가 있단다. 고구마는 뿌리를 먹는 데다 이름도 고구'마'라 마과인 것 같지만, 고구마는 메꽃과다.

고구마꽃은 한번 피기 시작하면, 서리가 내려 고구마잎이 홀딱 처진 듯 시들어버릴 때까지 줄기차게 피고 진다. 꽃에 엄청난 에너지를 쏟아붓는 거다. 하지만 그런다고 씨앗을 맺지는 않더라. 고구마가 꽃 피는 걸 잊어버리거나, 꽃이 피고도 열매를 맺지 않는 것은 왜일까? 개량과정에서 수많은 교잡이 일어나고 그 과정에서 임신능력을 잃어버린 거란다.

농진청 산하 바이오에너지작물센터 이준설 연구관은 "고구마꽃은 한 꽃에 들어 있는 암술과 수술이 만나도 씨앗을 맺지 않는다. 아주 드물게 수정이 될 수도 있겠지만, 자연상태에서 고구마 종자를 구경하기는 드문 일"이라고 한다. 하지만 고구마꽃이 꼭 필요한 곳이 있다. 새로운 고구마 종자를 육종하려면 꽃을 피워 인공교배하는 길밖에 없다.

바이오에너지작물연구소에서는 사람이 암술에 화분을 묻혀주는 인공수정을 하는데, 그러려면 꽃이 잘 필 수 있도록 나팔꽃 대목에 고구마순을 접목하고 기른단다. 우리가 먹는 고구마 덩이뿌리만큼 중요한 게 바로 고구마꽃이었구나!

• 덩굴 속 고구마꽃
•• 두 종류 고구마꽃. 연보라와 자주빛

고구마꽃 보기

고구마는 땅속에서 자라고 줄기가 넓게 퍼져 집 안에서는 기를 수 없다. 꽃을 보려면 꽃고구마 모종을 구하는 게 좋다. 이 모종을 화분이 아닌 텃밭에다가 심으면 줄기가 시원스레 자라다 8월 초부터 서리 내릴 때까지 꽃을 줄줄이 피운다. 유채꽃을 관광 상품화하듯, 꽃이 피는 고구마도 관광 상품으로 기르면 일석이조 아닐까?

꽃을 피우기도 힘들고 피운다고 해도 씨앗을 맺기는 더욱 어려운 고구마. 고구마는 그런 점에서 메꽃과 비슷하다. 메꽃 역시 길가나 논둑에 여름부터 가을까지 피지만, 불가사의하게도 씨앗을 맺는 일은 거의 없단다.

꽃말은 행운.

 시간별로 피는 고구마꽃 모습. 이른 아침 30분이면 거의 다 핀다

 5개 수술, 1개 암술. 수술은 길이가 다 다르다

생강꽃 · 꽃구경은 생각조차 못 했는데

꽃구경 로망을 실현하고자

꽃구경이 어렵다는 걸 알아차리는 순간, 꽃구경이 로망이 되었다. 이제 토란꽃, 고구마꽃까지 보았는데 생강꽃은? 제주도 지인한테 물어봐도 거기도 생강꽃은 없단다. 진짜 언젠가 동남아시아에 가야 볼까?

인도네시아 족자카르타에 있는 생태공동체 '부미랑깃'에 갈 기회가 생겼다. 맨 처음 생강 꽃구경을 할 수 있는지부터 알아보았다. 2월 어느 날, 온종일 비행기를 타고 족자카르타에 도착하니 어느새 해 질 무렵. 대부분의 생태공동체가 그러하듯 시내에서 한참 떨어진 산 중턱까지 다시 차를 타고 1시간.

부미랑깃은 퍼머컬쳐(permaculture) 농장으로서 소똥과 화장실에서 나오는 똥거름을 재료로 하는 바이오가스시스템을 갖춘 곳이다. 흘러내리는 물을 가두어 오리와 물고기를 기르고, 텃밭과 과일나무들을 가꾼다. '와룽'이라 부르는 커다란 정자도 있는데 여기서 견학하러 오는 학생들과 교사들이 체험학습을 하고 식당도 운영한다. 또 시내에서 며칠에 한 번 열리는 농민장터에 천연발효빵과 인도네시아 청국장인 템페와 같은 음식을 만들어 내다 판다.

우리는 거기서 식구처럼 함께 지냈다. 거기 분들은 당연히 한국 말을 모른다. 나 역시 인도네시아 말은 인사밖에 모르고. 그래도 어찌저찌 소통하며 지냈는데, 템페 만드는 것을 배운 게 가장 인상에 남는다. 답례로 토마토로 소스와 열대과일로 식초 만들기를 알려주기도 했다. 김치 만드는 법도 알려주고 싶었지만, 아무도 관심을 가

생강 Ginger
외떡잎식물 생강과 여러해살이풀
학명 Zingiber officinale Roscoe

인도를 비롯한 열대우림이 원산. 우리나라에는 고려시대부터 기록에 나온다. 생강은 열대에서는 여러해살이다. 하지만 겨울이면 영하 20도를 넘나드는 이곳에서는 '반쪽짜리 삶'을 산다. 생강은 4월에 심었다가 10월이면 거둔다. 같은 과 재배식물로 울금(강황)도 있다. 봄에 산에서 가장 먼저 꽃이 피는 생강나무는 생강과가 아니라 나무에서 생강향이 난다고 그런 이름을 가졌다.

지지 않아 내가 담그고 나 혼자만 먹었다. 뜻밖에 큰 호응을 얻은 것이 보리차. 그곳 분들은 따스한 차를 좋아해 나 먹으려고 가져간 보리차가 인기였다. 물이라면 일단 은 냉장고에 들어갔다 나온 찬물만 좋아하는 우리를 돌아보게 한다.

생강꽃은 어떻게 되었냐고? 그곳에 간 다음 날 아침, 가기 전에 메일을 주고받았던 아남 아저씨가 꺾어다 주었다. 그러고 나서 시간이 날 때마다 그곳 농장을 둘러보니 여기저기 생강이 자라고 있는데, 여기서도 생강꽃은 어쩌다 하나둘 정도만 피더라.

자, 이번에는 생강꽃을 사진으로 찍어야겠는데 딱 필요한 카메라가 내 눈앞에 돌아다니는 게 아닌가. 자카르타대학생 몇이 다큐멘터리를 찍으러 왔단다. 이 학생들과 사귀어 사진을 부탁할 수 있었다. 그랬더니 그 청년이 나한테 어디를 가자고 한다. 따라갔더니 뒷산. 거기에 커다란 야생 생강꽃이 붉게 피어 있었다. 이곳 족자카르타는 적도에 있는 열대지방. 그야말로 생강과 풀들의 땅이구나!

- 인도네시아 생강과 풀
- 부미랑깃 어린이들 가이드투어
- 생강은 볏짚을 두둑이 덮어주고 오래 기다려야 싹이 난다
- 한 포기 생강

생강꽃을 실컷 구경하고

집에 돌아와 4월에 생강을 심으려니 반갑다. 우리가 먹는 그 생강인 알뿌리가 씨다. 이 씨생강은 싹 나는 데 오래 걸린다. 4월에 심으면 빨라야 6월 중순. 그래서 습기 보존이 아주 중요하다. 생강을 심고는 그 위에 볏짚으로 이불을 두둑이 덮어준다.

6월 중하순, 장맛비가 내리니 생강싹이 하나둘 보이기 시작한다. 생강잎은 외떡잎 식물의 나란히맥이 특징인데, 이 나란히맥이 중앙에 모였다가 옆으로 펼쳐져서 깃털 모양(우상평형맥)처럼 보이는 바나나잎과 비슷하다. 그리고 이파리부터 생강향이 은은히 난다. 키도 사람 무릎께까지 자라면 다 자란 거라 태풍 피해도 없고 짐승 피해도 없다.

그해 9월 말이었을 거다. 남편이 생강꽃 봉오리가 맺힌 것 같다고 나보고 확인을 하란다. 그리하여 생강꽃을 본 적이 있는 사람이 행차하니 맞다 맞아. 생강꽃을 염원하니 기적처럼 생강꽃이 피려나! 정말 며칠 뒤 한 송이가 피고 며칠 뒤 반대쪽에 또 한 송이가 필 둥 말 둥 한다.

생강꽃 봉오리는 솔방울처럼 나선형으로 무리 지어 피는 원뿔모양(총상)꽃차례. 나선형으로 달린 비늘 같은 게 꽃받침으로 아래쪽부터 돌아가며 핀다. 비늘 모양의 꽃받침이 살짝 벌어지며 연노란 꽃잎, 꽃덮이조각 3개가 나온다. 꽃덮이조각이 젖혀지면서 자주색의 긴 자루가 보이는데, 그 끝에 녹색의 작은 점 같은 게 달려 있다. 이 자주색 긴 자루는 헛수술이 변한 것으로, 활짝 펼쳐지면 화려한 입술 모양을 드러낸다. 자주색 긴 자루 속에 수술이 들어 있고 그 끝에 녹색의 작은 점이 암술머리란다. 암술은 씨방에서부터 가늘고 긴 암술대로 암술머리까지 이어지며 수술이 감싸고 있다.

종종 생강꽃이 활짝 핀 상상을 해보았다. 자주색 긴 자루가 벌어져 입술 모양의 화려한 치마를 펼치면 수술에서 꽃밥이 터져 나와 꽃가루받이를 하리라. 하지만 우리 집 생강은 자주색 주머니가 열리지 못하고 꽃 피는 시늉만 한다.

생강꽃이 하나 피고 반대쪽에 다시 하나 피고. 그다음 꽃이 준비하는 사이, 어느덧 10월이 되었다. 꽃이 시퍼렇게 얼며 끝났다. 인도네시아 생강꽃은 불타는 듯 붉은 색. 우리 집 생강꽃은 자주색이다가 시퍼렇게 얼었다. 열대지방이 고향인 생강이 우리나라에 와서 고생한다.

- 햇생강
- 인도네시아에서 나를 맞아준 생강꽃
- 우리 밭 생강꽃이 피기 시작

생강꽃 보기

생강꽃을 보자고 열대까지 여행을 갈 수 없고, 간다 한들 생강밭은 또 어느 메서 찾나? 그래서 생강꽃 대신 권하고 싶은 건 양하꽃. 양하는 야생강, 양해간이라고도 하는데, 우리나라에서 여러해살이로 살아가는 유일한 생강과 식물이다. 제주도나 진도에서 자생하는데, 양하는 겨울에는 지상부가 사라졌다가 봄에 다시 싹이 돋아 넓은 잎을 피워 올린다. 9월 한가위가 다가오면 밑동에서 꽃봉오리를 올려 꽃을 피운다. 무성한 이파리 아래 밑동에서 올라오니 양하꽃은 가장 겸손한 자세로 허리를 굽혀야만 볼 수 있다. 양하꽃은 활짝 핀다. 헛수술이 변한 자주색 입술 모양 순판 위에 수술 1개(꽃밥 2개)가 보인다. 마찬가지로 수술 위에 암술머리가 있다.

제주도에서는 양하의 어린 순이나 꽃봉오리를 먹고 알뿌리는 향신료로 쓴다. 9월 즈음 제주도나 남해안에 갈 일이 있으면 향긋한 양하꽃을 만나보기를! 전주에서도 양하가 자란다는 소식을 들어, 중부 지방에 어느 정도 적응한 양하를 우리 밭에서도 기를 수 있기를 기대한다.

꽃말은 신뢰.

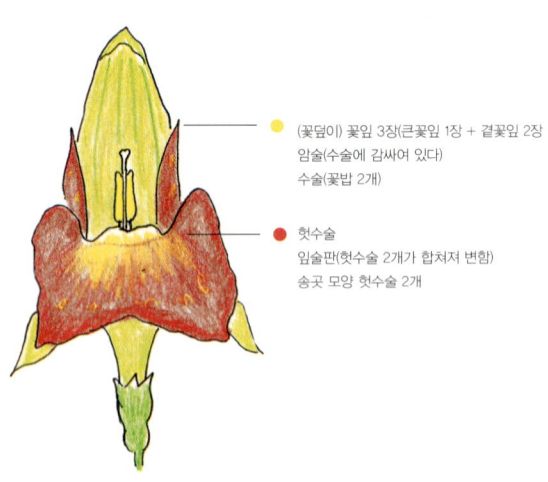

꽃이 활짝 핀 상상
자주색 주머니가 열려 입술 모양으로 벌어졌을 때
입술 모양은 꽃잎이 아니라 헛수술의 변형

- 가을 찬 기운에 웅크린 생강꽃
- 양하

PART 4

한 글자 우리말
나무꽃, 들꽃

꽃 이어달리기

앞산 진달래가
환하게 피었다.

나도 씨앗 심고 나무 가꾸어
꽃을 피우고 싶다.

곧 있으면 복숭아꽃, 딸기꽃 필 테고
그 뒤에 수수한 보리꽃, 밀꽃 피어나고
이어서 하얀 감자꽃, 분홍 옥수수꽃, 보라 콩꽃, 연노란 벼꽃…….

진달래꽃 뒤따라
곡식꽃으로 달리고 싶다.

김광화

한 글자 우리말
나무꽃, 들꽃

사람이 먹을 수 있는 나무 열매가 얼마나 될까? 손꼽아 보면 참 많다. 지금 우리는 과일이 넘치는 세상을 살고 있다. 이 책에서 모든 걸 다루면 좋겠지만, 지금 과일나무들은 개량에 개량을 거치는 중이라 토종 나무를 찾기 어렵다. 그래서 우리 부부가 우선순위로 둔 게 한 글자로 된 나무들이다. 감, 밤, 배, 잣, 뽕, 참…….

이렇게 모아보면 괜히 한 글자가 아닌 거 같다. 이 땅이 고향이거나 우리와 함께 오래 살아온 식구 같은 존재들이다. 가까우니 자주 먹고, 보고, 그러다 보니 한 글자 이름을 가졌으리라. 또 사람이 기르지는 않지만 사람을 먹여 살리는 게 있다. 바로 산야초. 국토의 64%가 산인 우리나라에는 산야초가 참 많다. 별미로, 배고파서 나물로, 몸 아파서 약초로, 이들을 먹고 살아왔다. 들꽃 역시 다 다룰 수 없어 한 글자로 된 산야초인 쑥과 취, 두 가지를 다루었다.

감꽃 • 식구처럼 우리 곁에

오래도록 집과 식구들을 지켜주는 나무

상주가 고향인 나는 늘 감나무를 보고 자랐다. 어릴 때는 감나무를 놀이기구처럼 오르내리곤 했다. 내가 다가가면 감나무는 언제든 나와 놀아주었다. 자라면서 스킨십이 가장 많았던, 식구 같은 나무다. 감나무는 집 마당 한편에서 그야말로 식구처럼 사람과 같이 산다. 그만큼 우리네 삶과 잘 맞는 과일나무라 하겠다. 오래도록 수수하고 묵묵하게 사람과 집을 지켜주는 나무다.

5월에 피는 감꽃 역시 식구 같은 꽃이다. 수수하지만 더없이 사랑스럽다. 10원짜리 동전만 한 꽃이 푸른 잎 사이에서 연노란 빛을 띠고 다소곳이 피었다가 떨어진다.

과일이 귀했던 시절, 가을로 접어들 무렵 감나무 아래를 보면 먹을 게 있다. 가끔 벌레가 먹어, 땅으로 떨어진 땡감들이 며칠 지나면서 몰랑몰랑 맛이 든다. 나는 이걸 가끔 주워 먹곤 했다. 때로는 너무 먹어 똥이 안 나와 고생할 만큼.

어른들은 가을걷이가 끝나 서리 내릴 무렵이면 감을 따, 곶감을 매단다. 노란빛 나던 감이 가을 햇살과 바람에 말라가면서 빛깔도 바뀌고 맛도 바뀐다. 떫은맛은 사라지고 달달한 맛이 나며, 빛깔도 붉게 바뀐다. 이때가 '반건시'라 하여 가장 맛나다. 점차 더 말라가면서 하얀 분이 나고 곶감은 점점 말라 꾸덕꾸덕해진다. 곶감은 과일이 귀하던 시절 겨우내 두고두고 먹을 수 있는 소중한 먹을거리였다.

감나무 Persimmon
쌍떡잎식물 국화군 진달래목 감나무과 잎 지는 큰키나무
학명 Diospyros kaki Thunb

원산지는 한반도.

감나무는 오래 사는 나무다. 내 어릴 적 기억을 더듬어보면 우리 고향 집 뒤란 감나무는 그때나 지금이나 키가 거의 같다. 약 10여 미터 남짓. 다만 기둥만은 50여 년이 흐른 사이 조금 더 굵어졌다. 그러니까 이 감나무만 해도 최소한 100년은 살았다는 말이다. 해마다 많은 열매를 주면서도 참 곱게 늙어가고 있다. 명절마다 고향 집에서 이 감나무를 올려다보면 이젠 어떤 영성까지 느껴진다. 100년 이상 우리 식구들이 겪은 여러 희로애락을 다 봐왔을 테니 말이다. 감나무는 보통 수명이 200년 이상이라니 앞으로도 상당 기간 고향 집을 지켜주리라. 그래서 곶감을 제사상에 올리는 걸까.

감은 그 밖에도 쓰임새가 많다. 푸른 땡감으로는 감물염색을 하고 잎은 감잎차로 인기가 좋다. 홍시로 만든 감식초는 음식들을 맛나게 해주는 양념으로 빼놓을 수가 없다. 이렇게 감은 사람과 정분이 깊다.

- 환하게 말라가는 곶감
- 100년 이상 자라, 영성이 느껴지는 감나무

감꽃을 실에 꿰어 팔찌와 목걸이로

감꽃은 통꽃으로 씨방을 감싸고 있다가 떨어지면 제법 큰 구멍이 난다. 그 구멍 사이로 새끼손가락을 쉽게 끼울 정도로. 그래서 아이들이 놀이 삼아 감꽃을 실에 꿰어 목걸이나 팔찌로 두르곤 했다.

　감꽃은 암꽃, 수꽃, 양성화(兩性花) 이렇게 세 가지가 있단다. 우리 동네 감나무를 다 둘러보아도 한 가지, 암꽃뿐이다. 상주 감시험장에는 세 가지 감꽃이 골고루 다 있다고 한다. 전화를 거니 아뿔싸! 이미 감꽃이 다 졌단다. 내년에 오란다. 다시 한 해를 기다렸다. 이듬해 5월 중순부터 상주에 다시 감꽃 소식을 물어 5월 26일 감시험장에 갔다.

　상주 감시험장에 들어서니 넓은 밭에 감나무가 줄을 맞춰 서 있다. 가까이 가니 감나무마다 유전자원 번호가 매겨 있다. 감나무는 우리나라 토종으로 한 그루 한 그루가 소중한 유전자원이란 말씀. 마침 들머리에 있는 감나무가 암꽃, 수꽃 그리고 양성화가 다 있는 안동 '장두리감'이었다. 암꽃은 우리가 늘 보는 꽃, 꽃받침이 꽃보다 크고 꽃잎 가운데가 뻥 뚫린 채로 떨어지는 그 꽃. 그렇다면 수꽃은? 자잘한 꽃 여러 개가 모여 있는데 여기에 수꽃과 양성화가 섞여 있단다. 수꽃은 수술이 있는 대신 암술과 씨방이 없고, 양성화는 수술도 있고 암술과 씨방이 있어 자디잔 감을 연단다. 얼핏 봐서는 구별이 안 되고 꽃을 헤집어 씨방이 있나 없나를 확인해봐야 한다. 콩알보다 작은 씨방이 수술에 폭 싸여 잘 안 보이기 때문이다.

　이 수꽃이나 양성화가 피는 감나무는 보기 어렵다. 감나무는 접을 붙여서 기르는데 이렇게 작은 감이 달리는 감나무를 심지 않아서다. 감나무는 꽃가루받이를 하지 않아도 열매가 굵어지는 성질이 있기 때문이다. 이걸 농학에서는 '단위결과성'이라 한다. 청도 반시도 그래서 나올 수 있었다.

　하지만 감나무 품종에 따라, 또 감 열매를 크게 하려면 수꽃이 피는 감나무가 있어 꽃가루를 날려주면 좋다. 그래서 수꽃이 피는 감나무를 씨종나무(수분수)로 심는다. 간혹 처음 보는 이는 수꽃을 보고 병이 걸리거나 기형이 된 건 아닌가 오해하기도 한단다.

암꽃은 아기 주먹만 한 감을 달고, 양성화는 자두만 한 감을 다는데 딱 봐도 앞날을 알 수 있는 건 꽃받침이란다. 감은 꽃받침의 크기에 비례한다니……. 아이처럼 감나무 아래 쭈그려 앉아 꽃잎을 주웠다. 그러다 보니 수꽃은 꽃받침이 아주 작고 꽃받침째 떨어지는데 양성화는 꽃받침도 크고 암꽃처럼 꽃잎만 떨어지더라.

- 상주 감시험장
- 감나무마다 유전자 번호가 매겨진 상주 감시험장
- 암꽃(맨 오른쪽)과 양성화
- 감꼭지가 큰 게 대부분 양성화

감꽃 보기

5월 말에서 6월 초. 중부 이남, 어느 시골 마을이든 마당에 심어진 감나무를 만날 수 있다. 특히 상주, 영동, 진양, 청도에 가면 곳곳에서 감나무를 만날 수 있다. 참, 감나무는 가지가 약해 쉽게 부러지니 감을 딴다고 함부로 올라서는 안 된다.

누런 통꽃잎은 끝이 네 갈래로 갈라져 뒤로 젖혀졌고, 꽃받침은 품종에 따라 네다섯 갈래로 갈라져 있다. 꽃받침과 꽃잎은 각각 서로 양쪽으로 붙어 있어 꽃은 항아리나 종 모양을 이룬다. 암술은 제일 밑부분에 있는 씨방, 1개의 암술대 그리고 씨방의 방수만큼 나누어진 암술머리로 이루어졌다. 씨방의 각 방에는 2개의 밑씨가 방 한가운데에 있다.

감나무에는 떫은 감나무와 단감나무가 있다. 떫은 감나무는 그냥 두면 홍시가 되고, 껍질을 깎아 말리면 곶감이 된다. 단감은 떫은 감에 비해 추위에 약하기 때문에 따뜻한 남쪽 지역에서 재배하고 있다.

꽃말은 경이, 자애, 소박.

• 통꽃으로 피어 감이 달리는 감 암꽃
•• 보기 드문 감 수꽃

밤꽃 • 수꽃들의 아우성

알 듯 모를 듯 야시시한 냄새

"흠, 흠! 이게 뭔 냄새지? 어디서 나는 거야!"

6월 접어들면서 시골에서 맡게 되는 묘한 냄새. 바로 밤꽃 냄새다. 밤꽃은 겉보기에는 수수하다. 하얀 꽃이 실처럼 가늘게 필 뿐이다. 하지만 냄새는 강렬하면서도 묘하다. 말로 설명하기가 어려울 정도로. 비릿한 듯 역겨운 듯 야시시한 냄새. 한마디로 정액 냄새와 비슷하다. 그래서 예로부터 '6월 밤나무골 과부 몸부림치듯 한다'는 말이 전해온다. 실제 밤꽃에서 나는 냄새의 성분을 분석해보니 정액과 거의 비슷하다고 한다.

밤꽃은 바람을 이용한 풍매화이면서도 곤충을 매개로 한 수분도 기꺼이 받아들인다. 밤꽃에는 꿀과 꽃가루가 많은 데다가 냄새까지 강렬하니 벌은 물론 풍뎅이, 나비, 개미, 파리가 꼬이고 심지어 깜깜한 밤에는 나방도 날아든다.

꽃을 가까이서 보자. 수꽃과 암꽃이 따로 피는데 얼핏 보아서는 그 구분이 쉽지 않다. 앞서 나온 밤꽃. 그러니까 하얀 꼬리 모양의 꽃은 수꽃이다. 5월 말쯤 새 가지 잎겨드랑이에서 수꽃 이삭이 먼저 나온다. 이삭마다 뽀글뽀글 물방울처럼 생긴 꽃봉오리에서 수술이 터져 나온다. 실같이 가늘고 하얀 수술이 연노란 꽃밥을 달고 솟아난다. 10~15센티미터에 이르는 수꽃 이삭 하나에서만 이런 방울들이 수십 개. 꽃차례 따라 꽃이 다 피면 마치 여우 꼬리 모양으로 복슬복슬하다.

밤나무 Chestnut tree
쌍떡잎식물 진정장미1군 참나무목 참나무과
밤나무속 잎이 지는 큰키나무
학명 Castanea crenata Siebold & Zucc

한반도와 일본이 원산. 아시아, 유럽 등의 온대 지역에 분포하며, 우리나라는 전국적으로 마을 둘레나 산기슭에서도 잘 자란다.

그럼, 암꽃은 어디 있지? 얼핏 봐서는 찾는 게 쉽지가 않았다. 암꽃은 수꽃들이 절정을 이룰 무렵 핀다. 그러니까 수꽃 이삭이 몇 개쯤 먼저 달리고 나면 그 아래쯤에 암꽃이 살포시 모습을 드러낸다. 그 모습이 참 단순하여, 누군가 알려주지 않으면 알기가 어렵다. 크기는 콩알만 한데 생김새는 미니 밤송이 같다. 이 암꽃이 자라 나중에 커다란 밤송이가 되는 거다. 가느다랗고 부드러운 가시를 달고 있는, 그러니까 나중에 고슴도치처럼 가시로 중무장한 밤송이가 되는 건 암꽃 꽃받침들이 모인, 모인꽃싸개(총포). 모인꽃싸개에 싸여 때를 기다리다 실 같은 암술머리 여러 개를 모인꽃싸개 위로 살짝 드러내며 암꽃이 핀다.

밤나무 한 그루 전체에서 피는 수꽃은 어마어마하다. 그해 새로 생긴 가지에서 피는 밤꽃은 품종에 따라 조금 다르기는 하지만, 대부분 처음에는 되도록 위를 향해 꼿꼿이 서서 꽃가루를 날린다. 그런 다음 아래로 늘어진다. 작은 가지마다 꽃차례들이 길게 죽죽 늘어서 장관을 이룬다. 나무 아래서 올려다보면 현기증이 날 정도. 조금 떨어져서 보면 마치 치어리더들이 응원할 때 흔들어대는 꽃술 같다. 이런 꽃술이 10여 미터 높이로 그득 핀 모습이라니.

밤꽃이 한창일 때는 멀리서 보면 나무 한 그루가 마치 한 송이 꽃 같다. 밤나무가 잘 자라는 곳을 보면 대개 군락을 이룬다. 경남 산청을 비롯하여 남부 지방에서 특히 잘 자라는데 밤꽃이 필 무렵, 그 둘레 산을 바라보면 꽃밭 아닌 '꽃산'이라 하겠다.

암꽃을 마지막까지 지켜주는 수꽃

밤꽃을 관찰하다 조금 색다른 모습을 보게 되었다. 대개 꽃들은 수정이 끝나면 꽃잎이 땅으로 떨어진다. 밤나무 수꽃은 수정이 끝나면 시들면서 갈색으로 바뀌며 꽃차례 통째로 떨어진다. 땅으로 돌아가, 이제부터는 밤나무에 거름이 된다.

그런데 암꽃과 같은 꽃차례에 피는 수꽃은 다르다. 암꽃은 꽃차례의 아래쪽, 수꽃은 위쪽에 달리는데 여기서 피는 수꽃만은 암꽃보다 나중에 핀다. 그러니까 밤나무

- 흐드러지게 핀 밤꽃
- 수꽃
- 성게같이 생긴 암꽃이 온통 수꽃에 둘러싸여 핀다
- 향기와 꽃가루 때문인지 밤에도 나방을 비롯한 곤충들이 날아든다

는 저희 나름대로 수정을 위해 '시간 차'라는 장치를 만들어둔 거로 보인다. 조금 더 설명을 덧붙여보자. 1차로는 무수히 많은 꽃가루가 다른 밤나무의 암꽃을 찾아간다. 그런데도 수정을 못 한 암꽃을 위해 암꽃보다도 늦게 피어, 만일의 사태에 대비하는 게 아닌가 싶다.

대부분 6월 초에 핀 수꽃들은 하지 무렵이면 떨어진다. 하지만 암꽃과 같은 꽃차례에서 핀 수꽃들은 쉽사리 떨어지지 않는다. 꽃가루 수명이 다하고 심지어 갈색으로 바뀌고 나서도 한동안 암꽃을 가까이서 지켜준다. 다른 수꽃들이 다 떨어지고 한 달 정도 지난 7월 하순 정도가 돼서야 땅으로 떨어지는 거다. 이때쯤에는 수정된 밤들이 제법 자라 밤송이 크기가 알밤 정도나 된다. 뒤늦게 핀 수꽃은 어린 새끼가 무사히 잘 자라는지 확인하고 나서야 생을 마감한다. 이렇게 무수한 수꽃들의 지극한 사랑 덕에 우리는 맛난 밤을 먹는다.

밭에서 김을 매다 보면 아주 가끔 이제 막 싹이 트는 아기 밤나무를 만나곤 한다. 크기라고 해봐야 한 뼘 남짓. 위로는 줄기를 뻗어 잎이 자라고, 아래로는 뿌리를 내리고 있는데 그 가운데 알밤이 '내가 주인이요' 하듯 떡하니 자리하고 있다. 어디서, 어떻게 굴러온 밤일까. 밤꽃 냄새가 그렇듯이 나무의 생명력도 특별한 거 같다.

• 이삭꽃차례로 길게 늘어진 수꽃들
•• 끝까지 암꽃을 지켜주는 수꽃

밤꽃 수술

밤꽃 보기

전국 어디나 밤나무가 자란다. 6월에 차를 타고 가다 산에 하얗게 꽃이 핀 밤나무를 만나면 잠시 내려 쉴 겸 꽃구경도 하자. 꽃구경할 때 '암꽃 찾기' 놀이를 해보길!

꽃은 암꽃과 수꽃이 같은 그루에서 피는 암수한그루로 6월부터 핀다. 향기가 진하고 꿀이 많다. 사람은 벌 덕에 밤꿀을 어렵지 않게 얻는다. 수꽃은 가지 끝의 잎겨드랑이에서 10~15센티미터 정도 되는 이삭(수상)꽃차례를 이루며, 암꽃은 가끔 그 아래쪽에 두세 송이가 모여 핀다. 암꽃들은 나중에 가시로 무장한 밤송이가 되는 모인꽃싸개로 싸여 있는데 위로 여러 개의 실 같은 암술머리를 내밀고 있다. 모인꽃싸개 안에는 보통 3개의 씨방이 있으며, 이것이 자라 알밤이 된다.

꽃말은 진심, 공평.

모인꽃싸개 안에 암꽃이 3개

아기밤송이와 그 곁에 남은 수꽃

배꽃 • 선택과 집중을 묻는다

높이높이 자라던 돌배나무는 다 어디로

요즘 세상살이가 참 복잡하다. 해야 할 일은 산더미고 알아야 할 것도 많다. 그럴수록 선택과 집중이 중요하다. 시골이라 해서 크게 다르지 않은 거 같다. 우리가 얼마나 멀리 왔을까? 또 얼마나 빨리 왔을까?

잠시 내 어릴 적 풍경으로 돌아가보자. 큰집 마당에는 아주 높다란 배나무가 한 그루 있었다. 높이가 얼추 10미터 정도로. 추석이면 그 나무에는 배가 드문드문 달렸고, 큰어머니가 우리한테 하나씩 따주어 먹어본 배 맛은 그런대로 괜찮았다. 하지만 과육보다 씨방이 발달해 먹을 게 별로 없는 데다 껍질이 질겨 이빨 사이 곧잘 끼이곤 했다. 특별히 가꾸지 않고 저절로 자라고 열매가 열리는 만큼 먹었던 시절. 요즘 배를 생각하면 믿기지 않는 동화 같은 풍경이다.

4월, 나무들에는 한 해 가운데 로맨스로 가장 눈부신 달. 배나무 역시 하얀 꽃을 소박하게 피운다. 한 그루만 있어도 그 둘레가 다 환하게. 바람결에 하얀 꽃잎이 눈처럼 흩날린다면 사춘기로 돌아간 듯 두근거리는 사람이 많을 테다.

하지만 농부한테 배 키우는 일은 자식 키우는 일 못지않다. 아니, 어떤 점에서는 더할지 모른다. 배는 우선 딱 보기에 때깔부터 좋아야 한다. 모양도 울퉁불퉁 들쭉날쭉하기보다 브래지어처럼 봉곳하니 예뻐야 한다. 자잘한 거보다는 크게……. 그다음은 혀를 통과해야 한다. 더 달고, 더 시원하며, 더 상큼한 맛으로! 여기서 멈추지 않는다. 되도록 농약을 덜 치는 친환경 재배면서 맛도 좋은 쪽으로. 우리 어릴 때처럼 자연이 주면 주는 대로 먹는 건 이제 보기가 어렵다.

배나무 Pear tree

쌍떡잎식물 진정장미1군 장미과 배나무속
잎 지는 큰키나무
학명 Pyrus pyrifolia(Burm. f.) Nakai var. cultiva

중국 서부와 아시아 서남부가 원산지인 것으로 추정하며, 우리나라에는 삼한시대부터 길렀다는 기록이 있다.

농부들은 겨울에도 가지치기하면서 열심히 공부해야 한다. 나무를 아는 만큼, 또 사랑하는 만큼 원하는 배를 얻을 수 있을 테니까. 대부분의 나무는 하늘을 향해 곧게 자라는 성질이 있다. 햇살을 조금이라도 먼저, 더 많이 받고자 함이겠다. 배나무 역시 마찬가지. 근데 농부 처지에서 이걸 그냥 두었다가는 배도 덜 열리지만 관리하는 일이 보통 어려운 게 아니다. 10미터나 되는 배나무에 올라가, 봉지를 씌우고 열매를 딴다고 상상해보라. 그래서 위로 뻗는 가지를 되도록 옆으로 눕혀준다. 이렇게 하면 햇살을 고루 받아, 꽃눈도 잘 맺고 나무 관리도 쉽다. 봄이 되면 농부는 더 바빠진다. 그 눈부시게 하얀 배꽃이 피어나기도 전, 꽃봉오리 때부터 1차로 솎아준다. 그리고 꽃이 활짝 피면 또다시 배꽃을 또 솎아준다. 왜 그 예쁜 배꽃을 사람이 하나하나 따서 버리나?

배는 우선 꽃을 많이 피우고 본다. 나무 한 그루만 해도 배꽃은 수천 송이에 이른다. 농부는 이 가운데 5~8% 정도만 잘 키우면 된다. 나머지 배꽃은 되도록 일찍 따주어, 살아남는 배에 영양이 잘 가게 한다. 될성부른 놈을 일찌감치 선택하고, 집중해서 키우는 거다.

- 더 보기 좋고 달고 건강한 배를 위해
- 농부들은 겨울에도 쉬지 않고 가지를 자르고 옆으로 눕혀준다

시골 고택에서 소담스럽게 핀 배꽃
소복소복 배꽃

사람 벌?

배꽃은 날씨와 지역에 따라 다르지만 대부분 4월 중하순에 핀다. 그럼, 이제 사람이 일일이 꽃가루받이를 해준다. 예전에는 곤충이 다 하던 일인데 이젠 사람이 벌이 된다. 사람이 바라는 배를 얻기 위해. 벌과 견줄 수 없이 덩치가 큰 몸으로, 날개도 없이.

자, 이쯤 되면 꽃이 피어도 꽃을 즐길 수 있을까? 얼른 끝내야 할 일로 다가올 뿐이다. 꽃이 피는 동안 날씨가 좋다면 그나마 다행. 행여나 그 기간에 된서리가 내린다거나 하면 그야말로 비상사태.

선택과 집중, 참 어려운 과제다. 우리는 많은 걸 선택할 수 있지만 집중할 수 있는 건 그리 많지 않다. 그래서 바쁘다. 어쩌면 우리는 안 해도 되는 일에 적지 않은 시간을 들이는지도 모른다. 배나무는 그리 바쁜 거 같지 않은데 정작 사람만 바쁘니까 말이다.

우리는 누구나 해야 하는 일보다 하고 싶은 일을 더 많이 하는 삶을 꿈꾼다. 언젠가 하고 싶은 일로 우리네 삶이 꽉 찰 수 있다면 그게 바로 '삶꽃'이자, '사람꽃'이리라. 그렇게 우리 한 사람 한 사람이 '사람꽃'으로 거듭나는 날이 언제일까.

활짝 핀 꽃. 꽃밥이 익고 터짐에 따라 색깔이 달라진다

배꽃 보기

배꽃이 활짝 피는 철이 돌아오면 식구들과 배꽃 나들이라도 다녀오면 어떨까? 배꽃이 피면 하얀 세상이 펼쳐져 그 꽃을 바라보면 마음도 맑아진다. 하지만 향기는 뜻밖에도 '구리다'. 그렇게 깨끗한 꽃에서 나는 향이 밤꽃 향과 비스름하다니, 옥에 티다.

봄에 나무에 흰색 꽃이 환한 건 자두나무꽃도 그러하다. 자두꽃도 배꽃도 흰 꽃잎에 푸른 꽃받침이 같다. 그럼 어떻게 구별할까? 자두꽃은 꽃잎이 작아 꽃잎 사이로 푸른 꽃받침이 보여 멀리서 보면 푸르스름한 기운이 느껴진다. 배꽃은 꽃잎이 크고 서로 겹쳐지듯 피어 있는 데다 드문드문 피어 멀리서 보면 하얀색으로 복스럽게 빛난다. 자두꽃은 아직 코끝이 쌩하니 추운 4월 초에, 배꽃은 찬 기운이 훨씬 가신 4월 중하순에 핀다.

배꽃은 꽃자루가 길고, 하얀 꽃이 한자리에 여러 개가 고르게 모여 편평(산방)꽃차례로 핀다. 암수한그루이며, 꽃잎은 희고 둥근 꽃잎 다섯이 서로 겹쳐지며 피는 갈래꽃. 암술은 배나무 종류에 따라 2~8개. 수술은 20~30개 정도. 꽃잎이 펼쳐지면 그 한가운데 수술의 분홍빛 꽃밥이 동그랗게 모여 허리를 숙이고 있다가, 꽃밥이 익으면서 하나하나 허리를 펴고 일어서 꽃가루를 다 날리면 진갈색으로 바뀐다.

우리가 먹는 배 과육은 꽃받침통이 자란 것이며, 가운데 단단한 부분이 씨방이다. 씨는 보통 10개 정도지만 영양상태가 나쁘거나 수정이 잘 안 되면 2~3개에 그친다. 참고로 배나무밭 근처에는 병원균을 전하는 향나무를 심지 않아야 한다.

꽃말은 온화한 애정, 위안, 환상.

수정이 잘 안 되면 배 씨앗이 2~3개로 줄어든다
꽃이 피기 전 꽃떨기

뽕나무꽃 · 볼품은 없어도 사랑할 수밖에

아이들에게 동심을 자극하는 놀이터

첫인상이 좋았다면 그 뒤에도 관계가 잘 풀리기 십상이다. 사람관계도 그렇지만 자연과의 만남에서도 그런 거 같다. 그것도 어린 시절부터 좋은 기억으로 남아 있다면 더 말해 무엇하랴!

내게는 바로 뽕나무가 그렇다. 어린 시절 맛본, 검은빛이 좔좔 흐르는 오디. 초등학교에 다니던 시절, 학교 마치고 오는 길에 실컷 따 먹기도 하고 이따금 빈 도시락에 가득 담아 어머니께 드리기도 했다. 풀빛이 나던 오디는 있는 듯 없는 듯하다가 점차 손가락 마디만큼 굵어지면서 붉은빛이 돈다. 하지만 이때는 덜 익어 맛이 새콤하다. 검은빛으로 바뀌어야 다 익은 거다. 입안에 착 달라붙는 달짝지근한 과일. 봄 과일인 앵두, 자두가 새콤하다면 잘 익은 오디는 단맛이 난다. 이 오디를 실컷 먹어야 여름 무더위를 이겨낼 힘을 얻으리라.

오디가 달린 뽕나무는 아이들한테는 놀이터가 되곤 한다. 나무를 오르는 짜릿함, 한 손으로 가지를 잡고 또 한 손으로 따는 긴장감, 그리고 먹는 즐거움까지. 다 먹고 나중에 손바닥과 입을 보면 짙은 보랏빛으로 물든 모습에 깔깔대며 웃게 해주던 나무다.

또한 우리네 어머니를 떠올리는 나무기도 하다. 어린 시절 기억을 떠올리면, 마을 어머니들은 너 나 할 거 없이 5월이면 누에를 치기 시작. 아무리 바빠도 뽕잎은 잊지 않고 따다, 밤낮으로 누에를 길렀다. 누에가 지은 집인 누에고치는 그 당시 시골에서 만져보기 쉽지 않은 돈을 벌게 해주었다.

뽕나무 Mulberry
쌍떡잎식물 진정장미1군 장미목 뽕나무과
잎이 지는 큰키나무
학명 Morus alba L.

원산지는 중국과 지중해 연안. 우리나라는 삼국시대부터 가꾸어왔으며 전국 어디서나 자란다. 쓰임새가 많아 잎, 열매, 줄기, 줄기껍질, 뿌리껍질을 고루 이용함은 물론, 상황버섯 같은 기생식물도 얻을 수 있다.

내가 서울 살다가 산골로 와 살면서 아내 덕에 새롭게 알게 된 건 뽕순나물. 사실 5월로 접어들면 들나물은 대부분 쇤다. 냉이는 꽃이 피고, 쑥은 쓴맛이 강하게 돈다. 대신에 산나물이 우후죽순처럼 돋아날 때다. 고사리, 두릅, 음나무, 가죽나무……. 다른 산나물과 달리, 뽕순은 굳이 산을 오르지 않고도 둘레에서 쉽게 얻을 수 있다. 제철에 먹을 만큼 먹고 데쳐서 말렸다가 겨울에 묵나물로 먹는다.

뽕나무 쓰임새는 계속 이어진다. 뿌리껍질은 약재. 그러다 보니 뽕나무 관련 기능성 식품이 많이 나온다. 가을 서리 내린 뒤, 서리 맞은 뽕잎은 우려서 차로 마신다. 또한 뽕나무는 잘 자라, 시골에서는 겨울철 땔감으로도 요긴하다. 이처럼 사시사철, 뿌리부터 잎까지 버릴 게 하나도 없는 나무다.

오디

뽕나무에 주렁주렁 달린 아이들

거칠 게 없는 생명력

우리 사람한테 이렇게 쓰임새가 많다는 건 어쩌면 그만큼 생명력이 강해서인지도 모르겠다. 뽕나무는 굳이 여느 과일나무처럼 정성 들여 심고 가꾸지 않아도 된다. 둘레에 으름나무, 칡, 찔레나무와 경쟁에서도 당당히 살아남는다.

뽕나무는 번식에서도 야성을 잘 보여준다. 보통은 사람이 접을 붙여 전문적으로 묘목을 생산하기도 하지만, 땅속뿌리에서 새 나무가 자라기도 하고 씨앗이 저절로 떨어져서도 잘 번진다. 오디를 새들이 즐겨 먹는데 씨앗은 똥으로 다시 나와 싹이 터 자란다. 하여 이 산 저 산, 이 들 저 들에 뽕나무가 저절로 자란다. 이 뽕나무는 그 밑동을 잘라내면 이듬해 그 둘레에 더 많은 새 가지가 우르르 자란다. 생장점까지 자르거나 뿌리째 캐내지 않는 한 쉽게 죽지 않는다.

이렇게 생명력이 강하고 또 우리 사람한테 쓰임새가 많으니 뽕나무를 사랑하지 않을 수 없으리. 그러나 정작 그 꽃은 밋밋하여 별달리 매력이 없다. 하지만 나한테는 첫인상을 오디로 좋게 맺었으니 볼품없는 꽃마저 사랑스러울 수밖에. 수꽃은 이게 꽃인가 하고 보아야 할 정도로 밋밋하다. 겉모양은 꼬리 모양으로 생겼지만 연둣빛이라 그 많은 봄빛에 가려, 그냥 스쳐 지나기 쉽다. 암꽃은 수꽃보다 더하다. 이건 누가 알려주어도 쉽지 않다. 푸른 아기오디 표면에 그저 하얀 실 같은 게 조금 돋아나 있는데 이게 바로 암술이다. 그래도 뽕나무 유전자를 검사하니 장미목 유전인자를 가지고 있단다.

뽕나무는 꽃도 가지가지로 피운다. 즉 암꽃만 피는 암나무가 있고 수꽃만 피우는 수나무가 있지만, 한 나무에서 암꽃과 수꽃이 같이 피는 암수한그루도 있다. 이렇게 뽕나무를 알다 보면 참 거칠 게 없는 야성, 그 자체의 나무구나 싶다.

내가 모르는 뽕나무의 성질과 쓰임새가 얼마나 더 있을까. 겉보기와 달리, 알면 알수록 더 무궁무진한 세계를 보여준다. 생명의 경이로움을 일깨워주는 뽕나무야, 정말 고맙다. 내가 너희 곁에 함께 사는 동안, 고마운 이 내 마음은 쉽게 바뀌지 않으리라.

대부분 수정이 끝나고 수정이 덜 된 암술머리는 두 갈래로 흰색
수꽃(왼쪽)과 암꽃(오른쪽)이 바로 가까이서 핀 암수한그루 뽕나무

뽕나무꽃 보기

한 시절 전에 양잠을 권장했던 우리나라는 전국 어디나 뽕나무가 흔하다. 5월에 뽕나무를 만나면 꽃구경을 하길 바란다. 그리고 6월 오디가 익었을 때 나무에서 따 먹어보면 더욱 좋다.

꽃은 푸른 오디 모양으로 4월 말에서 5월에 걸쳐 잎과 같이 핀다. 암그루, 수그루가 나뉘기도 하고 암꽃, 수꽃이 함께 있기도 한다. 암꽃은 꽃잎과 꽃받침이 또렷이 구별되지 않고, 암술대는 거의 없으며 암술머리는 2개다. 수꽃은 오디처럼 생겼지만 수정되고 나면 떨어져 없어진다. 암꽃은 이삭꽃차례이고 수꽃은 꼬리모양(미상)꽃차례. 열매인 오디는 6월 무렵, 검은빛으로 익는데 오디는 여러 꽃으로 된 많은 열매가 모여 1개처럼 보인다(다화과).

꽃말은 지혜, 봉사.

- 잘라도 잘라도 가지를 내는 뽕나무
- 뽕나무 암꽃이 새순 사이를 뚫고 피기 시작
- 뽕나무 수꽃(꼬리모양꽃차례)

잣나무꽃 • 높고 향기로워라

가지 꼭대기에 달리는 암꽃

한 글자로 된 나무 가운데 잣나무는 좀 독특하다. 감, 밤, 배나무뿐 아니라 이 책에 실린 모든 식물이 속씨식물이지만 잣나무는 겉씨식물이다. 이 차이는 꽃을 중심으로 한 생식기관에 있다. 꽃이란 꽃술, 꽃잎, 꽃받침 그리고 씨방이 있어야 한다. 그런데 잣나무는 꽃가루는 있지만, 속씨식물들이 갖는 꽃술이나 꽃잎, 꽃받침, 씨방도 없어 식물학에서 말하는 '꽃'이라 할 수 없단다.

식물학자이자, 『꽃의 제국』을 지은 강혜순 교수에 따르면 잣나무 같은 겉씨식물의 꽃을 '암구화수, 수구화수' 이렇게 부른단다. 그런데 이런 말은 아무래도 어렵다. 여기서는 잣나무의 특징을 이해하는 선에서 그냥 암꽃, 수꽃이라 하겠다.

꽃을 보려면 그 시기만 잘 맞추면 된다. 산수유와 매화는 3월에, 자두와 배는 4월이면 볼 수 있다. 그럼 잣나무꽃은? 5월 하순 정도 잣나무 숲길을 거닐다 보면 연분홍으로 핀 수꽃이 그득하다. 꽃가루가 날리는 동안 비라도 오면 온갖 나뭇잎에 꽃가루가 묻어나고, 작은 웅덩이만 있어도 꽃가루들끼리 모여 신비한 모습을 보여주곤 한다.

그런데 암꽃은 어디 있지? 잣나무는 암수한그루라는데 아무리 나무를 둘러봐도 안 보인다. 같은 겉씨식물인 소나무는 암꽃을 쉽게 볼 수 있다. 사람 키 정도의 작은 소나무에도 암꽃이 생기고, 한 그루 나무에도 아주 많은 암꽃이 여기저기 피니까.

여기 견주어 잣나무는 나무 꼭대기에만 암꽃이 핀다. 게다가 꽃이 피려면 잣나무는 나이가 제법 되어야 한다. 도감에 따르면 최소한 12년쯤 자라야 암꽃을 피워 열매

잣나무 Put pine
겉씨식물문 소나무목 소나무과
늘푸른 큰키나무
학명 Pinus koraiensis Siebold & Zucc.

한국, 중국, 시베리아 원산으로 추운 곳에서 잘 자란다.

를 맺을 수 있단다. 보통은 25년 정도는 지나야 하고. 그러니 암꽃을 보자면 눈대중으로 나무 높이가 얼추 10미터가량 자란 상태다.

사진도 찍어야 하는데 참 고민이다. 암꽃을 찾으러 이리저리 잣나무 숲을 누비며, 여러 가지 시도를 해보았지만 모두 허탕. 며칠을 더 고민하다가 나무에 오르는 수밖에 없다는 결론을 내렸다. 잣나무 가운데 오르기 좋은 나무를 골랐다.

잣나무는 맨 아래를 오르기가 어렵지, 그다음부터는 오르기 좋게 곁가지가 잘 뻗어 있다. 중심 줄기에서 위로 가면서 40~50센티미터 정도마다 지팡이 굵기의 가지가 중심 가지를 빙 둘러가며 자란다. 이 곁가지들은 보기보다 힘이 좋아 쉽게 부러지지 않는다.

가지를 타고 한참을 올라가니 위로 갈수록 곁가지가 가늘어진다. 가지끼리 서로 엉겨 있어 올라가는 일 자체도 만만하지가 않다. 그러다 아래를 보니 아찔하다. 얼추 8미터쯤 올라왔나 보다. 한 단씩 오를수록 긴장되어 손에 땀이 난다. 맨 꼭대기까지 1미터 정도 남자, 이젠 나무 중심 줄기마저 휘청거린다. 위를 올려다보니 정말 그 끝에 뾰족한 그 무엇이 있다. 잣송이를 아주 작게 해놓은 모습. 이게 바로 암꽃이구나. 그 고고함이란! 나무 맨 꼭대기에서 하늘을 향해 기도하듯이 뾰족하게 피어 있다. 올려다보던 자세에서 다시 또 한 걸음 더. 이제 암꽃이 눈앞이다. 앙증맞다. 젓가락 굵기 정도에 길이는 2센티미터가 좀 안 되겠다.

눈을 맞으며 푸르게 겨울을 나는 잣나무

잣나무 암꽃은 맨 꼭대기에서 피기에 눈으로 보기가 쉽지 않다

잣나무 암꽃

바람결에 잣 향기

잣나무는 풍매화. 암꽃은 높다란 나무 맨 꼭대기에 있고 수꽃은 암꽃보다 아래에 있으니 바람이 잘 불어주어야 한다. 수꽃이 꽃가루를 날릴 무렵, 바람이 세게 사방팔방 위아래에서 불수록 수분이 잘 될 것이다.

잣은 귀하다. 아주 높은 곳에서만 자라니 얼마나 귀한가. 유튜브에서 '잣 수확 동영상'을 한번 보시라. 10여 미터가 넘는 잣나무 꼭대기를 오르기만 해도 아찔하다고 했다. 근데 영상에서는 20여 미터 꼭대기에서 긴 대나무 장대를 두 손으로 들고 사방 둘레 잣송이들을 따낸다. 안전 장비도 없는데 몸 균형을 어찌 잡을까.

이렇게 목숨 걸고 잣을 땄더라도 먹으려면 갈 길이 아직 멀다. 잘 익은 오디나 홍시처럼 바로 먹을 수 있는 게 아니다. 잣송이는 끈끈한 송진이 있어 만지기조차 쉽지 않다. 잣송이 하나에는 씨앗이 수십 알 들어 있다. 우리가 잣을 먹자면 이 씨앗 하나하나마다 다시 딱딱한 껍질을 벗겨내야 한다. 그만큼 잣은 귀하다.

또한 잣은 향기롭다. 잣송이만이 아니다. 나무 전체가 향기롭다. 잎도 줄기도 꽃가루도 모두. 우리가 먹는 잣 알갱이는 또 얼마나 향기롭고 찰지고 고소한가. 물냉면이나 식혜에 동동 띄운 잣은 군침을 돌게 한다.

『아나스타시아』라는 책에는 잣나무에 대한 아주 특별한 이야기가 나온다. "잣나무는 550년을 살아. 수백만 개의 가느다란 잎사귀로 밝은 빛, 그의 모든 파장을 받아 저장하지. (중략) 우주에, 사람한테 그리고 지구상에 생장하는 모두한테 에너지가 부족할 때 내놓는 거지."*

잣나무가 정말 그런지는 확인하는 게 쉽지 않지만, 나무 쓰임새가 많은 건 사실이다. 그 모든 쓰임새를 떠나 나는 그 향기와 고고함만으로도 잣나무를 우러러본다.

---

* 블라지미르 메그레, 한병석 옮김, 『아나스타시아』, 한글샘, 2007, 16쪽.

맨 꼭대기 가늘고 뾰족한 게 이제 막 꽃을 피운 1년생 잣, 그 아래 제법 굵은 잣이 2년생 잣

잣나무꽃 보기

우리나라 중부 이북의 산에서 잣나무를 만날 수는 있다. 하지만 암꽃은 키가 큰 잣나무 맨 꼭대기에서만 피어 보기 어렵고, 수꽃은 5월 중하순에 만날 수 있다. 꽃은 암수한그루로 5월에 핀다. 수꽃차례는 새 가지 밑에 5~6개가 달리고, 암꽃차례는 새 가지 위쪽 끝에서 1~5개가 달린다. 암꽃은 녹황색으로 피고, 수꽃은 분홍빛으로 피었다가 노란 꽃가루를 날린 다음에는 점차 붉은색으로 바뀐다.

잣은 꽃이 피고 나면 열매는 그해 가을에 익는 게 아니라, 그 이듬해 가을에나 다 영근다. 잣송이 하나에는 80~100개쯤 씨앗이 들어 있다. 잣송이를 주워 잣을 까보면 얼마나 귀한 건지 알 수 있다.

꽃말은 만족.

잣 알갱이 하나에서 이제 막 싹이 트는 모습

잣나무 수꽃과 꽃가루

참나무꽃 • 레이디 퍼스트

산으로 마실 가다

앞에도 산, 뒤에도 산, 옆에도 산. 이렇게 산에 둘러싸여 살아서 그런가 나는 등산을 즐기지는 않는다. 도시 살 때는 주말이면 가까운 산에 오르고, 큰마음 먹고 몇 날 며칠 큰 산에 오르기도 했는데. 정작 산에 사니 등산하러 다니게 되지 않는다.

산에 오르지는 않지만, 가끔 산으로 마실을 간다. 따로 행장을 갖출 것도 없이, 밭으로 가던 발걸음을 돌려 몇 발자국 디디면 거기가 산이니까. 산에 마실을 가면 산은 먹을 걸 푸짐히 차려놓고 기다리신다. 봄에는 고사리, 취, 어수리 같은 나물을 하러, 가을에는 밤, 으름, 다래, 도토리……. 이 가운데 이번에는 참나무꽃 이야기를 해보고자 한다.

참나무가 꽃을 피우는 때는 4월 말. 이때 산은 하루가 다르게 옷을 갈아입는다. 묵은 소나무 잎밖에 없던 산에 생강나무가 맨 처음 노란 꽃을 피운다. 이어서 산벚꽃이 뭉게뭉게 곱게 피었다 지면, 어느새 나무마다 새순이 돋아난다. 이렇게 산이 연둣빛으로 옷을 갈아입을 때, 녹두 빛이 나는 건 대부분 참나무다.

이때 들판은 배, 복숭아꽃도 다 지고, 산에는 고사리가 올라오기 시작한다. 못자리에 모가 자라고 농부는 모내기 준비로 논에 물을 잡는다. 어느 날 차 창문에 연둣빛 꽃가루가 앉아 있다. 송홧가루인가? 소나무를 둘러봐도 아직인데……. 고사리가 돋아날 곡우 즈음, 하얗게 날리는 꽃가루의 주인은 참나무다. 아직 숲에 나무들이 이파리를 달지 않는 이른 봄, 바람에 꽃가루를 날려 보낸다.

참나무 Oak
쌍떡잎식물 진정장미1군 참나무목
학명 Quercus

신갈나무(Q. mongolica) · 떡갈나무(Q. dentata) · 갈참나무(Q. aliena) · 졸참나무(Q. serrata) · 상수리나무(Q. acutissima) · 굴참나무(Q. variabilis)를 비롯한 나무 무리를 부르는 말. 참나무 무리는 한국에서 가장 흔한 수종으로 잡종이 많다.
한반도를 포함한 아시아가 원산.

참나무꽃은 꽃 같지 않다. 참나무로서는 봄에 잎이 나오기 한 발 앞서 나무 곳곳에 연둣빛 수꽃차례를 내밀어 꽃을 열심히 피우지만, 사람 눈에 이게 꽃으로 보이질 않기 때문이다. 그런데 이게 수꽃이다. 그렇다면 암꽃은 어디에 있는가? 한참을 들여다봐도 모르겠다. 이런저런 도감을 펼치고 한참을 공부하고서야 감을 잡았다. 수꽃차례 맨 위에 보일 듯 말 듯 암꽃이 있는 게 아닌가? 벼꽃처럼 누구 눈에 드러내지 않고 얌전히.

암꽃 먼저 피는 참나무
암꽃 자세히, 아직 수꽃은 꽃봉오리 상태
다른 나무들과 높이 경쟁하며 꽃이 핀 졸참나무

참나무는 왜 '참'나무일까

참꽃, 참숯, 참기름……. '진짜' 또는 '으뜸'이라는 뜻으로 붙이는 우리말인 '참'. 그렇다면 하고많은 나무 가운데 이 나무에 왜 '참'이라는 이름이 붙었을까?

이 참나무는 온대 지역이면서 산이 많은 우리나라 어느 산에나 있다. 큰 산에는 졸참나무, 동네 뒤 야트막한 언덕에는 상수리나무. 사람이 따로 심은 곳도 있겠지만, 대부분 저절로 싹이 터서 자라는 우리 땅에 잘 맞는 나무다. 손톱만 한 씨앗에서 싹이 트면 큰 나무 그늘에서도 살고, 나중에 자라 20미터가 훌쩍 넘는 큰 나무로 자란다. 사람이 잘라내거나 불에 타더라도 그 뿌리에서 다시 줄기를 내어 사는 끈질긴 생명력을 가지고 있다.

참나무는 조직이 옹골차고 단단해 목재로도 요긴하게 쓰인다. 한번 불을 붙이면 아주 마디게 타, 땔감으로도 '으뜸'이다. 또 숯을 굽거나 표고버섯을 기르는 데 쓰니 버릴 게 하나 없는 나무다. 이 정도면 우리 땅에 사는 나무 가운데 참나무가 으뜸이라 해도 되지 않을까.

이 참나무에 참이란 이름을 붙인 까닭을 하나 더 찾아보자면, 그 열매인 도토리. 도토리는 전분이 많아 배고픈 이에게 겨울을 나는 식량이 되었다. 서울 암사유적지에서 출토되었다니 선사시대 이 땅에 농사가 아직 시작되기 전, 사람들이 겨울을 날 식량으로 도토리, 밤 같은 나무 열매를 주워 먹고 살았다는 이야기다. 강원도 어디는 아직도 도토리로 밥을 지어 먹는 곳이 있단다. 우리나라뿐 아니라 미국 인디언이나 야생에서 사는 사람들 이야기에 보면 도토리가루로 요리를 해 먹는 이야기가 나온다.

여기까지는 주욱 이어 말했지만, 사실 참나무는 없다. 참나무는 어느 한 나무의 이름이 아니고 갈참나무, 졸참나무, 굴참나무, 떡갈나무, 신갈나무, 상수리나무 따위를 모두 아울러 가리키기 때문이다. 게다가 이 나무들이 서로 교배를 잘해 잡종이 많단다. 나무마다 모양새와 자라는 곳이 다르지만, 열매는 모두 도토리라 부를 수 있고 사람이 먹을 수 있다. 도토리를 주워본 사람이라면 알겠지만, 도토리도 종류가 많다. 굴참나무와 상수리나무 열매는 알이 굵은 2년생. 그러니까 지난해 꽃이 피어 올해 열매가 익는다. 나머지 떡갈나무, 갈참나무, 졸참나무 열매는 1년생.

- 참나무 꽃핀 산
- 입하 떡갈나무
- 떡갈나무 순
- 갈참나무 새순

자연이 주시는 해독제

도토리는 해마다 풍년이 들지 않는다. 해거리가 심한 편이다. 그런데 지난 몇 년간 내리 도토리 풍년이다. 농민이자 목회자면서 건강교실을 여는 임락경 님 말씀이 "도토리는 본디 해거리가 심한데, 우리 땅에 세 해 연속 도토리가 풍년인 때가 있었으니 바로 한국전쟁 때. 참나무가 화약 냄새를 맡고 '큰일 나겠구나. 어떻게든 씨를 남겨야겠다'고 열심히 연 거지. 우리나라 숲에 참나무는 중부 지방인 경기도, 충청도, 강원도에 많고 경상도나 전라도에는 적은 것도 그 때문이야."

2013년부터 2015년, 도토리가 풍년이 든 게 그러니까 일본에 후쿠시마 원전 사태 뒤. 이것 역시 참나무가 위기를 느꼈기 때문이 아닐까? 참나무는 정화능력이 뛰어나 공기 중의 방사능을 흡수했다가 죽은 뒤 토해낸단다. 그래서 죽은 참나무에서만 자라는 표고버섯이 방사능 위험 식품이 되었다. 그렇다면 열매에는 안 그러나? 자기 자손, 자기 씨앗에는 그러지 않고 해독능력을 물려준단다.

온갖 공해물질에 이어 방사능 위험까지 안고 사는 이 시대. 도토리의 해독능력은 구명줄이 되지 않을까? 나는 요즘 일본인들에게 기회가 된다면 도토리 먹는 법을 알려주고 싶다.

• 아기도토리
•• 여러 모양 도토리

참나무꽃 보기

참나무는 전국 어느 산에나 있다. 4월 말 산에 올랐다가 참나무를 보면 꽃구경을 하길 바란다. 겨울에 낙엽이 지는 나무로 한 나무에서 암꽃과 수꽃으로 나뉘어 핀다. 참나무는 종류에 따라 4월 말부터 피기 시작해 5월 한 달간 핀다. 4월 중순, 이제 막 어린 가지가 새 이파리를 피워 올릴 때, 그 가지 맨 위에서 암꽃이 살그머니 모습을 드러내며 피기 시작한다. 이때 수꽃은 아직 꽃봉오리 상태. 암꽃은 작지만, 암술머리는 사방팔방으로 뻗다시피 꽃가루를 받고자 한다.

그리고 한 발 뒤 새 이파리 겨드랑이(잎자루가 줄기에 붙어 있는 곳)에서 수꽃 꽃봉오리가 밑으로 늘어지는 꼬리 모양으로 몽글몽글 핀다. 이렇게 하는 건 자기 나무의 꽃가루가 아닌 딴 나무의 꽃가루를 받으려는 딴꽃가루받이 전략이다. 개마고원 사람들은 백두산에서 넘어오는 장정이 있으면 사위 삼았다는데 그렇듯 우수한 유전자를 받으려는 건 식물이나 인간이나 똑같다. 암술은 모인꽃싸개(총포)에 둘러싸여 사람 눈으로 잘 보이지 않게 작으며 수수하다. 이 모인꽃싸개는 나중에 도토리를 감싸는 모자(깍정이)가 된다. 참나무는 바람이 중매쟁이인 풍매화. 꽃가루가 엄청 많이 날린다. 참나무 꽃이 필 무렵 여왕벌은 한창 산란기. 일벌이 노란 참나무 꽃가루를 다리에 묻혀 매달고 들어와 여왕벌한테 준단다.

꽃말은 번영.

암꽃 자세히

수꽃이 피다

쑥꽃 · 눈앞에 보고도 꽃인 줄 모르는

우리한테 필요한 쓴맛

시골에서 농사지어본 사람은 누구나 풀에 진저리를 친다. 말도 곱게 안 나와, "저놈의 풀!" 논에는 논대로, 밭에는 밭대로 심지어 집 둘레에도 풀, 풀, 풀…….

그 많고 많은 풀 가운데 단연 으뜸이 쑥이다. 쑥 없는 우리나라 산천이 어디 있겠는가! 이른 봄 아직 비어 있는 밭을 지나다 다른 건 몰라도 쑥이 보이면 뽑아내고 그 뿌리까지 찾아낸다. 쑥은 뿌리만 남아도 다시 살아나는 여러해살이니까.

이렇게 네가 사냐? 내가 사냐! 미워하지만 사실 쑥은 함께 사는 식구다. 아니 쑥은 우리를 먹여 살리고 있다. 봄에 쑥이 돋아나면 나물로 뜯어서 국도 끓여 먹고 전 부쳐 먹고 떡도 쪄서 실컷 먹는다. 좀 더 자라 쓴맛이 돌고 낫으로 벨 만큼 크면 단오 무렵. 베어서 엮고 매달아둔다. 말린 쑥은 봄 쑥 못지않게 쓸모가 많다. 말벌이 지붕에 집을 지으려고 할 때 쑥불을 피우면 떠나간다. 피부가 안 좋으면 욕조에 뜨거운 물을 받은 다음 쑥을 넣은 망사를 담가 쑥물 목욕을 한다. 일하다가 낫으로 벤 자리에 쑥뜸을 뜨면 그 열기에 소독도 되고 쑥 진이 내려앉아 상처를 보호해준다. 이래저래 쑥이 얼마나 요긴한가. 흔한 만큼 쓸모가 많다.

이 쑥 덕에 내가 커피를 끊었다. 그동안 끊는다 끊는다 하면서도 못 끊던 커피를. 아침에 일어나 커피 한 잔. 일한다고 글 쓴다고, 하루도 커피를 마시지 않고는 넘어가지를 못했다. 한데 밤에 잠자리에 들지 못하는 날이 늘어나면서 커피가 내 몸과 안 맞는다는 걸 알았다. 그래도 한번 길들여놓으니 끊어지지 않더라. 며칠 끊었다가 다

 Wormwood

쌍떡잎식물 진정국화2군 국화과 여러해살이풀
학명 Artemisia princeps

우리나라와 동아시아가 원산.

시 도로아미타불. 그러기를 몇 년. 대안동양의학을 공부하던 아들이 "엄마가 커피를 좋아하는 건 엄마 몸이 쓴맛을 원해서 그럴 수도 있어요. 쑥차를 한번 드셔보세요" 한다.

밑져야 본전. 처마 밑에 걸려있던 말린 쑥을 가져다 한 주전자 끓여 마셔보았다. 커피 생각이 나면 쑥차를 마시니 한 잔으로 안 되고 한꺼번에 두 잔이 술술 들어간다. 쑥차는 많이 마셔도 좋다니 하루에도 대여섯 잔은 마셨으리라. 하루에 한 주전자씩 아마 두 달은 넘게 마시고 나니 그제야 맛이 쓰다. 내 몸이 필요한 쓴맛이 채워졌나 보다.

동양의학에 따르면 사람 몸에는 여러 맛이 필요하고 한다. 단맛·매운맛·짠맛·떫은맛·신맛·쓴맛. 맛마다 몸의 경락이나 장기와 연결되어 있단다. 고루 먹는다고 하지만 나도 모르게 쓴맛이 모자랐나 보다. 나와 동시대를 사는 이들 역시 쓴맛이 필요한가. 나라 곳곳이 커피 천국이다. 또 쑥은 위로 올라간 기운을 아래로 내려주는 힘이 탁월해, 쑥차를 마시면 배가 따뜻해지고 몸이 활기차진다. 그래서 쑥이 몸을 따뜻하게 해준다는 소리가 나왔나 보다. 팔다리가 아닌 머리를 많이 쓰는 현대인에게 꼭 필요한 차가 아닌가 한다.

쑥차에 맛을 들인 뒤, 어디 멀리 나갈 때면 쑥차를 준비한다. 여러 사람들과 밤늦도록 회의를 할 때는 쑥차를 나눠 마시곤 한다. 그러면 쑥차 만드는 법을 궁금해한다. 쑥은 5월 들어 쑥에 쓴맛이 돌기 시작하고 쑥대가 아직 단단해지기 전, 그러니까 쑥 키가 40센티미터가 채 안 되었을 때 제초제를 뿌렸던 곳은 피해 쑥을 베어 들인다. 이 쑥을 연한 소금물에 10~20분 담가 벌레나 이물질을 떼어내고 맑은 물에 두어 번 헹군 뒤, 그늘에 펼쳐 바람에 바삭하게 말린다. 말린 쑥은 밀폐용기에 담아 마른 채 보관한다.

차로 끓일 때는 맹물을 팔팔 끓인 뒤 한 김 나가면 쑥을 한 움큼 넣어 우려 마신다. 그도 귀찮으면 주전자에 물과 쑥을 함께 넣은 뒤 물이 끓기 직전에 불을 끄고 우려 마셔도 좋다.

- 쑥대궁 곁에 새쑥
- • 아스콘을 뚫고 자라는 쑥

셀 수 없는 꽃들의 잔치를

쑥은 겨울이면 지상부는 거의 말라 죽은 것처럼 보인다. 하지만 이른 봄 말라붙은 쑥 덤불을 들여다보면 뿌리줄기에서 여린 싹이 로제트처럼 모여 나는 여러해살이다. 이때부터 봄나물로 뜯어 먹기 시작하는데 그 잎 한가운데서 줄기가 자라기 시작하면 쑥에 쓴맛이 돌기 시작하고 온몸에서 향기를 내며 자라기 시작한다.

이 쑥의 향기—정유 성분(精油)— 덕에 쑥은 벌레나 잡균을 물리치는 약성을 띤다. 우리가 나물로 먹는 참쑥(잎 뒷면에 흰 솜털), 겨울에는 목질만 남아 있다가 봄이 되면 잎이 나오는 약쑥인 인진쑥(사철쑥), 뜸쑥으로는 강화도 사자발쑥이 유명하다. 요즘 들어서는 부쩍 개똥쑥이 인기다. 이 가운데 어디서나 잘 자라고 봄에 식량이 되어주며 급할 때는 뜸을 뜨는 데 사용하기도 하고, 산후조리에도 널리 쓰이는 게 바로 참쑥. 이제 그 참쑥꽃을 알아보자.

쑥꽃은 국화과. 사실 대부분의 국화과는 통꽃에 충매화인 데 반해 쑥꽃은 풍매화로 꽃치레에 그다지 관심이 없다. 사람들이 쑥은 알아도 쑥꽃은 곁에 놓고도 모른다. 손으로 가리켜줘야 그제야 "아, 이게 꽃이구나!" 한다. 자세히 보지 않으면 꽃이 피었는지도 모를 정도다. 7~9월 줄기 끝부분에 가까운 잎겨드랑이에서부터 꽃대가 올라와 연두색 꽃봉오리를 단다. 꽃봉오리가 열리며 자주색 보푸라기 같은 게 달리면서 꽃이 핀다. 쑥꽃을 앞에 놓고도 꽃이 피었는지 모를 만하다. 그래도 거기서 씨앗이 여문다.

그 쑥꽃을 조금 더 자세히 알아보자. 쑥은 국화과라 머리모양(두상)꽃차례. 머리모양꽃차례란 작은꽃 여러 송이가 모여 한 송이처럼 보이는 꽃이다. 그렇담 저 작은 꽃도 한 송이가 아니라 여러 송이가 모여 있는 거란 소리인데. 그냥은 분간이 안 되어 돋보기를 들고 들여다보니 하얀 솜털에 둘러싸인 꽃받기 안에 작은 꽃 여러 개(4~8개)가 모여, 연노랑 종 모양에 끝만 자줏빛 립스틱을 바른 모양새다. 꽃잎은 따로 없다. 그렇다면 자줏빛은 암술의 밑동을 싸고 5개로 갈라진 모인꽃싸개(총포)구나.

한참을 쑥꽃의 세계에 적응하니, 진짜 한 송이가 보인다. 노란 꽃밥을 감싸고 있는 붉은 통이 수술. 그 아래서 올라오는 가는 실이 암술. 이걸 알아주니 쑥이 보여준다. 붉은 수술통 가운데서 노란 수술 꽃밥이 터지고, 그 뒤 암술 두 쌍이 올라와 암술머리가 둘로 길게 갈라지며 꽃가루받이를 하려 꿈틀댄다. 이 작은 쑥도 그 나름대로 꽃가루받이를 잘 하려고 애를 쓰는구나.

쑥꽃에 코를 가져다 대니 향이 아주 좋다. 들판을 다니며 들이쉰 숨결에 이 쑥꽃 향기가 들어 있겠구나! 들길을 걷는다는 건 셀 수 없는 꽃들의 잔치를 누리는 길이다!

- 이른 아침 쑥꽃
- 쑥 꽃봉오리
- 쑥꽃과 꽃가루

쑥꽃 보기

여름 뒤끝인 9월 머리꽃차례로 작은 꽃들이 한 군데 모여서 핀다. 여름에 벌초한 곳에서는 뒤늦게 11월에 꽃이 피기도 한다. 개마고원 이남, 한반도 어디서나 쑥이 자란다. 쑥이 자라는 곳이라면 어디서나 꽃을 볼 수 있다. 9월 쑥밭을 찾을 때 꽃 역시 찾아보자. 갈 때 확대경이나 돋보기를 가져가면 좋다.

그리스 신화에 등장하는 주피터의 딸, 아르테미스(Artemis)가 바로 '쑥'인데 숲과 어린이를 지키는 여신이란다. 지금도 가끔 묵은 밭이 '쑥대밭'이 되는 걸 볼 수 있다. 오죽 잘 자라면 이름이 '쑥쑥'이겠는가. 쑥은 한 글자 우리말이다. 식량인 '벼', '조', '콩' 그리고 '쑥'. 얼마나 우리를 오래 먹여 살려왔을까?

꽃말은 평안.

쑥꽃 자세히

참취꽃 • 하얀 꽃 흔들흔들

배꼽 인사가 즐거운 취

봄에 산골 사는 재미는 두 가지가 있다. 하나는 산이 날마다 옷을 갈아입는 걸 보는 재미. 덕분에 창문은 날마다 새로운 풍경화를 담는다. 다른 하나는 나물 하러 가는 재미. 집 뒷산에 오르면 많지는 않아도 양지바른 곳에는 고사리, 그늘진 곳에는 취가 있다. 뭐든 하나 발견할 때마다 허리 숙여 절하며 꺾어 들어야 하지만 산에서 나물 할 때는 배꼽 인사도 즐겁다.

취는 우리 땅이 원산지라 종류도 많다. 그 가운데 어디건 흔하고 우리가 즐겨 먹는 건 참취. 향긋하면서도 쌉싸름한 향이 그만이다. 첫물은 쌈 싸 먹고 좀 더 자라면 데쳐서 조물조물 무쳐 먹고, 나중에 손바닥보다 커지면 장아찌 담가 먹곤 한다. 넉넉하면 묵나물을 만들어놨다가 제사상에 올리거나 겨울에 먹는 것도 좋은 방법.

참취는 숲 그늘이 어두운 자연림에서는 살지 못한단다. 벌채했건 산불이 났건, 인간의 손을 한 번이라도 거친 숲에서 잘 자란단다. 우리 사람과 얼마나 가까우면 이름도 한 글자 '취'에 참이 붙어 참취다.

여름에서 가을까지 산길에 하얀 꽃이 흔들흔들 피는데, 이게 참취꽃. 다들 취나물은 알아도 꽃은 잘 모른다. 10원짜리 동전보다 작지만, 이게 한 송이가 아니라 수십 송이가 한데 모인, 그러니까 쑥이나 상추와 같이 머리모양꽃차례. 3줄 모인꽃싸개(총포) 위에 하얀 혀꽃 8~10개가 간격을 두고 동그랗게 둘러서, 가운데 노란 통꽃을 꾸며주고 있다.

참취 Edible aster
쌍떡잎식물 진정국화2군 국화과 여러해살이풀
학명 Aster scaber

우리나라에는 60여 종이 자생하고 있으며 그 가운데 참취, 개미취, 각시취, 미역취, 곰취를 비롯한 24가지 종류를 나물로 먹는다. 참취의 속명 아스터(Aster)는 머리모양꽃이 별(Star)과 같다는 의미의 희랍어에서 유래했다.

사람은 몰라도 곤충은 알아 통꽃에 열심히 달라붙어 씨 맺는 걸 거든다. 취는 바람을 좋아해 동풍채. 봄바람이 불어오면 어린 잎을 먹고, 꽃이 긴 꽃대 위에서 흔들흔들 바람을 타다가, 씨가 다 영글면 바람을 타고 날아간다.

그늘진 숲속 참취
참취 씨앗이 바람을 타고 날아갈 준비를 한다
소박하면서도 아름다운 취꽃

취꽃 한창

참취꽃 보기

7월 말에서 10월 초 사이에 산길을 가노라면 참취가 긴 꽃대를 올려 흔들흔들 하얀 꽃을 피운다. 미역취는 아름다운 노란색의 꽃이 여름철에서 가을철에 걸쳐 피는 꽃식물이다. 장아찌로 이름 높은 곰취는 노란 꽃이 꽃대에 길게 모여서 핀다.

    꽃말은 참맛.

취꽃에 날아든 곤충
곰취꽃

밋꽃 • 베트남 여행에서 만난 행운

거의 '왕자병' 수준의 여행

나는 아내와 달리 여행을 그리 좋아하지 않았다. 더 솔직하게 말하면 해외여행에 자신이 없다. 낯선 길, 낯선 잠자리, 낯선 사람, 말이 안 통하니 손짓과 발짓까지……. 낯선 음식은 더 말할 것도 없다. 여행을 가려면 이런 환경을 즐겨야 하는데 솔직히 나는 이 모든 것이 어렵다.

그런데도 꿈이 없는 건 아니었다. 내게 맞는 여행이라면 기꺼이 가리라. 내 마음을 어느 정도 알아주고 내가 바라는 곳으로 가며, 현지에서 앞뒤가 궁금한 나를 위해 기꺼이 통역이 가능한 여행. 그럼에도 돈 걱정은 크게 하지 않아도 되는 그런 여행. 한마디로 '왕자병' 수준의 여행을 꿈꿨다.

드디어 그 기회가 왔다. 오랜 벗들과 일정을 맞춘 것이다. 대학 때 같이 활동했던 동문들. 한때는 세상을 더 정의롭게 하고자 몸과 마음을 다해 열정을 불태웠던 친구들. 거의 30년 만에 보는 진한 만남. 거기다 현지에서 가이드 노릇을 제대로 할 동문이 있으니 금상첨화 아닌가. 이 친구는 2년 동안 베트남 기술전문대에서 교육봉사를 해왔기에 현지 사정을 잘 안다.

그렇게 해서 베트남을 찾았다. 여행 일정은 짧았지만 승합차를 빌려 정말 많은 곳을 돌아다녔다. 가는 곳마다 온갖 열대과일을 싼값에 먹어봤다. 바나나, 망고, 자몽, 야자, 용과, 밋(mit), 파파야, 두리안, 쫌쫌(람부탄). 내 입에서 낯선 이름들이 술술 나올 정도니 얼마나 자주 먹었을까.

밋 [잭푸르트]Jackfruit
쌍떡잎식물 진정장미1군 뽕나무과 빵나무속
늘푸른큰키나무

학명 Artocarpus heterophyllu

인도 남부가 원산지로 키가 10~20미터가량 자란다. 커다란 열매가 줄기나 가지에 직접 달리는 신기한 나무다. 이런 과일을 간생과(幹生果)라고 하는데 열대우림 지역의 나무에는 많단다.

그 가운데 밋은 과일이 큼직한데도 그 맛을 잊을 수 없다. 달달하면서도 쫄깃쫄깃 아삭하다. 더운 나라 여행을 뼛속 깊이 느낄 수 있는 향기와 식감이랄까. 영어로는 잭푸르트(Jackfruit)라고 한단다. 우리말로는 '큰빵나무'. 나는 한 글자 '밋'이란 말이 가장 마음에 든다.

이렇게 여러 열대과일에 익숙해질 무렵 한 사원을 찾았다. 훼(Hue) 시에 있는 티엔무 사원(Chu'a Thien Mu). 한 바퀴 둘러보는데 밋이란 나무에 달린 과일과 꽃이 눈에 띈다. 기다란 수박 같은 과일이 땅바닥이 아닌, 높은 나무에 여기저기 매달리다니 신비로웠다.

연중 꽃이 피고 열매가 영그는 밋나무
나무줄기 중간에서 꽃이 피고 열매를 맺는 걸 간송과(幹生果)라 한다(사진 유형곤)

어딜 가나 일복 많아

농사꾼 처지에서 이 얼마나 반가운가. 바로 카메라를 꺼내 들었다. 일단 꽃을 향해 셔터부터 눌렀다. 이 나무는 대충 헤아려도 10미터 높이. 내 눈에 들어온 밋과 밋꽃은 대략 3미터쯤 높이다. 그 밖에도 줄기를 따라 여기저기 굵어가는 열매가 보인다.

저 꽃을 가까이서도 찍어야 하는데 맞춤한 사다리를 구할 길이 없다. 함께 간 동문들 가운데 키가 제법 크고 뚝심도 좋은 친구한테 목말을 태워달라 했다. 그리하여 가까이서 본 밋 수꽃은 피었다 저 거무튀튀하고, 암꽃은 그냥 밋밋했다.

밋과의 인연은 여기서 끝나지 않았다. 이번 여행을 함께한 동문 가운데 세계를 누비며 활동하는 친구가 있다. 이 친구는 안식년 기간이지만 전날에는 베트남 꾸이년(Quy Nhon) 해변에서 지역 젊은이들과 함께 '쓰레기줍기 운동'을 펼칠 정도로 일중독이다. 이 친구가 이날 또 일을 벌였다. 우리 딸이 여행 기념으로 열대과일을 먹고 싶다는 말이 씨가 됐다. 생과일은 반입금지 품목이고, 말린 과일이 아니라면 식물검역소를 통과해야 한다. 그렇다면 어느 정도 말려야 말린 걸로 쳐줄까. 여기저기 알아보니 씨를 뺀 생과를 손가락으로 눌렀을 때 과즙이 나오지 않을 정도면 된단다. 다행히 베트남은 막 우기를 지나 건기에 접어들었고, 마침 한국도 대한 추위라 쉬이 상할 거 같지가 않다.

하지만 우리에겐 시간이 많지 않았다. 이미 늦은 밤이라 숙소 가까이 있는 가게들은 모두 문을 닫았다. 큰 마트 두 군데를 찾아 들렀지만 모두 허탕. 다 팔리고 없단다. 결국 포기하고 돌아오는데 길거리 야시장에서 과일을 팔고 있는 게 아닌가. 큰 밋 하나를 통째로 샀다. 숙소로 돌아와 곧장 말리기 시작했다. 껍질을 벗긴 다음 씨앗을 분리하고 과육만 펼쳐 말리면 된다. 일을 다 끝내고 나니 밤 12시가 훌쩍 넘었다. 나는 일복을 타고났나 보다. 결국 일상 같은 여행이 되고 말았다.

밋꽃 보기

밋은 암수 같은 그루이며 암수딴꽃이다. 또한 열매는 뽕나뭇과답게 여러 열매가 모여서 하나의 열매처럼 보이는데(집합과), 수정된 뒤 7~8개월쯤 지나면 노란빛을 띤 녹색으로 익는다. 성숙한 나무 한 그루라면 한 해 동안 약 100~200개 열매를 맺는다. 열매 크기는 다양한데, 보통 1개 무게가 10킬로그램 안팎이며 아주 크면 40킬로그램을 넘기도 한다. 특유의 달콤한 향이 있고, 식감도 끈끈하며 아삭하다. 잘 말리지 않으면 쉽게 상한다.

가운데 통통하고 도돌도돌한 게 암꽃. 그 오른쪽 아래가 말라버린 수꽃

먹는 꽃에 대한 예의

해마다 봄을 맞지만 해마다 다른 거 같다. 하루하루는 그저 그런 거 같은데 말이다. 소한, 대한을 지나 입춘, 우수면 봄 냄새가 부쩍 난다. 꽃샘추위에도 언 땅이 슬근슬근 녹으면 정말 하루가 다르다. 겨울을 난 풀들은 신이 난다.

　마음 급한 이들은 꽃을 찾아 저 멀리 남쪽으로, 남쪽으로 내려간다. 급기야는 비행기를 타고 제주도까지. 이렇게 멀리까지 가서 꽃구경하는 것도 좋지만, 내가 사는 이곳에서 허리를 굽혀 땅을 찬찬히 살펴보자. 생각지도 못한 이른 봄꽃을 만날 수 있다. 게다가 그 꽃을 먹을 수 있다면 더 말해 무엇하랴.

허리 숙여야 만나는 꽃들
우리 동네는 덕유산자락이라 춥다. 엊그제도 온종일 눈발이 날리고 새벽에는 곧잘 영하로 떨어지곤 한다. 그러니 얼핏 보면 한겨울과 다름없다. 하지만 들로 나서면 곳곳이 봄의 합창이다. 산개구리는 물가에서 '호르르 호르르' 새처럼 짝을 찾아 울고 청딱따구리, 멧비둘기 역시 짝을 찾아 운다. 겨울잠을 자던 무당벌레는 깨어나 끝없이 고물고물 어디론가 기어간다. 허리 숙여 무당벌레처럼 땅바닥을 기다 보면 '짝을 찾는 소리 없는 아우성'들 역시 눈에 띈다.

　광대나물은 양지바르고 땅심이 좋은 밭이나 길가에 자라는 한두해살이풀이다. 보통 도감에는 4월이나 5월에 꽃이 핀다고 하지만, 지난가을 싹이 나 겨울을 난 개체는 겨우내 날만 따스하면 언제라도 꽃을 피우려 꽃봉오리 상태인 녀석들이 있다. 영하 20도 추위에도 굴하지 않고 꿋꿋하게 버티다가 땅이 녹자마자 하나둘 꽃을 피운다. 비록 작지만 빛깔이 자줏빛이라 눈에 잘 띈다. 우리에게 광대나물은 시금치와 비슷한 나물이다. 한겨울이라도 해가 좋아 밭에 눈만 쌓이지 않았다면 뜯어다 먹는다.

그다음은 냉이. 냉이 역시 한두해살이풀이다. 가을에 싹이 튼 냉이는 겨우내 로제트 상태로 추위를 이긴다. 동그랗게 돌려난 잎은 흙빛을 띠고 땅을 파고들 듯한 모양새로 겨울을 난다. 이렇게 함으로써 추운 바람도 덜 맞고, 제 뿌리에는 이불 역할을 한다. 땅이 녹으면 숨죽였던 뿌리들이 힘차게 뻗어간다.

하지만 이른 봄에 자연에서 냉이를 찾으려면 보물 찾듯이 해야 한다. 땅하고 비슷해서 언뜻 보아서는 눈에 잘 안 띈다. 캐는 것 역시 정성이 필요하다. 호미로 캐면 뿌리가 끊기니 삽으로 푹 떠, 흙을 조심스레 턴다. 다듬고 씻는 일도 보통이 아니다. 뿌리와 잎 사이 검불이 엉겨, 여러 번 씻어야 한다. 그렇다고 맛이 좋은 것도 아니다. 부드러운 맛을 기대했다가는 실망한다. 그렇다면 향은 어떨까? 이건 말로 감당이 안 된다. 깨어 있는 냉이가 겨울잠을 자는 여러 생명을 깨우는 듯한 향기다. 그래서 냉이는 향으로도 먹는다.

냉이꽃은 자디잔 데다가 꽃잎이 흰빛이라 이른 봄에는 거의 눈에 띄지 않는다. 그래도 냉이를 캐다 보면 한두 포기, 이르게 꽃이 핀 녀석들을 발견하게 된다. 가끔은 영하 7도 눈 덮인 곳에서도 눈보다 더 하얀 꽃을 피운다.

민들레 역시 날씨에 구애받지 않고 여기저기 노란 꽃을 홀연히 피우고는 사라진다. 민들레꽃은 차로 우려 마신다. 제비꽃은 꽃도 보기 좋고, 맛도 순하다. 제비꽃은 종류가 많아 흰 꽃, 노란 꽃, 보라 꽃. 모두 먹을 수 있다. 하지만 개체가 작아 꽃잎 몇 장 따다가 차나 음식에 넣어 분위기를 살린다.

- 냉이꽃
- 눈 속에 냉이꽃
- 광대나물꽃
- 맛이 순한 제비꽃

이름을 부르고 새기며

봄꽃이라면 아무래도 나무들이 돋보인다. 잎이 돋아나기 전, 이런저런 나무들이 꽃을 먼저 피운다. 겨울을 나고 가장 이르게 피는 꽃은 아마도 생강나무일 것이다. 노란 꽃이 줄기에서 터질 듯이 뭉글뭉글 피어난다. 생강나무보다 한 걸음 늦게 피는 건 노란 산수유꽃. 멀리서 얼핏 봐서는 이 둘의 구별이 쉽지 않다. 그리고 뒤이어 매화와 목련이 피어난다. 이런 꽃들은 물을 끓인 다음 찻잔에 띄우면 향기가 좋다. 차 한 잔으로 봄을 느낄 수 있다.

꽃잎 가운데 혀를 자극해서 맛다운 맛을 내는 건 진달래꽃. 우리 조상들이 진달래꽃을 먹어온 지는 제법 오래다. 분홍빛 꽃잎은 화전으로 부쳐 먹거나 날로 먹어도 그 나름 상큼하니 좋다. 주먹밥을 말아 꽃잎을 붙이면 보기도 탐스럽다.

아까시꽃처럼 막 따서 먹을 수 있는 꽃이 있으니 골담초라는 나무다. 이 나무는 가시가 있고 키가 작아 집 둘레 울타리 나무로 좋은데, 꽃에는 벌이 엄청 많이 날아올 정도로 꿀이 많고 식감도 아삭하니 사람이 먹기에 좋다. 이렇게 그냥도 먹지만 반찬 둘레에 몇 송이 두기만 해도 노란 꽃이 음식을 화려하게 치장해준다.

최근에 우리나라에 들어온 허브류 가운데 카모마일(카밀레)도 꽃을 먹는다. 이 카모마일꽃은 외국 어린이동화에 보면 아이가 흥분한 날 흥분을 가라앉히라고 엄마가 마시게 하는 약차로 나온다.

그 밖에도 우리가 논밭에서 기르는 밥꽃 가운데 먹을 수 있는 꽃이 많다. 밥꽃 가운데 가장 큰 호박꽃. 이 호박꽃은 튀김으로도 먹고 국에도 넣어 먹을 수 있다. 들깨 꽃송아리 역시 볶아 먹거나 튀겨 먹는 거로 유명하다. 봄에 배추꽃, 양배추꽃에 맛 들이면 꽃구경만이 아니라 먹으려고 기를 판이다. 대파꽃, 부추꽃도 아직 피기 전에 먹을 수 있다. 또 무슨 꽃을 먹을 수 있을까? 옥수수꽃의 암술은 그 유명한 옥수수염차고, 뚱딴지(돼지감자)꽃도 인기다. 이렇게 차로 우려 마실 수 있는 꽃은 더 많다.

이렇게 꽃들을 먹다 보면 꽃에 대한 최소한의 예의를 생각하게 된다. 이름이라도 불러주자는 거다. 호박꽃을 먹을 때는 '호박꽃!' 매화 꽃잎차를 마실 때는 '매화!'라고. 저희 몸을 내어준 그 이름을 부르고 또 새긴다.

마지막으로 기억해두면 좋은 것은, 먹어서는 안 되는 꽃들. 진달래꽃과 비슷한 철쭉꽃은 독이 있다. 진달래는 잎보다 꽃이 먼저 핀다. 철쭉은 보통 진달래가 진 뒤 피며, 잎이 먼저 나고 뒤이어 꽃이 핀다. 노란 애기똥풀 꽃 역시 아름답지만 독이 있다. 논두렁에서 피는 할미꽃도 그렇다. 천남성은 꽃보다 열매가 더 유혹적이지만 독이 있다.

달콤 아삭 골담초꽃

우리가 기르는 농작물을 제대로 이해하기 위해

논밭에서 만나는 곡식꽃

농사를 짓기 시작하면서 벼꽃, 콩꽃을 보았다. 그 전에도 날마다 먹었으면서 꽃이 있는지도 알지 못하고 살았는데……. 그래서인가 논밭에서 기르는 우리 밥꽃이 봐도 봐도 예쁘다.

사람이 논밭에 심어 기르는 식물이니 농학에서는 '재배식물의 꽃'이라 부르지만, 그 말이 너무 딱딱하다. 뭐라 부를까? 우리네 밥상만큼 정겨운 이름이면 어떨까? 그래, 사람을 먹여 살리니 '밥꽃'이라 불러보자.

이렇게 밥꽃에 대해 글쓰기 시작한 게 2009년. 그 뒤 여러 해 동안 글을 쓸 기회가 없었다. 그러다 2013년부터 글 쓸 곳이 생기면서 사진을 남편이 맡기로 했다. 그건 참 잘한 일이었다. 부부가 함께 자식을 낳듯이 함께 연구하고 의논할 수 있다는 게 얼마나 좋은가. 남편과 함께 하면서 나는 입으로는 곡식꽃·채소꽃 노래를 하지만, 실상 공부도 별로 하지 않고 꽃을 자세히 들여다보지도 않았다는 사실을 알았다.

남편이 '밥꽃'이라는 콘셉트로 사진을 찍다 보니 하루하루가 다르다. 농사지으면서는 그냥 스쳐 지나가던 곡식꽃들을 자세히 보게 되고, 그러다 보니 새롭게 발견하는 것들이 많을 수밖에. 사물을 자세히 찍을 수 있는 접사렌즈를 따로 마련했는데 눈으로 보는 것보다 더 정확하게 본다.

남편은 아침이면 카메라부터 챙겨 들고 나간다. 이른 아침, 맑은 정신에 카메라 렌즈로 꽃을 들여다보는 힘. 정말 대단하더라. 사진을 찍고는 돌아와, 내게 툭 던지는 이야기들.

"시금치꽃이 이상해! 아무리 봐도 두 가지야"

그러면 나는 말문이 탁 막힌다. 함께 농사지은 지 얼추 20년. 우리가 짓는 농작물에 관해서는 '삼투압작용'이 일어난 듯, 비슷한 농도의 지식을 가지고 있다. 나로서는 대꾸할 말이 없으니 남편하고 같이 시금치꽃밭에 가서 자세히 살펴본다. 남편 말대로 아무리 봐도 이상하다. 부랴부랴 도감이나 농진청 자료를 열심히 찾는다. 그제야 시금치는 암수딴그루라는 걸 알았다. 호박이 한 포기 안에 암꽃 수꽃이 따로 있는 건 알았지만 시금치는 은행나무처럼 어떤 건 암그루, 어떤 건 수그루라니……

혼자였다면 그냥 넘어갈 수 있는 의문들. 꽃을 이해하는 길잡이일 수 있는 질문들. 한 사람 머리에서는 구렁이 담 넘어가듯 스리슬쩍 얼렁뚱땅 넘어가도 표시가 안 나는데 둘이서 함께하니 더 깊이 공부할 수 있었다.

사진 역시 마찬가지. 대상을 알고 사진을 찍는 것과 모르고 찍는 사진은 매우 다르다. 암수도 모르면서 암술·수술을 제대로 찍을 수는 없지 않은가. 마찬가지로 암수를 알고 나니 더 자세히, 더 정확하게 사진을 찍을 수 있었다. 그러다 보니 한 해 한 해가 후딱 바람처럼 흘러갔다.

그림을 한 장 그리다

그렇게 해를 보내고 겨울을 맞아, 우리 부부는 식물학 기초 공부가 필요하다는 걸 절감했다. 농사지은 경험만으로는 부족한 게 많더라. 관찰만으로도 한계가 많았다. 이런저런 책을 보다가 식물의 계통도를 보았다. 아, 식물을 이렇게 분류할 수 있구나! 초등학생인 양 신기해했다. 그렇다면 우리가 기르는 곡식들은 이 그림 어디에 들어갈까? 처음에는 하나하나 그 식물 계통도와 눈 맞춤을 하다가, 나중에는 아예 달력 뒷장에 그려보기 시작했다.

벼나 고추를 심어 기르는 농사와 식물 계통도가 무슨 관계가 있을까?

고추와 토마토와 가지의 떡잎이 얼마나 똑같은지! 얼핏 보기엔 아무 관련 없을 것 같은 감자와 가지가 28점무당벌레한테 똑같이 피해를 받는지! 씨를 받다 보면 상추와 해바라기가 얼마나 가까운 사이인지……. 내가 기르는 농작물을 제대로 이해하려면 이런 식물학 공부가 필요했다. 마치 생명의 근원을 찾아가는 기분이랄까. 우리가 역사를 공부하듯 우리가 키우는 작물들이 어떤 계통으로 이어지고 누구와 가까운가?

뭐든지 그렇듯이 그냥 볼 때와 직접 그려볼 때가 다르더라. 그려보니 빠진 것도 많고 엉뚱하게 이어진 것도 생겼다. 아무 생각 없이 시작했는데 한번 발을 디디니 점점 빠져들게 된다. 그러다가 그림 한 편이 나왔다. 이름 붙이기를 '곡식꽃(재배식물)의 계통도 2014'

1년 뒤 다시 그림을 그리다

다음 해에는 공부를 좀 제대로 하려고 생태수업을 들었다. 공부 마지막에 책 한 권을 추천받았다. 바로 이상태 박사의 『식물의 역사』*. 식물분류학에 대한 오랜 연구 결과를 사람들에게 쉽게 알리기 위해 쓴 책이란다. 일반인도 읽을 수 있게 썼다지만, 그래도 내게는 암호에 가까웠다. 게다가 이 책에 나오는 식물학의 용어는 사전에도 잘 나오지 않는다.

읽다가 잠들다가 대충 넘어가다, 드디어 136쪽에 이르러 속씨식물의 분류와 계통, 식물의 분류가 나온다. 초겨울에 읽기 시작했는데 입춘이 지나서야 이 대목에 접어든 거다. 어렵긴 마찬가지였지만, 관심이 있어서인지 이 대목부터는 한달음에 읽을 수 있었다. 모르는 단어는 건너뛰어가면서.

모든 학문이 그렇듯, 사람에 따라 분류체계가 달라지더라. 새로운 분류체계가 나오니 그걸 이해하려고 다시 그림을 그리기 시작했다. 식물의 진화에 따른 계통도가. 씨식물이 겉씨식물과 속씨식물로 나뉘고 속씨식물은 외떡잎식물과 쌍떡잎식물로 나뉘어 발전한다. 쌍떡잎식물은 목련목, 참나무목까지 아직 원시성을 벗어나지 못하다가 석죽목을 지나 좀 더 다양하고 아름다운 꽃을 피우게 된다. 그리고 갈래꽃은 장미목으로 진화하고, 통꽃은 국화목 가지과에서 진화의 정점을 찍는다. '우리 논밭 곡식들의 계통도(2015 버전)'

'곡식꽃(재배식물)의 계통도 2014'를 그려 벽에 붙여놓고 들여다보기를 1년. 그리고 새로 '2015 버전'을 그려놓고 다시 보면서 나를 먹여 살리는 곡식들에 대해 한 발 더 가까이 다가간 기분이 들었다. 꽃 하나하나를 들여다보며 기뻐하는 순간이 '진주알'과 같다면, 이 그림은 진주알을 쭉 꿰어낸 그런 기분. 오랜만에 《귀농통문》이라는 잡지에 실어달라고 자청해 남들 앞에 선보였다.

속씨식물 계통분류그룹(APG) 분류체계를 알고

그러나 아직 끝나지 않았다. 이 그림은 또 한 번 크나큰 소용돌이를 만났다. 《귀농통문》에 실리고 나서 얼마 뒤, 속씨식물 계통분류그룹(APG) 분류체계라는 게 있다는 걸 알았기 때문이다. APG 분류체계란 유전자 분석을 통해 드러난 식물들 사이의 관계를 반영한 최신 분류

---

* 이상태, 『식물의 역사: 식물의 탄생과 진화 그리고 생존전략』, 지오북, 2013.

체계란다. 빼도 박도 못하는 족보가 새로 그려진 거다.

현재 인터넷에서는 APGIII(2009년 발표) 분류체계까지 검색할 수 있다. 국가생물종지식정보시스템(이하 국생종. http://www.nature.go.kr/index.jsp)에서도 APG를 분류체계의 하나로 받아들여 한글로 정리해놓았다. 국생종에서는 외떡잎식물과 쌍떡잎식물만 나뉘고 그 안에서는 가나다순으로 단순 나열되어 있다. 쌍떡잎식물은 39가지 목이 있고 미분류과도 10종이 있다. 그러니까 이 39가지와 10종이 가나다순으로 단순 나열되어 있다는 소리다. 이런 무미건조한 사람들이라니…….

이래서 어떻게 그림을 그리나? 궁하면 통한다고 했던가! 이상태 박사님 제자이며 APG 분류체계 연구자이신 성신여대 김상태 교수와 연결되었다. 교수님은 천사처럼 '2015년 APG 국문화' 자료를 보내주시고 그림까지 꼼꼼히 감수해주셨다. 그 덕에 '우리 논밭에서 피는 밥꽃 계통도 2016'을 그릴 수 있었다.

내가 이해하기에 이상태 박사의 『식물의 역사』는 진화라는 관점에서 쓰였다. 이를 따라 계통도를 그리면 진화 발걸음이 들어간 그림이 나온다. APGIII 분류체계는 유전자분석을 통한 식물의 분류로 그림을 그리면 도표가 된다. 무식하면 용감하다고 내가 이해한 대로 그려보았다. 도표가 아닌 계통도로.

이 그림은 학자의 연구결과가 아니라, 농부가 자기가 농사짓는 식물들을 좀 더 잘 알기 위한 공부다. 잘못 이해한 부분이 보이면 서슴지 말고 알려주시기 바란다.

농작물 계통도

'우리 논밭에서 피는 밥꽃의 계통도(2016년 버전)'는 이상태 박사님의『식물의 역사』를 토대로 APGIII 분류체계와 김상태 교수님의 '2015 APG 국문화' 자료를 참고로 내가 이해한 만큼 그렸다. 여기서 잠깐, 분류에 대해 알아보자. 식물이 가진 저마다의 모양, 생리 그리고 유전자의 특징을 보고 묶고 나누는 분류를 해놓았다. 우리가 고추는 가지과라 할 때 '과(Family)'가 그런 분류의 중간지점이 된다. 그리고 농사에서 가장 참고가 되는 분류체계 역시 '과'다.

식물계는 진화과정에서 겉씨식물문(나자식물문)과 속씨식물문(피자식물문)으로 나뉜다. 진화상 오래된 겉씨식물 가운데 우리가 먹는 식물은 은행나무와 잣나무, 소나무가 있다. 나머지 우리가 먹는 재배식물은 다 속씨식물이다.

속씨식물은 외떡잎식물군과 쌍떡잎식물군으로 나뉜다. 지구별의 사람들과 짐승들이 먹고사는 식량이 되는 벼, 보리, 밀, 수수, 옥수수, 기장, 조, 율무가 다 벼과로 이 벼과는 외떡잎식물이다. 외떡잎식물은 꽃이 볼품없거나 심지어 잘 피지 않는 경우도 있다. 벼과 역시 되도록 꽃에 에너지를 적게 쓰고 모든 에너지는 열매에 쏟는다. 그래서 꽃이 볼품없지만, 우리를 먹여 살리는, 없어서는 안 될 꽃이 바로 벼과 꽃들이다. 내 공책에 곡식으로 분류된 것 가운데 메밀만은 쌍떡잎식물 마디풀과다. 아마도 사람은 메밀만 먹고는 살 수 없을 듯하다.

논밭에서 기르는 밤꽃 계통도 2016

속씨식물 (APG) / 겉씨식물

은행나무강
- **은행나무목**
  - 은행나무과: 은행

소나무목
- 소나무과: 잣나무

외떡잎식물군 monocots
- **택사목**
  - 천남성과: 토란
- **비짜루목**
  - 수선화과 부추속: 마늘, 부추, 양파, 달래, 파, 리크
- **마목**
  - 마과: 마
- **벼목**
  - 벼과: 벼, 보리, 밀, 귀리
  - 포아풀아과, 기장아과: 옥수수, 수수, 조
- **생강목**
  - 생강과: 생강, 강황, 울금(온금)
  - 파초과: 바나나

진정쌍떡잎식물군 edicots
- **포도목**
  - 포도과: 포도

장미군 rosids
진정장미군 I eurosids I
- **참나무목**
  - 참나무과: 참나무속, 밤나무속, 상수리나무, 굴참나무, 갈참나무, 졸참나무
  - 가래나무과: 호두
- **박목**
  - 박과: 박, 수박, 호박, 오이, 참외, 수세미오이
- **콩목**
  - 콩과: 콩, 완두, 녹두, 강낭콩, 땅콩, 동부
- **장미목**
  - 뽕나무과, 갈매나무과: 뽕나무, 대추
  - 장미과: 딸기, 복분자
  - 배아과 벚두나무아과 장미아과: 배, 사과, 모과, 앵두, 살구, 자두, 복숭아, 매실, 살구, 아몬드

진정장미군 II (아욱군) eurosids II
- **석죽목**
  - 명아주과: 시금치, 근대
  - 마디풀과: 메밀
- **무환자나무목**
  - 운향과: 귤, 유자
- **아욱목**
  - 아욱과: 아욱, 목화
- **십자화목**
  - 십자화과(배추과): 무, 배추, 브로콜리, 갓, 양배추, 유채

국화군 asterids
- **진달래목**
  - 진달래과, 감나무과, 차나무과, 다래나무과: 감, 키위, 블루베리

진정국화 I 군 (꿀풀군) euasterids I
- **용담목**
  - 꼭두서니과: 커피
- **꿀풀목**
  - 꿀풀과 물푸레나무과: 참깨, 들깨, 올리브
- **가지목**
  - 메꽃과: 고구마
  - 가지과: 가지, 담배, 고추, 토마토, 파프리카, 피망, 감자

진정국화 II 군 (초롱꽃군) euasterids II
- **산형목**
  - 두릅나무과 산형과(미나리과): 인삼, 고수
- **국화목**
  - 초롱꽃과: 도라지, 더덕
  - 국화과: 엉겅퀴아과 치커리아과 국화아과: 쑥갓, 상추, 해바라기, 둥판지, 아욱

외떡잎식물 Monocots

외떡잎식물의 특징은 잎맥이 나란히맥. 또 씨방의 벽 바깥에 나 있는 꿀샘(격벽밀선)이 주요 특징이란다. 외떡잎식물(단자엽식물강)에는 모두 11가지의 목이 있다. 그 가운데 우리가 길러 먹는 건 택사목 천남성과 토란, 비짜루목 부추속, 마목 마과 그리고 벼목(화본목) 벼과와 생강목 생강과가 있다. 이 가운데 벼목과 생강목은 닭의장풀아군으로 서로 연결되어 있다.

택사목 —천남성과(토란)

비짜루목 —부추속(파, 쪽파, 양파, 부추, 달래, 마늘, 염교……)
인류가 벼과를 주식으로 먹고 살지만, 부추속이 없다면 밥상의 즐거움은 반으로 줄지 않았을까? 인류의 부추속 사랑은 이름에서도 나타난다. 부추속의 이름이 사람 그것도 여성의 이름으로 들어가곤 한다. 우리나라에 '달래', 서양에서는 '샬롯(양파사촌)'. 그만큼 인류가 사랑한 향신채인 마늘, 양파, 달래…….
그런데 이 부추속은 분류체계에 따라 족보가 가장 많이 바뀌더라. 백합목, 아스파라거스목, 수선화과로 보는 자료도 있다. 여기서는 비짜루목에 들어간다고 본다.

마목 —마과(마)
마와 고구마가 친척인 줄 알았는데, 마는 외떡잎식물 마목이고 고구마는 쌍떡잎식물 국화목 메꽃과라는 것도 처음 알았다.

벼목(화본목) —벼과(벼, 밀, 보리, 기장, 조, 옥수수, 수수, 율무, 귀리, 대나무, 사탕수수……).
벼목은 생강목과 함께 닭의장풀아강 아래 넣어놓았다. 『식물의 역사』에 따르면 닭의장풀아강은 꽃잎이 사라지고 충매화에서 풍매화로 가는 과정을 나타낸단다. 여기서 씨방은 1개, 열매에 터지는 선이 없어 열리지 않는 열매인 벼과가 생겨났다고 보는 거다.
이 벼과가 없었다면 인류가 이 지구별에서 살아남을 수 있었을까? 인류가 먹는 주식은 모두 이 벼과이고 인류가 사육하는 짐승 역시 이 벼과 사료를 먹고 자란다. 가장 고마운 식물들이다. 이렇게 인류를 먹여 살리다 보니 벼과는 꽃을 예쁘게 피울 겨를이 없어, 사람들은 이 식물의 경제적 가치는 생각하지만 아름다움에 대해서는 무지하다. 모든 게 돈으로 수렴하는 현대와 어째 비슷하지 않은가! 이 책을 읽는 독자 여러분이라도 이 벼과의 아름다움을 알아주면 좋겠다.

생강목 —생강과(생강, 양하, 강황).
우리나라에서는 자생하는 생강과는 제주도와 남해안에 양하 말고는 없지만, 인도네시아에 가보니 참 종류가 많더라. 바나나도 생강목 파초과이다.

쌍떡잎식물 Edicots

떡잎이 2장이라고 쌍떡잎식물. 이 쌍떡잎식물군(쌍자엽식물)은 다양성의 세계를 연다. 쌍떡잎식물군은 크게 장미군과 국화군으로 나뉜다. 장미군에는 갈래꽃이 많고(박과는 통꽃이다) 국화군에는 통꽃이 많다. 장미군은 다시 진정장미1군(콩군)과 진정장미2군(아욱군)으로 나뉜다. 여기서 말하는 장미과의 장미는 야생 장미로 우리나라 찔레에 가깝다.

포도목 —포도과(포도나무)

포도나무는 쌍떡잎식물군인 건 확실하나, 장미군이나 국화군 어디에도 들어가지 않는 미분류과다. 포도나무를 기르면서 다른 과일나무들과 참 다르다고 생각했다. 가장 다른 게 꽃. 포도꽃은 다른 꽃과 달리 거꾸로 벌어진다. 보통은 꽃받침 반대쪽이 벌어지며 꽃이 피는데 포도꽃은 꽃받침 쪽에서 거꾸로 벌어지며 마치 뚜껑을 걷어내듯 꽃잎이 떨어진다.
(국생종에 따르면 포도과는 원시성이 강한 갈매나무목에 들어간다.)

장미군
rosids

쌍떡잎식물은 장미군과 국화군으로 크게 나뉜다.
장미군은 다시 진정장미1군(별명 콩군)과 2군(별명 아욱군)으로 나뉜다. '진정장미군'이란 말에서 '진정'이 낯선 표현이라 떼내고 싶지만, 그러면 장미군과 구별이 안 되기 때문에 꼭 필요한 식물학의 용어란다. 진정장미1군 안에 있는 식물은 진화의 단계가 같다고 본다.

진정장미1군
eurosids
참나무목
— 참나무과(떡갈나무, 굴참나무, 졸참나무, 상수리나무, 갈참나무/밤나무속, 밤나무)
— 가래나무과(호두)

참나무과, 가래나무과가 장미군이라니 좀 이상하다. 참나무나 호두나무는 꽃가루가 발달하지 않아서 암꽃과 수꽃이 따로 피며. 수꽃은 꼬리 모양이다. 한마디로 원시적인 특징이 아직 많이 남은, 야생성이 강한 나무로 어디서도 장미를 떠올리기 어렵기 때문이다. 『식물의 역사』에서는 쌍떡잎식물 진화 초기의 식물로 뽕나무과, 참나무과, 가래나무과를 묶어 조록나무아강으로 분류하였다.

여하튼 참나무와 밤나무 그리고 호두나무는 우리 사람에게 식량이 되는 나무다. 밤나무는 본디 '밥나무'였다는 설이 있고. 참나무 열매 도토리는 산간지대 사람들에게 겨울식량이 되어 아직도 꿀밤(상수리나무 도토리)시루떡, 도토리찰편, 도토리콩단자가 별미음식으로 남아 있다.

박목	—박과(박, 수박, 호박, 오이, 참외, 동아, 수세미오이……)

박과에는 박, 수박, 호박, 오이, 참외, 동아처럼 달고 맛있는 열매들이 줄줄이 달린다. 오이잎벌레가 오이잎만 갉아 먹는 게 아니고 호박과실파리가 호박에만 구더기를 쓰는 게 아니다. 박과인 수박, 수세미오이, 박, 오이, 참외 이 모든 것에 피해를 준다. 사람은 몰라도 벌레는 안다. 박과는 장미군에서는 예외로 모두 통꽃이다. 그래서 분류체계에 따라서 조금씩 다르게 보더라.

콩목	—콩과(콩, 완두, 팥, 강낭콩, 녹두, 동부, 땅콩)

콩과가 장미 집안이었니? 콩꽃이 그래서 모두 다 그리 예뻤구나. 다만 장미꽃과 달리 꽃보다는 열매에 에너지를 쏟아부으니 꽃이 작아 눈에 잘 안 띄고 또 금방 지고 말 뿐.

장미목	— 장미과(사과, 배, 살구, 자두, 복숭아, 매실, 앵두, 모과, 나무딸기 딸기/ 초코베리)
	— 뽕나무과(뽕나무)
	— 갈매나무과(대추나무)

이 장미목 안에 장미과에는 사과, 자두와 같은 과일나무들이 다 들어가고 나무는 아니지만 딸기도 여기에 들어간다. 요즘 새롭게 뜨는 초코베리(아로니아)도 장미과다. 한마디로 우리에게 새콤달콤한 맛을 선사해주는 집안이라 하겠다.

장미과는 크게 세 갈래로 나눌 수 있다.
1) 배나무속에 사과, 배, 모과.
2) 벚나무속에 복숭아, 앵두, 자두, 매실, 살구, 아몬드, 아로니아(초코베리).
3) 딸기속에 딸기, 나무딸기, 복분자딸기.

장미목에 오디를 다는 뽕나무, 대추를 다는 대추나무도 있다. 이 장미목이 없었다면 과일 먹는 즐거움이 몽땅 사라졌겠구나!
참고로 뽕나무는 분류체계에 따라 가장 원시적인 식물인 목련강 쐐기풀목으로 보기도 하고 국생종 역시 쐐기풀목으로도 본다. 하지만 APG분류계통에서 DNA 검사를 통해 장미목에 들어갔다.

진정장미2군	
eurosids	
석죽목	— 명아주과(시금치)
	— 마디풀과(메밀)

시금치는 앞에서도 말했지만, 채소 가운데 꽤 별난 식물이다. 암그루와 수그루가 따로 있다. 재배식물 가운데 암그루와 수그루가 따로 있는 건 시금치와 아스파라거스뿐. 사실 우리가 아스파라거스를 거의 먹지 않고, 먹더라도 우리가 먹는 통통한 아스파라거스는 수그루이다. 그러니 한 접시 안에 암그루 수그루를 뒤섞어놓고 먹는 건 시금치뿐이다. 한편 메밀싹은 나물로 잘 먹는데, 메밀이 외떡잎식물벼과가 아니라 쌍떡잎식물인 걸 생각하면 이해가 간다.
이 시금치는 분류학자에 따라 여기 갔다 저기 갔다 한다. 누구는 석죽목으로, 누구는 비름과라 하고, 국생종에서는 중심자목 명아주과로 분류해놓았다. 『식물의 역사』에 따르면 석죽목은 목련목, 참나무목 다음에 나타난, 그러니까 진화가 아직 덜 된 식물에 가깝다. APG분류계통에서도 최근에야 DNA 검사를 통해 시금치가 들어간 석죽목을 진정장미2군으로 분류해놓았다.

무환자나무목 운향과(귤, 유자)
참고로 국생종에서는 운항목으로 본다.

아욱목 아욱과(아욱, 목화)
아욱, 목화, 접시꽃, 무궁화와 한 집안이다. 이 가운데 아욱은 지금은 거의 사라진 채소다. 하지만 길러보니 참으로 매력이 넘친다. 국 끓여 먹어도 되고 쪄서 쌈 싸 먹어도 좋고. 무엇보다 저 알아서 잘 자라 텃밭에 한 번 심어놓으면 해마다 저절로 싹 터 자랄 정도다.

십자화목 십자화과 또는 배추과(무, 배추, 양배추, 유채, 갓, 열무, 알타리무……)
무·배추꽃이 얼마나 아름다운지. 겨울을 나고 비어 있는 밭에 무, 배추가 몇 포기만 살아 있다면 밭을 아름답게 물들인다. 사람들은 양귀비꽃이 아름답다고 알고 있긴 하지만, 무·배추꽃이 양귀비 사촌이라는 사실은 모른다.
국립원예특작과학원 채소과 최근진 과장님에 따르면 "배추 등의 십자화과를 최근에 학계에서 배추과로 통일을 시켰다"고 한다. 참고로 국생종에서는 양귀비목 십자화과로 본다.

국화군 장미군과 함께 쌍떡잎식물의 커다란 갈래를 형성하는 국화군(Asterids). 국화군은 다시 크게 두 갈래로 나뉜다. 진정국화1군(별명 꿀풀군), 진정국화2군(별명 초롱꽃군).

진정국화1군 Aeuasterids 진정국화1군은 국생종에서는 '통화식물목'이다. 모두 통꽃을 피우는 식물이라는 뜻일까? 통꽃을 피우는 식물에는 가지과와 고구마의 메꽃과, 참깨과, 그리고 들깨의 꿀풀과가 있다. 국화군은 식물이 자라면서 아래서 위로 꽃을 끝없이 피우는 놀라운 능력을 가지고 있다. 사람으로 치면 자식을 열댓 낳은 할머니랄까.

가지목 – 메꽃과(고구마)
– 가지과(가지, 감자, 고추, 피망, 구기자, 토마토, 담배)
우리에게 가지과의 감자, 고추, 토마토가 없었으면 어찌할 뻔했을까! 고추와 감자는 원산지에서 한번 나오더니 세계를 금방 석권한 식물이 되었다. 가지, 토마토, 고추는 떡잎 모양까지는 거의 똑같고 본잎이 나와야 구별이 될 만큼 가까운 사이다. 한번 꽃이 피기 시작하면 아래에서부터 위로 올라가며 쉬지 않고 꽃을 피워내고 그 꽃마다 열매를 달아낸다. 그 열매도 울긋불긋 아름다운 색을 띠고 향기로운 맛을 낸다.
농사를 처음 지을 때 고추도 토마토도 가지과인 게 신기하고 재미있었는데……. 또 이들은 비슷한 특징을 띠어 한번 농사지은 곳에 연이어 농사를 지으면 잘 안 된다. 해마다 농사계획을 짤 때 가장 먼저 하는 일이 지난해, 지지난해 가지과를 어디다 심었는지 파악하는 일이다. 가지과를 위해 우리는 돌려짓기의 고수가 되어간다.

꿀풀목 – 꿀풀과(들깨, 박하, 새로 들어온 민트, 바질, 오레가노, 박하, 로즈마리)
– 참깨과(참깨)
들깨는 온몸이 향기롭다. 같은 꿀풀과에 박하, 바질, 오레가노 같은 서양에서 들어온 허브류들이 있다. 그렇다면 들깨는 조선 허브!
참깨는 사람이 기름을 짜 먹기 위해 기르는 식물이다. 참깨는 꿀풀과로 넣기도 하고 따로 참깨과로 나누기도 한다.

진정국화2군
Aeuasterids

『식물의 역사』에 따르면 초롱꽃군은 위에 있는 국화1군(통화식물목)과 더불어 비교적 최근에 와서야 나타난. 그러니까 진화의 맨 꼭대기에 있는 식물군이란다.

국화목

–국화과(상추, 쑥갓, 우엉, 야콘, 해바라기, 뚱딴지)

–초롱꽃과(도라지와 더덕)

국화과에는 국화꽃만 있는 게 아니다. 먼저 상추와 쑥갓이 국화과의 대표적인 채소다. 그리고 우엉, 야콘, 뚱딴지가 있다. 국화과 꽃들은 작고 가는 꽃들이 한군데 빽빽이 모여 피는 머리꽃차례를 특징으로 가진다. 해바라기 꽃을 보면 테두리에 노란 꽃잎처럼 보이는 건 가짜 꽃으로 시선을 잡아끌기 위한 장식일 뿐 암술도 수술도 없다. 암·수술이 있는 진짜 꽃은 가운데 빽빽이 모여 있어 꽃 한 송이에 해바라기씨 하나가 열린다. 혼자서 살기 어려운 현대의 아파트나 빌딩과 같지 않은가!

산형과는 또 어떤가? 작디작은 꽃이 별 모양으로 화려하게 모여서 핀다. 국화과나 산형과는 모두 꽃 한 송이는 작은 통꽃이지만, 작은 꽃들이 놀라운 모양으로 모여 펴 곤충매개자를 불러들여 꽃가루받이에 성공한다.

산형목

– 산형과(미나리, 당근, 고수, 겨자)

– 두릅나무과(드릅, 인삼)

미나리와 당근을 보면 둘이 같은 과라는 게 연결이 잘 안 된다. 하지만 꽃대를 올리고 꽃이 피는 걸 보면 이게 한 집안이라는 걸 알 수 있다. 식물에게 꽃이란 얼마나 중요한 정체성인지 알 만하다. 그리고 미나리 이파리만 향긋하고 맛있는 게 아니다. 사실 당근 이파리도 부드러울 때는 향긋하고 맛있다. 또한 영양까지 풍부하다고 한다. 시장에서는 당근 이파리를 구할 수 없으니, 손수 꼭 길러 먹어야 할 채소 가운데 하나가 당근이다.

미분류

진달래목

진달래목은 통꽃을 피운다는 점에서 국화군에 들어가지만, 진정국화1군도 진정국화2군에도 들어가지 못하는 미분류이다.

진달래과(블루베리), 감나무목 감나무과, 차나무과 차나무, 다래나무과 키위

오미자

오미자는 우리나라 산에 자생하는 나무이지만, 재배를 시작한 지는 얼마 되지 않은 나무로 처음에는 이 나무의 성질을 놓고 의견이 분분했다는데, 그게 분류계통도를 보면 이해가 간다. 오미자는 속씨식물이 쌍떡잎식물군과 외떡잎식물군으로 갈리기 이전의 속씨식 물인 아스트로베일레아목 오미자과다.

잠깐

1. 현대인이 즐겨 먹는 커피는 무슨 과일까? 가지과
2. 올리브는 무슨 과일까? 벼과
3. 파인애플은 쌍떡잎식물일까, 외떡잎식물일까? 외떡잎식물

이론공부2. **곡식 원산지**

우리가 먹는 음식은 어디에서 왔을까?

곡식의 고향 지도를 그려볼까?

곡식이든 채소든, 하나를 제대로 알려면 빠지지 않는 게 있다. 분류계통에서 무슨 과인지, 그다음에는 원산지가 어디인지, 그리고 우리나라에는 언제 들어왔는지. 이렇게 근원을 더듬다 보면 뜻밖의 것들을 알게 된다.

고추, 담배, 호박은 우리 민족과 떼기 어려울 만큼 어우러져 꽤 오래된 작물이라 여겼다. 하지만 그리 오래지 않은 임진왜란 때 들어왔다니 신기했다. 수박은 저 멀고도 먼 남아프리카가 원산인데 고려시대에 이미 들어왔다는 것도 재미있다. 옥수수는 아메리카에서, 수수는 아프리카에서 들어왔단다.

이렇게 곡식의 고향을 알면 그 곡식을 어떻게 가꾸면 좋을지 감이 잡힌다. 가문 땅에서도 잘 자랄지 아니면 주기적으로 물을 주어야 좋을지. 들어온 지 오래되었다면 그 곡식은 고향을 떠나 단번에 한반도로 오지 않았을 터이고, 한 발 한 발 다른 기후와 땅에 적응하면서 여기까지 오지 않았을까?

이렇게 하나하나 원산지를 찾다 보니 자꾸 등장하는 지명이 있다. 아르메니아? 시에라마드레 산맥? 거기가 어디지? 그때그때 찾아보기가 번거로웠다. 이참에 아예 곡식의 고향(원산지) 지도를 그려보면 어떨까? 공부에 도움이 되리라.

지도를 그리려니 맨 먼저 사회과 부도가 필요하다. 그다음 제법 두툼한 『한국토종작물자원도감』*을 챙겼다. 도감을 펼치고 거기서 일러준 대로 그림을 그리기 시작했다. 하다 보니 기원지가 확실하지 않고, 다만 추정한다는 내용이 적지 않거나 원산지가 광범위하거나 아주 모호한 경우도 더러 있다. 인터넷에서 좀 더 검색을 해보지만, 아무래도 애매한 건 애매하다. 그냥 그런대로 마저 그렸다.

---

* 안완식, 『한국토종작물자원도감: 2,500여 한국토종작물자원 & 3,000여 컷의 사진으로 보는 우리 땅, 우리 종자』, 이유, 2009.

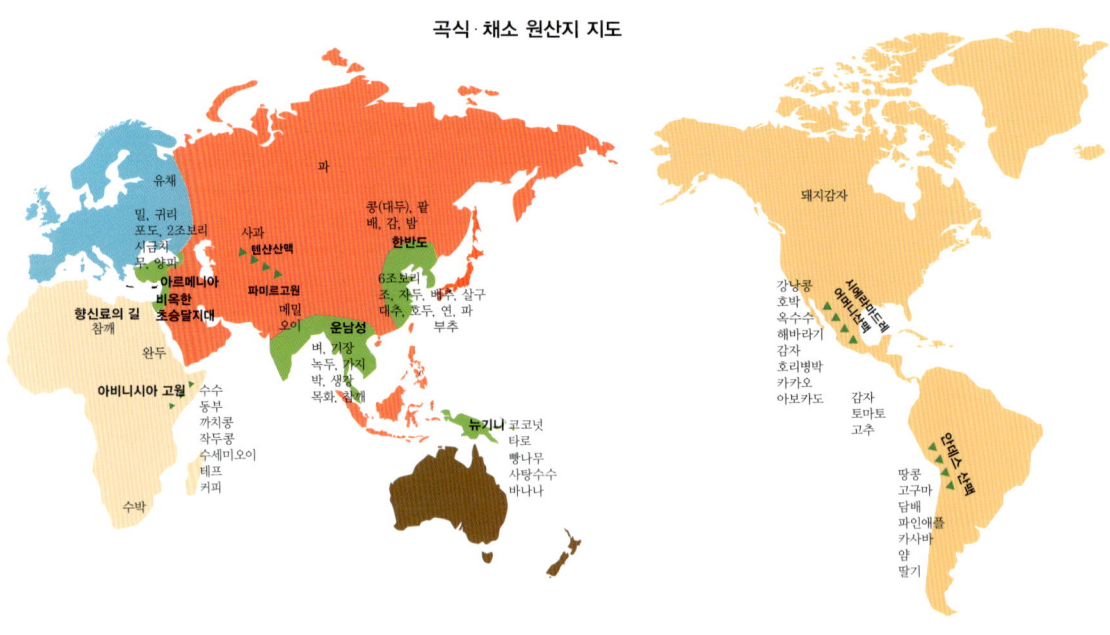

바빌로프를 알면서부터

내가 곡식과 채소의 고향에 어떻게 관심을 가지게 되었나? 『숨쉬는 양념·밥상』(2013)을 출간한 뒤 전국귀농운동본부에서 특강을 했던 적이 있다. 특강이라지만 뭐 대단한 걸 한 건 아니고 그 자리에서 함께 고추장을 담고 그걸로 밥을 비벼 먹은 자리였다. 그날 돌아오는 길에 책 한 권을 선물 받았다. 『지상의 모든 음식은 어디에서 오는가』*.

러시아의 식량학자인 바빌로프를 아는가? 솔직히 나는 이 책을 받아들기 전까지는 몰랐다. 이 책은 바빌로프의 발자취를 따라가는 이야기다. 바빌로프는 1900년대 초반부터 제2차 세계대전이 일어나기 전까지, 세계의 농경지를 누비며 우리가 먹는 곡식의 야생원산지를 찾고 농민들이 가지고 있는 토종 씨앗을 구했단다.

---

* 게리 폴 나브한 지음, 강경이 옮김, 『지상의 모든 음식은 어디에서 오는가: 15개 언어를 구사하며 세계를 누빈 위대한 식량학자 바빌로프의 숭고한 이야기』, 아카이브, 2010.

이 책을 쓴 사람은 레바논 출신의 미국 식물학자, 나브한(Nabhan)이다. 나는 서양의 문명사에 대해 잘 모르는 데다 지명마저 낯설었다. 그래도 이 책 덕에 지구별에서도 어머니가 되는 땅이 있다는 걸 알게 되었다. 곡식과 채소의 원산지가 세계 곳곳에 흩어져 있는 게 아니라 주로 모여 있는 중요기원지가 따로 있더라.

그 가운데 인상 깊었던 곳은 아르메니아 지방과 '비옥한 초승달 지대'. 아르메니아 지방은 지금의 아르메니아와 터키에 걸친 고산지대이다. 유프라테스 강과 티그리스 강이 발원하여 동서 문명이 만나는 땅이다. 그곳에 아라라트라는 설산이 있는데, 대홍수가 그치고 노아의 방주가 내려온 곳이라 전해진다.

'비옥한 초승달 지대'는 지금의 레바논과 시리아에 걸쳐 있는 땅으로 지금 유럽인들에게 밀과 보리농사를 처음 전해준 지역으로 알려져 있다. 지도를 보니 그 비옥한 초승달지대 맨 아래가 예루살렘이더라. 레바논, 시리아 그리고 이스라엘. 이 세 지역은 현대에 모두 내전을 어마어마하게 앓고 있는데…….

그리고 바빌로프를 따라 우리가 보통 아메리카라고 알고 있는 중요기원지인 멕시코를 가 보았다. 멕시코를 관통하고 있는 산맥의 이름이 시에라마드라레 산맥. 이 '시에라마드라레'는 멕시코 말로 '어머니'란다. 아메리카 인디언들에게 어머니와 같은 산맥. 거기서 도대체 뭐가 나온 걸까?

바빌로프의 발자취를 따라 전 세계를 돌아다녔지만, 정작 쌀과 채소를 주식으로 하는 동아시아의 주요 작물의 원산지에 관해서는 이 책에 나와 있지 않다. 바빌로프에게는 쌀은 주요 관심사가 아니었던 듯하다.

그렇다면 동아시아에도 '비옥한 초승달' 지대 같은 곳이 있지 않았을까? 쌀, 보리, 기장, 조, 콩, 팥, 무, 파……. 이들의 고향 땅은 어디일까? 조는 동아시아라고 뭉뚱그려져 있고, 보리 가운데 동양의 6조보리는 티베트에서부터 양쯔 강에 이르는 애매한 지역이 원산지라고 한다. 파는 중국의 서부 지방으로 추정된단다. 동아시아 작물의 원산지에 관한 연구는 누가 어떻게 하고 있을까?

먼저 쌀부터 알아보았다. 이종훈의 『벼와 쌀의 지혜』*에서 보면 주로 일본 학자들의 연구 결과를 든다. 그러면서 쌀의 기원지는 아시아의 열대와 아열대가 만나는 산악 고원지대일 것으로 추측한다. 그래서 인도의 아삼 지방에서부터 중국의 윈난성에 이르는 광범위한 지대를 원산지로 보고 있는데, 그 중심으로 윈난성의 산지를 꼽는다. 윈난성 산지에서는 방사상으로 강물이 흘러내린다. 양쯔 강, 동지나해, 광둥, 통킹만뿐 아니라 인도차이나 반도의 메콩 강, 살원 강, 이라와디 강까지, 이 모든 강의 발원지가 윈난성이라고 한다.

우리나라에도 그런 곳이 있을까?

그로부터 몇 년이 흐른 뒤, 신문에서 책 광고를 하나 봤다. 『곡물의 역사: 최초의 경작지에서부터 현대의 슈퍼마켓까지』**. 이 책의 저자는 독일 식물지리학자인 퀴스터(Kuster). 그는 만일 재배식물이 없었다면 인류 역사는 완전히 다르게, 아니 어쩌면 아예 시작되지 않았을지도 모른다고 가정할 만큼 재배식물과 인류 역사를 동급으로 다루고 있다. 주제가 곡물의 역사이다 보니 이런저런 궁금함이 풀리면서 새롭게 궁금해지는 것도 생긴다.

독일인이 쓴 책인데도 벼농사 기원 이야기도 나오고 동남아시아 기원지 이야기도 나온다. 특히 중국 황허 강가가 조, 기장의 기원지란다. 그리고 콩(대두)과 팥 이야기가 나오는데 두루뭉술하게 중국이 기원지인 걸로 넘어간다. 콩(대두, 나물콩 그리고 서리태)과 팥은 고조선에서 고구려가 있던 만주가 원산지로 알고 있는데, 이 부분이 아쉽다.

우리 땅이 원산지인 게 무얼까? 바빌로프가 씨앗을 찾아다닐 때, 험준한 산속에 고립된 마을들을 돌아다녔다. 거기에 대대로 내려온 씨앗이 남아 있기 때문이다. 우리나라에도 그런 곳이 있을까? 우리 땅이 원산지인 대표 작물은 바로 콩. 이 콩의 기원지를 만주 일대로 보고 있는데, 만주는 고조선, 고구려 그리고 발해의 땅이다. 그렇다면 만주에서도 어느 지역일까?

안완식 박사 『한국토종작물자원도감』을 보고 한반도가 원산지인 곡식과 채소를 찾아보자. 콩(대두), 팥, 피, 마, 미나리, 고추냉이, 쪽파, 비름, 고들빼기, 씀바귀, 민들레, 냉이, 달래, 질경이, 쑥, 취, 산마늘, 도라지 그 밖에 여러 가지 약초들. 나무로는 감, 밤, 배, 음나무, 닥나무,

---

* 이종훈, 『벼와 쌀의 지혜』, 한국방송통신대학교출판부, 1994.
** 한스외르크 퀴스터, 송소민 옮김, 『곡물의 역사: 최초의 경작지에서부터 현대의 슈퍼마켓까지』, 서해문집, 2016.

칡, 뽕, 역시 여기가 기원지.

여기서 잠깐! 나무들 이름을 다시 좀 보자. 모두 한 글자 우리말 이름의 나무다. 한 글자 이름을 가진 것들이 우리랑 인연이 깊은 걸 여기서도 다시 느낀다.

내가 사는 무주진안장수(줄여서 무진장)는 어떤가? 여기 역시 고원지대고 아직도 '무진장' 외진 곳이다. 하지만 여기도 자본의 물결이 어김없이 밀려와, 환금작물(換金作物)은 개량종 씨앗을 사다가 심는다. 우리가 여기 처음 왔던 1998년만 해도 깨, 팥, 옥수수, 고구마 이런 식구들 먹을거리는 대대로 내려온 씨앗으로 심는 전통이 있었다. 또 우리 밭두렁에는 야생콩과 팥이 지천이고, 누가 심어 가꾸지 않아도 뒷산에 산복숭아, 고욤, 산밤, 산오미자, 산뽕, 으름이 있다. 돌배는 여기 없지만 가까운 진안과 금산 절 마당에서 본 적이 있다. 내 가까이 야생 원종이 있어 아주 뿌듯하다.

끝으로 우리 동이족 땅인 한반도와 만주에 관한 곡식 기원지를 연구한 책이 나오길 바란다. 속으로 중얼거린다. '거, 참. 대학이 그리 많고 교수도 많건만 이런 걸 연구해 정리하는 이 하나 없나?'

잠깐
1. 우리 민족의 주식인 벼의 원산지는 어디일까? 중국 윈난성
2. 우리 땅이 콩의 원산지라고 한다. 그렇다면 팥의 원산지는 어디일까? 한반도

이론공부3. **농산물의 도입 시기**

내가 짓는 농산물, 언제 들어왔을까?

먼저 '토종'부터 알아보자

봄이면 모임이나 강의에 갈 때, 내가 길러서 받은 씨앗 몇 가지를 가져가곤 했다. 그러다 보니 자주 씨앗 이야기를 나눈다. 호박씨를 나누며 '조선호박'이라 하면 원산지가 우리나라이고, 단호박은 외래종인 줄 안다.

  앞서 곡식과 채소의 원산지 지도를 살펴보았듯 호박의 고향은 한반도가 아니라 멕시코다. 그렇다면 이들이 언제 들어와 지금은 '조선호박', '조선오이' 이렇게 불리는 걸까? 그리고 이게 어떻게 해서 토종 씨앗이 되었나?

  한국토종연구회에서 다음과 같이 정의하고 있다. "토종은 한반도의 자연생태계에서 대대로 살아왔거나 농업생태계에서 농민에 의하여 대대로 사양 또는 재배되고 선발되어 내려와 한국의 기후풍토에 잘 적응된 동물, 식물 그리고 미생물이다."

  토종이란 이 땅이 원산지인 동식물은 물론이고, 우리 땅에 적응한 것을 말한다. 식물 가운데 곡식과 채소는 보통 1, 2년생이다. 그러니 몇백 년 전 이 땅에 들어와 지금까지 대대로 이어져 내려왔다면 토종 씨앗이 된 거다. 그러면 몇 대를 이어야 토종이냐? 그건 여기서는 다루지 않겠다. 곡식과 채소가 언제 이 땅에 들어와 우리와 함께 살기 시작했는지가 여기 이야기의 초점이니까.

  도감을 보면 어디가 원산지인지를 밝혀내는 일도 어렵지만, 그게 언제 들어왔는지를 알아내는 건 더 어려운 일 같다. 원산지는 우리 학자들이 연구하지 않아도 전 세계 연구 자료를 한데 모을 수 있지만, 언제 들어왔는지는 우리 스스로 연구하지 않으면 알 수 없는 일이니까. 문익점이 들여온 목화나, 영조 때 조엄이 대마도에서 들여왔다는 고구마처럼 역사에 확실히 기록된 것도 있다. 하지만 대부분 농산물이 그렇듯이 민간인의 손으로 퍼져나가, 기록에 남아 있지 않은 경우가 더 많다. 그래서 많은 도감에서 대부분 '~로 추정한다'라고 설명한다.

한 가지 예로 단군신화에 나오는 웅녀가 먹었다는 쑥과 마늘. 그런데 마늘은 고향이 중앙아시아로 삼국시대부터 기르기 시작한 거로 추정한다. 그렇다면 웅녀가 먹었다는 '마늘'은 어떤 것일까? 이 땅이 원산지인 알뿌리식물 중에 '달래'라는 설도 있고 '산마늘'이라는 설도 있다. 이렇게 아귀가 맞지 않는 구석이 많지만, 그래도 그림을 그린 김에 도입 시기를 그려보았다. 그러면서 한 가지 알아차린 게 우리가 '우리나라' 혹은 '이 땅'이라고 부르는 땅이 다 다르더라. 고조선은 만주 땅이 중심이고, 삼국시대나 통일신라와 발해 시대는 한반도와 만주 땅으로 나뉜다. 고려부터는 한반도가 중심이 되고 처음 제주도가 등장했으며 현재 대한민국은 휴전선 이남 지역이다.

도입 시기

고조선시대는 농사보다는 채취를, 그러니까 이 땅에서 자생하는 식물을 주로 먹었으리라. 곡식은 콩(대두)이나 팥, 나무는 밤, 감, 배, 앵두, 으름 같은 것들. 채소는 달래, 취, 뿌리는 마, 도라지. 고조선에서 삼국시대 사이에 본격적인 농사가 시작되었다. 벼에 이어 보리, 수수, 밀, 기장이 이 땅에 들어왔다. 삼국시대에는 조, 녹두, 순무, 참외, 가지, 마늘, 차, 참깨, 들깨가 멀리서 가까이서 이 땅으로 들어와 자리 잡았다. 발해와 통일신라가 공존하던 시대는 동부, 아욱, 당근, 오이, 파가 들어오고 고려시대에는 메밀, 토란, 배추, 상추, 부추, 수박, 동아, 생강, 문익점의 목화, 사과, 포도, 귤, 대추가 들어왔단다.

조선시대 초기에는 완두, 미나리, 무화과, 쑥갓, 유채가 들어왔고, 중기에는 신대륙 아메리카에서 온 씨가 들어왔다. 고구마, 호박, 고추, 담배와 같은 농산물들이다. 이들 가운데 감자는 한 발 늦게 들어왔단다. 토마토 역시 이 시기에 들어온 걸로 나오지만, 본격 농사짓기는 훗날 일제 강점기부터다. 조선후기에 들어서는 강낭콩, 칼콩, 양파, 수세미오이가 모습을 보였다. 일제 강점기에는 양배추, 단호박, 딸기가 들어왔고 해방 이후에는 여러 가지 서양채소와 허브들, 열대과일 그리고 야콘이 들어왔다.

세월 따라 변해가는 걸까?

고려시대 이규보(1168~1241)의 『동국이상국집』에 나오는 6가지 채소가 뭔지 다시 한번 확인해보았다. 오이, 가지, 순무, 파, 아욱, 박이었다.

또한 1766년 영조시대 발간한 『증보산림경제』를 펴보았다. 이때 사람들은 무얼 먹고 살았을까? 농사짓기(치농) 편에는 첫 번째 등장하는 게 벼. 벼는 올벼, 중올벼, 늦벼로 나뉘어 자세히 다루고 있다. 씨앗도 가짓수가 많고 많다. 그다음은 기장, 조, 피, 수수. 주곡이 중심이다. 그리고 콩(대두, 서리태, 나물콩), 팥, 녹두, 변두, 완두콩, 그다음이 보리와 밀. 다음에 메밀, 귀리, 참깨, 들깨, 옥수수, 율무, 삼, 모시풀, 목화, 어저귀 그리고 마지막으로 고구마. 이 고구마는 들어온 지 얼마 안 되어서인지 아주 자세히 다루고 있다.

채소농사(치포) 편에서는 맨 처음 수박이 나온다. 그다음이 참외, 오이, 동아, 박, 호박, 생강, 파, 큰마늘, 부추, 염교, 토란, 가지, 미나리, 무, 순무, 겨자, 배추, 상추, 머위, 시금치, 아욱, 쑥갓, 우엉, 적로(滴露; 초석잠, 두루미냉이), 맨드라미(즙을 짜서 김치 물들이는 데 썼단다), 고추, 양하, 곰취, 거여목, 당귀, 소루쟁이, 순재, 두릅, 차조기, 올방개(부자), 넘나물, 근대, 평지, 아주까리, 회향풀, 정가, 향유, 수세미오이, 박하, 도라지, 더덕, 삽주, 오갈피싹, 죽순, 산나물, 냉이, 말냉이, 비름, 산갓, 고들빼기, 메꽃(뿌리를 먹었단다), 고사리, 고비, 삼백초, 여뀌, 마늘, 달래, 돌나물, 닭의장풀, 물방아, 물쑥, 다북쑥, 괭이밥, 서토리, 석순, 솔망이, 도삼취, 말가리, 자개, 송이, 표고, 석이.

채소는 현재와 무척 다르다는 걸 알 수 있다. 서토리, 토삼취, 말가리처럼 그게 뭔지 알 수 없는 것들도 있고, 지금은 길러서까지 먹지 않는 맨드라미, 소루쟁이, 닭의장풀, 괭이밥도 있다.

지금은 수입농산물이 물밀 듯 밀려들어오는 대변화의 시기다. 하지만 대대로 이어져온 유전인자를 가지고 태어난 아이들은 무얼 먹고 살까? 그 아이들은 순무, 아욱, 머위 이런 채소를 알기나 할까?

이론공부4. **우리말 식물용어**

알고 보면 쉬운 식물용어 정리

꽃을 사랑하기에 이 책을 읽기 시작했는데, 식물용어가 나온다. 오래전 학교 다닐 때나 썼던 아득한 말들이. 이 식물용어가 걸림돌이 되지 않기 위해, 우리말로 된 식물용어를 찾아 썼다. 국립수목원에서 나온 『알기 쉽게 정리한 식물용어』를 기준으로, 우리말 입말로 더 풀어 쓸 수 있는 곳은 그렇게 했다. 또한 전문용어들은 식물을 이해하는 데 무리가 없는 선에서 간추렸다. 보기로 식물학에서 꽃부리, 꽃덮이, 꽃잎 이 셋이 다 다른 걸 말하지만, 여기서는 '꽃잎'으로 썼다.

그렇다 해도 식물용어가 낯선 분을 위해, 이 책에 나오는 식물용어를 다시 정리해보았다. 한번 훑어보면 책 읽기가 한결 편해지리라.

1. 식물의 모습과 종류

한해살이풀 annual 한 해에 씨에서 싹이 터, 꽃이 피고 씨앗을 맺고 죽는 식물
두해살이풀 biennial 2년을 사는 식물로 첫해에는 영양생장을 하여 로제트형 잎을 만들며 두 번째 해에 꽃과 열매를 맺는다
여러해살이풀 perennial 3년 이상 살아가는 풀

외떡잎식물 monocotyiedonus plant 떡잎이 1장인 식물
쌍떡잎식물 dicotyiedonus plant 떡잎이 2장인 식물

단일식물 short-day 밤의 길이가 일정 시간 이상 길어지면 꽃이 피는 식물(들깨)
장일식물 long-day 밤의 길이가 일정 시간 이상 짧아지면 꽃이 피는 식물(대파)

암수한그루 monoecious 암꽃과 수꽃이 한 그루에 달려 있는 식물

암수딴그루 dioecious 암꽃과 수꽃이 서로 다른 그루에 달려 있는 식물

덩굴식물 vine 다른 식물이나 물체에 의지해서 자라는 식물

2. 꽃

꽃 flower 식물체의 생식기관인 암술과 수술 그리고 영양기관인 꽃잎과 꽃받침으로 이루어진 기관

암술 pistil 암술머리(stigma), 암술대(style), 씨방(ovary)으로 이루어진 암생식기관

수술 stamen 수술대, 꽃밥(anther 수술머리)으로 구성된 수생식기관. 꽃밥에서 꽃가루(pollen)가 나온다

꽃턱(꽃받기) receptacle 꽃 구성요소들이 붙는 꽃자루의 윗부분

꽃받침 calyx 가장 바깥쪽에서 꽃잎을 받치고 있으며, 통꽃받침과 갈래꽃받침이 있다

꽃대(화경, 장다리, 쫑, 꽃자루) peduncle 꽃자루를 하나 또는 여러 개 달고 있는 줄기

꽃자루 pedicel 꽃차례에서 1개의 꽃을 달고 있는 자루

꽃줄기 scapose 땅속줄기나 비늘줄기에서 직접 갈라져 나온 잎이 없는 꽃줄기(마늘종, 양파 꽃줄기, 달래 꽃줄기)

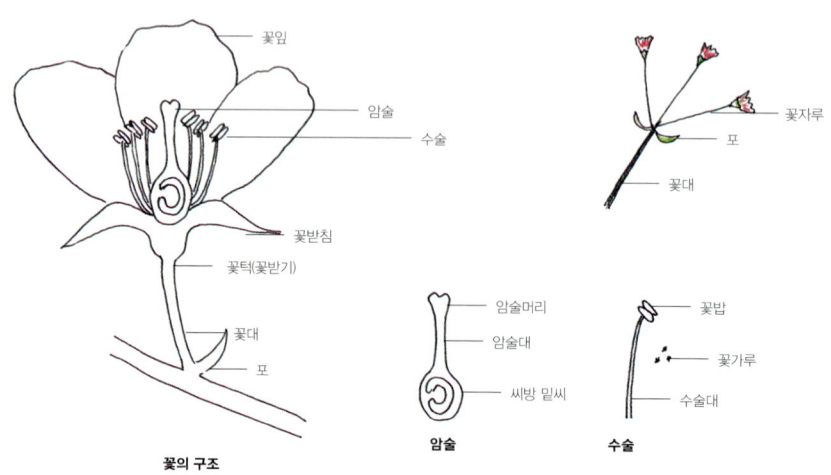

꽃의 구조

모인꽃싸개(총포) involucre 꽃차례를 둘러싸고 있는 받침조각(포)의 집합체(국화과, 산형과, 도토리의 깍정이, 밤송이)

포 bract 꽃의 아래에 있는 잎과 같은 구조

불염포 spathe 천남성과 꽃차례를 둘러싸는 커다란 총포

둘긴수술 4개의 수술 가운데 2개는 짧고 2개는 긴 수술로 이루어졌다(꿀풀과)

넷긴수술 6개 수술 가운데 4개가 긴 수술(십자화과)

한몸수술 꽃술대가 하나로 합쳐져 암술대 주변에서 통 모양을 이룬다(아욱과)

두몸수술 수술이 2개의 무리로 나누어졌는데, 수술대는 하나로 모인다(콩과)

헛수술 생식성이 없는 수술로 꽃가루를 만들지 않는다(생강과)

양성꽃 bisexual flower 수술과 암술이 함께 있는 꽃

단성꽃 unisexual flower 수술만 있는 수꽃(staminate flower)이나 암술만 있는 암꽃(pistillate flower)

갖춘꽃 complete flower 꽃잎, 꽃받침, 암술, 수술을 모두 갖추고 있는 꽃

안갖춘꽃 incomplete flower 꽃잎, 꽃받침, 수술, 암술 가운데 일부가 퇴화되어 없는 꽃

갈래꽃 polypetalous 꽃잎이 한 장 한 장 떨어지는 꽃

통꽃 gamopetalous 꽃잎이 서로 붙어 한 장으로 된 꽃

수술선숙 암술과 수술이 함께 있는 양성꽃에서 수술이 암술보다 먼저 성숙하는 현상

암술선숙 암술이 수술보다 먼저 성숙하는 현상

낱꽃 floret 국화과나 벼과의 꽃처럼 모여서 피는 꽃에서 하나의 꽃을 부르는 이름

3. 꽃차례

꽃차례(화서) inflorescence 꽃대 축에 꽃이 배열되어 있는 상태

꼬리모양(미상)꽃차례 catkin or ament 뽕나무 수꽃, 참나무 수꽃

머리모양(두상)꽃차례 head 국화과(상추, 쑥갓, 우엉, 뚱딴지, 야콘)

우산모양(산형)꽃차례 또는 공모양꽃차례 umbel 부추속 파꽃들(대파, 마늘, 양파, 부추)

겹우산꽃차례 산형과(미나리, 당근)

원뿔모양(총상)꽃차례 panicle 대두(콩), 배추과(무, 배추, 갓)

살이삭(육수)꽃차례 spadix 토란

이삭(수상)꽃차례 spike 벼, 율무, 옥수수 수꽃, 밤 수꽃, 뽕나무 암꽃

작은이삭(소수)꽃차례 spikelet 밀, 보리, 기장

편평(산방)꽃차례 corymb 배

작은모임 또는 여러갈래 (취산)꽃차례 딸기, 아욱, 감자꽃

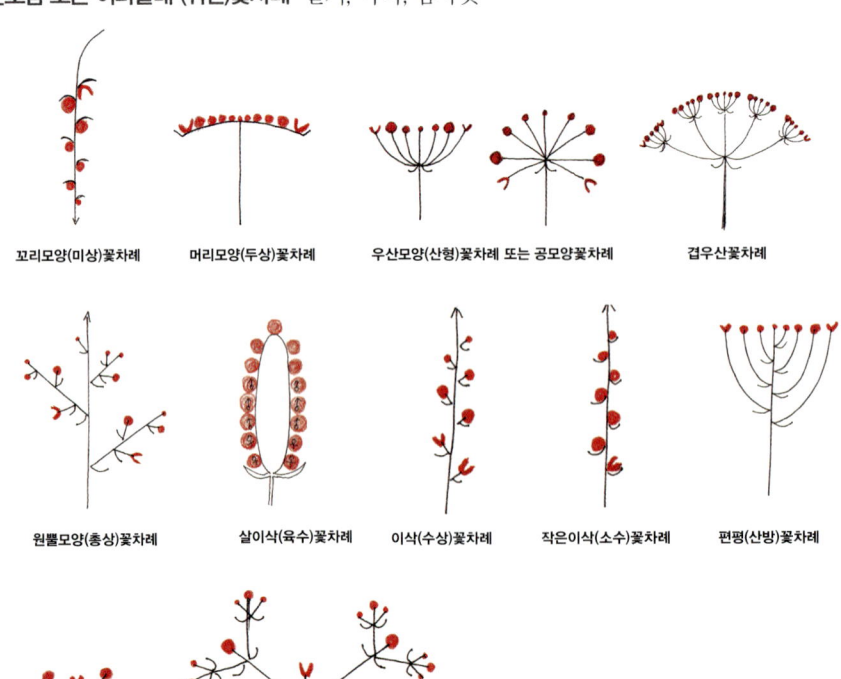

4. 꽃가루받이(수분)

꽃가루받이(수분) pollination 꽃밥에 있는 꽃가루가 암술머리로 옮겨지는 것

꽃가루관 pollen tube 꽃가루가 암술머리에서 발아하여 씨방에 있는 암배우자체까지 자라는 관으로 정핵이 이 관을 통해 움직이면 수정된다

딴꽃가루받이 cross polination 한 개체의 꽃가루가 다른 개체의 암술머리로 옮겨지는 꽃가루받이. 이때 제꽃가루가 암술머리에 앉아도 꽃가루관이 생겨나지 않아 수정을 거부하는 식물도 있다

제꽃가루받이 self pollination 자기 꽃에서 만들어진 꽃가루가 자신의 암술머리에 또는 동일 개체의 다른 꽃의 꽃가루로 꽃가루받이

5. 열매와 씨

밑씨 ovule 씨방에 있는 미성숙한 씨

씨 seed 밑씨가 성숙한 것

열매 fruit 씨방과 씨방 주변의 기관들이 함께 성숙한 것

씨방 ovary 밑씨를 포함한 암술의 아랫부분이 부푼 곳

씨방상위 superior ovary 씨방이 꽃받침, 꽃잎, 수술 위에 있는 것(가지과)

씨방하위 inferior ovary 씨방이 꽃받침 꽃잎 수술 밑에 있는 것(박과)

태자리(태좌) placenta 씨방에 밑씨가 붙는 자리

까락 awn 벼과 또는 사초과에서 열매껍질의 주맥이 자라 가늘고 길게 발달된 구조물

작은이삭(소수) spikelet 벼과 사초과 꽃이삭에서 최종 단위를 이루는 작은이삭

6. 뿌리

(식물의 뿌리는 쌍떡잎식물, 겉씨식물의 곧은뿌리, 외떡잎식물의 수염뿌리로 나눌 수 있다)

곧은뿌리 tap root 땅속으로 곧게 내리는 뿌리

수염뿌리 fibrous root 수염처럼 나오는 뿌리

원뿌리 main root 씨앗에서 나온 1차 뿌리. 원뿌리는 씨앗에서 싹이 트는 쌍떡잎식물이나 외떡잎식물 모두 나오지만, 쌍떡잎식물은 곧은뿌리로 길고 굵게 자라며 곁뿌리를 달고, 외떡잎식물은 원뿌리와 곁뿌리가 구별 없이 수염뿌리로 난다

곁뿌리 lateral root 원뿌리에서 갈라져 나간 2차 뿌리

덩이뿌리 tuberous root 뿌리의 일부가 굵어져 덩어리 모양으로 된 뿌리(고구마)

뿌리혹 tubercule 뿌리가 박테리아와 결합하여 군데군데 혹처럼 크게 생긴 부분(콩과)

7. 줄기

가지 branch 식물의 원줄기에서 갈라져 나와 뻗은 줄기

줄기 stem 눈, 잎, 마디를 가지고 있으며 흔히 곧게 뻗는다

곧은줄기 erect stem 곧게 자라는 줄기

기는줄기 runner 또는 stolon 뿌리에서 나오는 가늘고 긴 가지가 땅 위로 뻗으면서 마디에서 뿌리를 내려 새로운 개체가 나온다

땅속줄기 rhizome 수평으로 자라는 땅속줄기

비늘줄기 bulb 육질성의 비늘조각이 겹겹이 싸여 덩어리를 이룬 땅속줄기(양파). 이 비늘줄기가 어미가 되어 아래에 작은 비늘줄기(bulbel)를 달 수 있다

덩이줄기 tuber 눈과 마디를 갖는 땅속줄기가 굵어진 것(감자)

마디 node 줄기에서 잎이나 가지가 나오는 부위

덩굴손 tendril 또는 coiling 식물체를 지지하기 위해 다른 물건을 감을 수 있도록 줄기나 잎이 변한 부분

살눈(주아, 구슬눈) bulblet 어미의 몸에서 갈라져 나와 새로운 개체를 만드는 것으로 작은비늘줄기는 땅속에서 생겨나고, 살눈은 지상부에서 생겨난다

8. 잎

그물맥 net-veined 잎의 주맥에서 갈라져 나와 그물 모양으로 퍼지는 맥
나란히맥 paralleled veined 잎의 맥들이 평행한 맥

돌려나기 whorled 3개 이상이 한 마디에 돌려 달리기
마주나기 opposite 한 마디에 2개씩 서로 마주나기
뭉쳐나기 fasciculate 다발로 모여나기
어긋나기 alternate 잎이 줄기의 한 마디에 1장씩 붙는데 잎이 달리는 지점을 연결하면 나선상이 돼 나선잎차례라고도 한다

바늘잎 needle leaf 바늘처럼 가늘고 길며 끝이 뾰족한 잎
로제트 rosette 뿌리잎이 땅 위에 360도로 누워 있는 잎
뿌리잎 radical or basal leaf 뿌리나 땅속줄기에서 직접 땅 위로 돋아나온 잎
줄기잎 cauline leaf 줄기에서 나는 잎

밥꽃 달력

밥꽃은 대부분 사람이 심어 가꾼다. 그러니 언제 어떻게 심느냐에 따라 다르다. 겨울난 상추는 5월 하순이면 피기 시작하지만, 봄에 모종으로 심은 상추는 6월 말에서 7월 초까지 핀다. 심지어 비닐하우스에서 기른다면 한결 더 달라지리라. 또 어느 지역인지에 따라서도 다르다. 남쪽 지방이 중부 지방보다 대부분 빠르다. 겨울을 나고 봄에 피는 꽃들은 보름에서 한 달 가까이 빠르다.

꽃을 제대로 보자면 식물 그 자체의 성질을 알아야 하는 것도 있다. 한꺼번에 우르르 피었다 지는 꽃도 있지만 가지과나 박과 꽃들은 여름부터 피기 시작해 서리 올 때까지 계속 피고 진다.

이런저런 까닭으로 이 달력은 여기 무주 산골에서 자연재배를 기준으로 했다. 이를 토대로 여러분만의 꽃 달력을 만들어보시길!

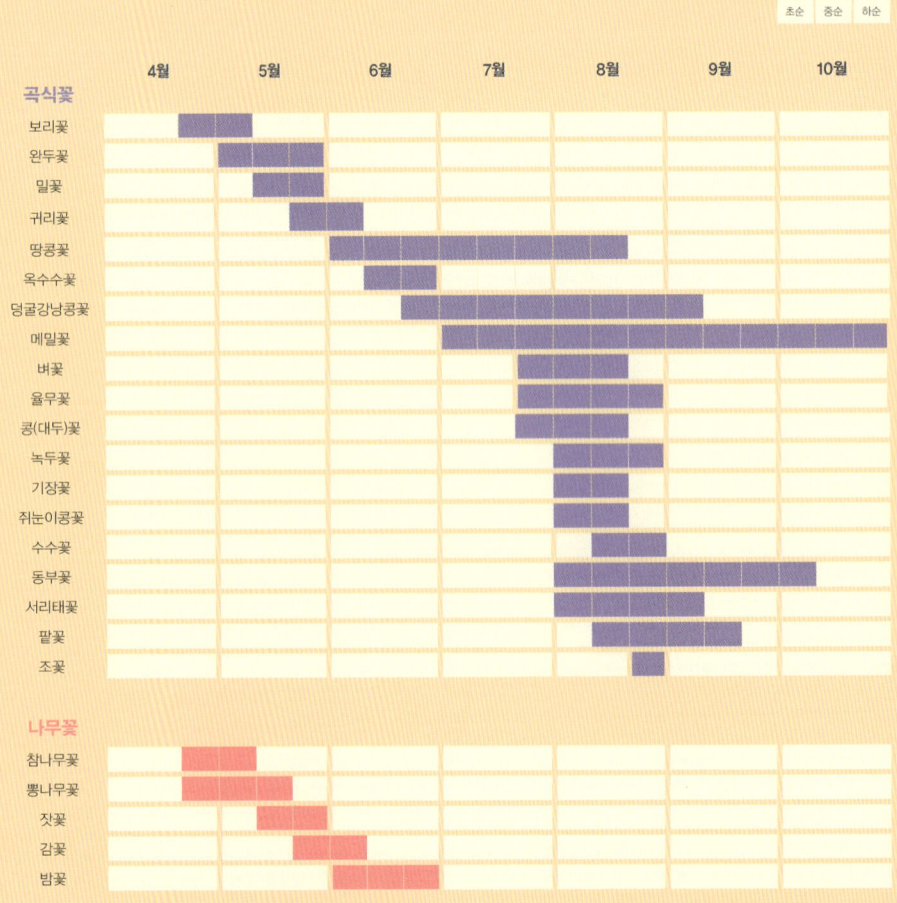

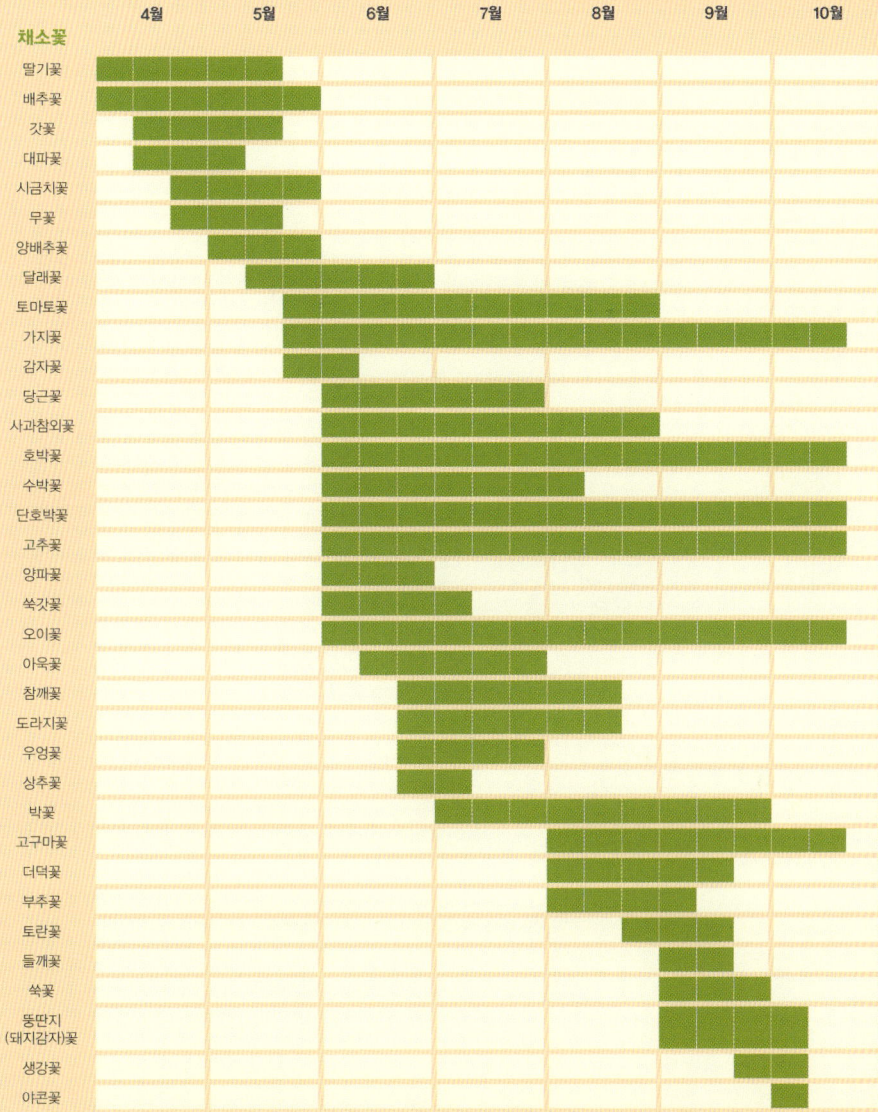

- 메밀꽃은 심는 시기에 따라 7월에서 10월.
- 가지꽃, 호박꽃, 단호박꽃, 고추꽃, 오이꽃, 고구마꽃은 서리 내리기 전까지.
- 야콘꽃은 날씨가 잘 맞으면 10월 초에 잠깐 피는 행운을 누린다. 10월 5일에서 10일 사이.

고마운 분들

이 책이 나오기까지 많은 이들의 도움이 있었습니다. 고맙습니다. 2009년부터 밥꽃의 첫 꽃망울을 터뜨리게 해주신 《생활 속 이야기》의 김범수님, 미처 다 못 한 밥꽃 마중을 다시 이어갈 수 있게 해준 《살림 이야기》, 문화를 살리는 데도 밥꽃이 한몫을 하게 해준 《문화저널》과 《주간동아》 편집자님들과 독자 여러분.

정년도 없이 토종을 알리고 살리는 데 앞장서시는 안완식 박사님, 식물학자이신 강혜순 교수님과 APG 연구자이신 김상태 교수님, 농촌진흥청 산하의 여러 연구사님들, '모야모'라는 식물 애플리케이션에서 해박한 지식을 나누어주신 'abelia'님. 함께 농사를 지으며 도움말을 나누어준 농부들과 정농회 회원들, 곁에서 응원해준 마을 이웃들, 글과 사진 그리고 그림이 완성되길 여러 해 동안 기다려주신 출판사 식구들. 추천사를 기꺼이 써주신 황대권·전희식 선생님, 모야모 박종봉 대표님, 하얼과 페달 부부.

우리 부부가 흔들릴 때마다 힘을 준 정현, 성광 그리고 규현, 그 외에도 한 사람 한 사람 이름을 다 밝히지는 못하지만 음으로 양으로 도움을 주신 모든 분들, 고맙습니다.

무엇보다 신방을 고스란히 드러내준 여러 밥꽃들, 진심으로 고마워.